HELDINNEN & HELDEN

Begleitbuch zur Ausstellung im Lokschuppen Rosenheim
8. März bis 15. Dezember 2024

Kuratoren:
Dr. Andrea Erkenbrecher, Dr. Thomas Forstner,
Dr. Matthias Bensch und Team Lokschuppen

LOKSCHUPPEN
ROSENHEIM

HELDINNEN & HELDEN

Vorbilder und
Idole von der Antike
bis heute

Herausgegeben von Siebo Heinken
Grafische Gestaltung: Andreas Blum

Nünnerich-Asmus Verlag & Media

DIE HELDEN HALTEN EINZUG

Kein Buch, kein Film, aber auch keine Feuerwehr kommt ohne Heldinnen und Helden aus. Sie wachsen über sich und das Normale hinaus und werden in den Augen anderer zu Idolen. Unsere Gesellschaft braucht sie an ganz vielen Stellen: um Hoffnung zu geben und Vorbild zu sein, um zu verzaubern und in neue Welten zu entführen, um Probleme zu lösen oder auch ganz Neues zu entdecken.

Heldenhafte Figuren gab es schon in der Antike, und ihre Geschichten funktionieren in oft abgewandelter Weise bis heute: So ist Herakles (oder Herkules in der römischen Form) nicht nur als mythologische Figur, sondern auch als Rasenmäher oder Fahrrad in unserer Welt präsent. Die Ausstellung „Heldinnen und Helden" im Lokschuppen Rosenheim beleuchtet in unterschiedlichsten Facetten das Phänomen des Heroischen – und auch die Menschen, die dahinter stehen.

Die Herausforderung für das Kuratorenteam aus Dr. Andrea Erkenbrecher und Dr. Thomas Forstner sowie zu Beginn Dr. Matthias Bensch war groß. Die Fülle an unterschiedlichsten Aspekten auf „nur" 1500 Quadratmetern zusammenzufassen und in einzigartiger Weise zu präsentieren, gelang schließlich sehr gut und in bewährter Weise – auch durch die Unterstützung des Teams der Veranstaltungs- und Kongress GmbH.

Dr. Peter Miesbeck begleitete das Projekt mit seinem unglaublichen Erfahrungsschatz. Siebo Heinken hat sich weit über das normale Maß des Herausgebers eines Begleitbuchs in die Themen der Ausstellung hineingearbeitet und stets hilfreich zur Seite gestanden. Die Gestaltung der Ausstellung erfolgte durch das Team von Gruppe Gut in Bozen. Die Ausarbeitung und Umsetzung der interaktiven Stationen oblag in bewährter Weise P.medien aus München.

Diese Ausstellung lebt in ganz besonderer Weise von den Objekten der mehr als 60 Leihgeber aus sechs Ländern, denen ich hier danken möchte. Museen, universitäre Sammlungen und ganz viele private Sammler unterstützten durch Wissen und Exponate.

Ermöglicht wurde die Schau von der Sparkasse Rosenheim-Bad Aibling und dem Freundeskreis Lokschuppen Rosenheim. Unterstützt haben das Projekt auch die Stadtwerke Rosenheim sowie Premium Cars Rosenheim. Für unterschiedlichste Hilfen geht mein Dank natürlich auch an alle weiteren Partner. Für die begleitende Berichterstattung danke ich den Medienpartnern Bayern 2, OVB Heimatzeitungen, rosenheim24.de und „GEO".

Ich wünsche dem Ausstellungsprojekt „Heldinnen und Helden" im Namen der Stadt Rosenheim den verdienten Erfolg sowie den zahlreichen Besucherinnen und Besuchern einen coolen Aufenthalt im Ausstellungszentrum Lokschuppen und in unserer Stadt.

Andreas März
Oberbürgermeister der Stadt Rosenheim

SEHNSUCHT NACH VORBILDERN

Die Idee einer Ausstellung über Heldentum im Lokschuppen entstand in der ersten Zeit der Coronapandemie, als die Zeitungen voll waren von Meldungen über Alltagsheldinnen und -helden. Und als die Frage aufkam, ob sie – etwa als Pflegekräfte in der Medizin – nicht nur Applaus verdienten, sondern vor allem besser bezahlt werden müssten. Überdies schwemmten Superheldinnen und -helden in die Kinos. In einer Zeit, die von vielen Menschen als beängstigend und bedrohlich wahrgenommen wird, scheint die Sehnsucht nach solchen Figuren groß.

Eine Gruppe von Kuratoren und das Team des Lokschuppens machten sich auf die Spurensuche: in der Literatur, dem Film, der Geschichte, in der aktuellen Forschung und in vorangegangenen Ausstellungen wie im LWL-Industriemuseum in Hattingen. Vor allem beschäftigte uns die Frage: Wer ist denn nun ein Held oder eine Heldin, und was macht eine Heldentat aus?

Fast zwei Jahre später sind wir der Antwort in einer Vielzahl von Sichtweisen und Facetten nähergekommen – und ihr dennoch so fern wie zu Beginn. Um ein paar Erkenntnisse sind wir aber reicher: dass des einen Held des anderen Nemesis ist; dass die Antwort „meine Mutter" genauso ihre Berechtigung hat wie „Superwoman"; und dass alle Heldinnen und Helden etwas gemeinsam haben: die Fähigkeit, andere zu begeistern, in ihren Bann zu ziehen – und als Vorbild zu dienen. Nie für alle, aber immer für diejenigen, die eine bestimmte Person zum Held erklären. Das macht es so einfach und so kompliziert zugleich.

Parallel dazu entstand dieser Begleitband, der viele Themen der Ausstellung aufnimmt und darüber hinausgeht. Darin geht es um Heldentum in der Antike, der Kunst, der Religion, der Literatur. Vor allem aber werden etwa achtzig Persönlichkeiten vorgestellt, die den Kriterien des Helden entsprechen: Menschen aus der Wissenschaft, aus Sport und Film, dem Naturschutz, dem Kampf für Recht und Freiheit. Sie alle eint ihr Engagement für eine höhere Sache: Werte zu verteidigen, sich gegen Unrecht zu engagieren – und soweit zu gehen, die eigene Gesundheit und sogar das Leben zu riskieren.

Manche dieser Menschen mögen umstritten sein – wie auch einige Persönlichkeiten, die Fotostudenten in der Ausstellung und im Buch als ihre Heldinnen und Helden vorstellen, ein gemeinsames Projekt der Hochschule Hannover und des Lokschuppens. Es zeigt sich: Die Wahrnehmung dessen, was Heldentum bedeutet, ist sehr individuell.

Den eigenen Helden oder die Heldin zu suchen oder auch zu hinterfragen: Dazu laden die Ausstellung und dieses Begleitbuch ein.

Dr. Jennifer Morscheiser, Leiterin des Lokschuppens Rosenheim
Siebo Heinken, Herausgeber des Begleitbuches

8 Was ist ein Held, wer ist eine Heldin?
Wolodymyr Selenskyj, Superwoman oder **Greta Thunberg**? Eine Annäherung an ein heikles Thema.
Von Siebo Heinken

26 Ein Leben für die Wissenschaft
Marie Curie erforschte die Radioaktivität, erhielt gleich zwei Nobelpreise – und wurde zum Opfer ihrer gefährlichen Leidenschaft.
Von Alina Schadwinkel

⊕ **Helden der Wissenschaft**
Hidden Figures, Alfred Wegener, Ada Lovelace, Alan Tuning, Giordano Bruno, Hypatia, Alexander von Humboldt

44 Edel und flüchtig
Goldmedaille, Mutterkreuz oder die Presidential Medal of Freedom: Heldenorden und ihre wechselvolle Geschichte.
Von Johannes Bichler

50 Mission: die Rettung der Welt
Wie kam es zu den Superheld:innen, welche Bedeutung haben sie – und warum ziehen sie immer wieder Kritik auf sich?
Von Annemarie Klimke

58 Der Held vom Hudson
Chesley Sullenberger glückte die Notlandung eines voll besetzten Airbus A320 mitten in New York. Bald war er zu Gast im Weißen Haus.
Von Jan Christoph Wiechmann

⊕ **Helden durch Arbeit**
Karen Silkwood, GSG 9, Daphne Caruana Galizia, Mutter Teresa, Frida Hockauf, Roberto Saviano, Fußball-Schiedsrichter

72 Die Ersten ihrer Art
Herakles, Achilleus, Aeneas: alles klangvolle Namen von Heroen aus lang vergangenen Zeiten. Warum werden immer noch Geschichten von ihnen erzählt?
Von Matthias J. Bensch

78 Ikone des Widerstands
Sophie Scholl, dazu ihr Bruder Hans und Christoph Probst starben unter dem Fallbeil. Ihr Kampf gegen das Nazi-Regime machte die junge Frau zum Mythos.
Von Tanja Beuthien

⊕ **Helden von Recht und Freiheit**
Alexej Nawalny, Claus Schenk Graf von Stauffenberg, Olympe de Gouges, Robert Mugabe, Jeanne d'Arc, Leipziger Montagsdemo, Ding Jiaxi

96 Und ewig lebt der Märtyrer
Seit zwei Jahrtausenden opfern Menschen ihre Gesundheit oder ihr Leben einer höheren Sache: dem Glauben, der Anerkennung, der Wissenschaft.
Von Thomas Forstner

104 Gefangen im Eis
Sir Ernest Shackleton gilt als großer Polarforscher – weil es ihm vor gut einem Jahrhundert gelang, seine Mannschaft aus höchster Not zu retten.
Von Siebo Heinken

⊕ **Helden der Exploration**
Amelia Earhart, Gustav Nachtigal, Thor Heyerdal, Ferdinand Magellan, Fridtjof Nansen, Gudrid Thorbjarnardóttir, Apollo 11, Mary Kingsley

122 Die Herren des Mittelalters
Hoch zu Ross und in Eisen gekleidet, entschieden Ritter Schlachten und zogen gen Jerusalem. Wie entstand dieses Bild vom heroischen Krieger?
Von Klaus-Dieter Linsmeier

130 Allein für den Lachs
Wenn **Donald Staniford** auftaucht, klingeln bei Fischfarmern in Schottland die Alarmglocken. Der Aktivist kämpft gegen einen übermächtigen Gegner.
Von Jörn Auf dem Kampe

⊕ **Helden des Naturschutzes**
John Muir, Park Ranger, Jane Goodall, Niwat Roykaew, Sea Shepherd, Greta Thunberg, Rachel Carson

---

50 Wonder Woman

200 Muhammad Ali

26 Marie Curie

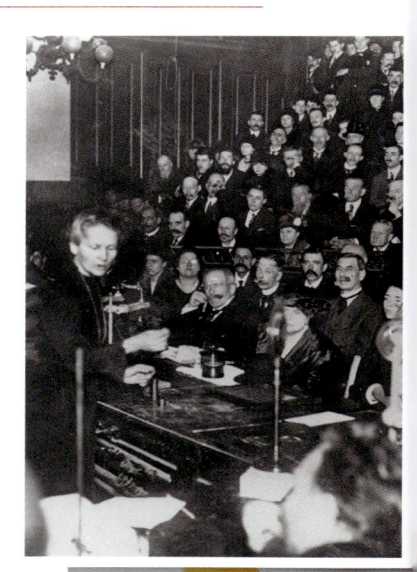

92 Alexej Nawalny

72 **Herakles**

148 **Pippi Langstrumpf**

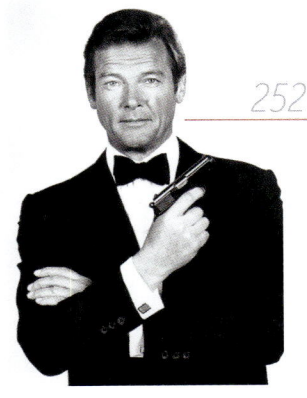

252 **James Bond**

58 **Chesley Sullenberger**

148 **Mutmacher in der Kindheit**
Welche Rolle haben Helden und Heldinnen in der Kinderliteratur? Eine Kinderbuchautorin über **Prinz Eisenherz**, **Winnetou** und **Pippi Langstrumpf**.
Von Nina Weger

156 **Tiere, Herrscher, Loser**
Der Wal als archaisches Wesen, die trauernde Geliebte, der planlose Neu-Berliner: Die Literatur ist seit je getragen von heldenhaften Figuren.
Von Stephan Draf

164 **Ein Germane gegen Rom**
Der Cheruskerfürst **Arminius** brachte dem Römischen Reich seine wohl größte Niederlage. Danach musste er immer wieder als Held herhalten.
Von Jennifer Morscheiser
✚ **Helden des Krieges**
Manfred Freiherr von Richthofen, Alliierte am D-Day, Walerij Saluschnyj, 300 Spartaner, El Cid, Deserteure, Eleonore Prochaska

178 **Ein Semester Heldentum**
Wie ein Dutzend angehende Fotografen und Fotografinnen seine Helden darstellte. Ein Projekt an der Hochschule Hannover.
Von Siebo Heinken

200 **Der Größte**
Muhammad Ali war Box-Weltmeister, Kriegsdienstverweigerer, Idol der Bürgerrechtsbewegung. Und einer, der niemals seine Würde verlor.
Von Holger Gertz
✚ **Helden des Sports**
Jan Ullrich, Steffi Graf, Bert Trautmann, Katharina Witt, Waldemar Cierpinski, Jackie Robinson, Kristina Vogel

218 **„Auch Zivilcourage ist heldenhaft"**
Braucht eine Gesellschaft Helden? Der Münchener Sozialpsychologe **Dieter Frey** über die Bedeutung von Leitfiguren und eine Ethik der Verantwortung.
Von Siebo Heinken

224 **Eine Frau gibt Hoffnung**
Benazir Bhutto versuchte in Pakistan einen demokratischen Aufbruch, als erste muslimische Premierministerin der Geschichte.
Von Jörg-Uwe Albig
✚ **Helden der Zeitgeschichte**
Nelson Mandela, Rudi Dutschke, Mahatma Gandhi, Václav Havel, Rosa Parks, Julian Assange, Malala Yousafzai, Clara Zetkin

242 **Helden im Bild**
Das Heroische ist seit je auch ein Sujet der Malerei, und schon immer unterliegt es dem Lebensgefühl. Eine Reise durch die Zeiten, von der Antike bis zur Pop-Art.
Von Ralf Schlüter

252 **Der ewige Agent Ihrer Majestät**
James Bond begeistert seit Jahrzehnten die Kinobesucher. Ein Blick hinter die Genese des wohl elegantesten Draufgängers der Filmgeschichte.
Von Siegfried Tesche
✚ **Helden des Films**
„Das Leben ist schön", „denn sie wissen nicht, was sie tun", „Die Tribute von Panem", „Easy Rider", „Fahrraddiebe", „Alien – Das unheimliche Wesen aus einer fremden Welt", „Taxi Driver", „Die Legende von Paul und Paula"

268 **Literatur, Websites, Podcasts**

269 **Autoren und Autorinnen**

270 **Bildnachweis, Leihgeber, Impressum**

Von Staub eingehüllt, tragen diese Feuerwehrleute Gerät zum eingestürzten World Trade Center. Sie retteten Leben, doch mehr als 300 ihrer eigenen Kollegen starben bei dem dramatischen Einsatz. Das 9/11 Memorial Museum erinnert auch an sie, die in New York als Helden gefeiert werden.

WAS IST EIN HELD?

Für die einen ist es Sophie Scholl, für andere Wolodymyr Selenskyj, ein Fußballspieler oder Superman. Ein Gespräch über die Herausforderung, Vorbilder zu definieren – und eine Annäherung an ein heikles Thema.

WER IST EINE HELDIN?

Das Kopftuch abgelegt, demonstriert diese Frau mit Tausenden anderen im kurdischen Saqez gegen die theokratische, autoritäre Führung des Iran. Die Proteste begannen, nachdem die 22-jährige Jina Mahsa Amini im September 2022 im Polizeigewahrsam gewaltsam ums Leben kam. Im ganzen Land gingen anschließend mutige Frauen gegen ihre Unterdrückung auf die Straße.

MODERATION: SIEBO HEINKEN

Da setzt sich eine 15-Jährige vors schwedische Parlament in Stockholm, neben sich ein Schild „Schulstreik fürs Klima" – und die Menschen hören ihr zu. Das war 2018 der Startschuss zur weltweiten Klimaschutzbewegung Fridays for Future. Ist Greta Thunberg eine Heldin?

THOMAS FORSTNER: Ich würde sie eher als politische Aktivistin bezeichnen.

JENNIFER MORSCHEISER: Für mich ist sie eine Heldin. Sie hat es geschafft, den Blick auf ein Thema zu lenken, das seit vielen Jahrzehnten zu wenig Aufmerksamkeit bekommt und die Menschen dafür zu begeistern. Kompliziert wird es nur, wenn es um andere Dinge als ihr Kernthema geht. Da sehe ich sie dann durchaus kritisch. Es zeigt sich: Helden können sehr ambivalent und wechselhaft sein.

... hier die Umweltschützerin, die sich nach den grausamen Terrorangriffen der Hamas auf Israel einseitig propalästinensisch äußerte.

ANDREA ERKENBRECHER: Ich zögere, weil ich das, was ich mit Heldentum verbinde, weder bei Greta Thunberg noch bei anderen Figuren empfinde. Ich verehre sie nicht, überhaupt: Ich verehre keinen einzigen Menschen als Held oder Heldin. Ich sehe, dass Menschen heldenhafte Dinge vollbringen. Ich bewundere sie daher für bestimmte Eigenschaften: für ihren Mut, ihre Tatkraft.

Überall sehen wir den Begriff des Helden, im Sport, im Baumarkt, bei der Arbeit. Was macht einen Menschen zum Helden oder zur Heldin?

ERKENBRECHER: Wenn wir uns Menschen ansehen, die zu Helden gemacht wurden, dann eint sie etwas. Sie können etwas besonders gut, sie sind exzeptionell, sie nehmen sich selbst zurück für etwas anderes, Übergeordnetes. Ob jemand zum Helden oder zur Heldin wird, ist in jedem Fall nichts Beliebiges.

FORSTNER: Für mich hat es auch mit Opferbereitschaft zu tun. Dass jemand sich also für eine höhere Sache einsetzt, immer auch konkret für andere Menschen.

DR. ANDREA ERKENBRECHER, Kuratorin der Ausstellung im Lokschuppen Rosenheim, ist Zeitgeschichtlerin und vom Thema Heldentum fasziniert, ohne eigene Helden und Heldinnen zu haben. Wenn sie nicht kuratiert, forscht oder berät, entspannt sie sich beim Lösen mathematischer Gleichungen.

DR. JENNIFER MORSCHEISER ist als Leiterin des Lokschuppens Rosenheim jährlich herausgefordert, Expertin in einem neuen Thema zu werden. „Heldinnen und Helden" ist das erste selbst gewählte Ausstellungsthema der provinzialrömischen Archäologin.

DR. THOMAS FORSTNER, ebenfalls Kurator der Ausstellung, studierte in München Geschichte, Philosophie und Provinzialrömische Archäologie. Er lebt in Berlin und leitet die dortige Niederlassung einer Agentur für Historische Kommunikation und Archivdienstleistungen.

DR. MATTHIAS J. BENSCH ist Klassischer Archäologe und als Ausstellungskurator tätig. Seit seiner Promotion über römische Heldenfiguren, die im Rahmen seiner Mitarbeit am Freiburger SFB 948 „Helden – Heroisierungen – Heroismen" entstand, interessiert er sich für Heldinnen und Helden.

Ein Helfer der spanischen Hilfsorganisation Proactiva Open Arms reicht einem schiffbrüchigen Flüchtling im Mittelmeer die rettende Hand. Unter großem Einsatz und Risiko versuchen solche Helfer, Menschen in Sicherheit zu bringen. So wurde Carola Rackete, Kapitänin des deutschen Schiffs „Sea-Watch 3", in Italien wegen Beihilfe zur illegalen Einwanderung angeklagt, das Verfahren schließlich aber eingestellt.

13

Für viele ist er noch immer ein Volksheld: Am 1. Mai schmücken Bildnisse von Che Guevara stets die Banner in der kubanischen Hauptstadt Havanna. Der marxistische Revolutionär war ein Weggefährte Fidel Castros und Anführer einer Rebellenarmee, die 1959 zum Sturz des kubanischen Diktators Fulgencio Batista führte. Für das Magazin „Time" gehört er zu den 100 einflussreichsten Menschen des 20. Jahrhunderts.

Und das unter Inkaufnahme eines persönlichen Risikos und womöglich auch der körperlichen Integrität. Einer wie der russische Regimekritiker Alexej Nawalny ist nicht nur ein politischer Aktivist, sondern er setzt für seine Ideale seine Gesundheit und sogar sein Leben aufs Spiel.

Nach der Definition wäre Greta Thunberg keine Heldin.

Morscheiser: Doch! Sie hat sehr viel für die Klimabewegung aufgegeben und opfert ihrem Engagement das gesamte Leben.

Forstner: Na ja. Mein Privatleben gebe ich auch auf, wenn ich mich entscheide, für das Amt des Bundeskanzlers zu kandidieren oder Vorsitzender der CDU zu werden. Herr Merz hat ohne Zweifel auch wenig Privatleben, aber deswegen würde man ihn nicht als einen Helden bezeichnen.

Erkenbrecher: Aber das ist Arbeit gegen Entgelt. Ich sehe da einen Unterschied. Greta Thunberg muss sicherlich nicht politische Verfolgung wie Alexej Nawalny befürchten. Wenn man jedoch sieht, welchen Hass sie auf sich zieht, halte ich es für nicht ausgeschlossen, dass jemand einen Anschlag auf sie verüben könnte. Zudem: Woran denken wir bei körperlicher Integrität? Es gibt ja auch die mentale Gesundheit. Und wenn man sieht, wie diese junge Frau in sozialen Medien angegriffen wird, frage ich mich, ob sie vielleicht ein Stück weit ihre psychische Gesundheit aufs Spiel setzt mit dem, was sie tut.

Welche Werte verbinden sich mit Helden oder Heldinnen?

Morscheiser: Dass man wirklich dazu bereit ist, sich auch ohne einen direkten eigenen Nutzen in Gefahr zu begeben. Das ist für mich einer der ganz zentralen Punkte.

Forstner: Hinzu kommt Tatkraft. Ein Held muss etwas anschieben – anders als der Antiheld, der von der Couch nicht runterkommt. Für mich persönlich ist Menschlichkeit ein weiterer ganz entscheidender Punkt, überdies das Streben nach Gerechtigkeit.

Bensch: Ich würde die heroischen Eigenschaften von den Werten trennen und sagen: Es kommt ganz darauf an, welche Werte die Gemeinschaft hat, die hinter dem Helden oder der Heldin steht. Das kann zum Beispiel soziale Gerechtigkeit sein. Und wenn da jemand auftaucht wie Greta Thunberg, die an sich einen ausgeprägten Gerechtigkeitssinn hat und gegen alle Widerstände handelt, kann sie zur Heldin werden.

Morscheiser: Für mich ist ein ganz wichtiges Kriterium der Mut, etwas zu beginnen, und die Entschlossenheit, eine Sache durchzuziehen. Ganz viele Menschen, die zu Helden werden, haben einen initialen Moment, bei dem es in unterschiedliche Richtungen gehen kann – und sie entscheiden sich dann *für* ihre Heldentat und nicht dagegen. Es geht also wesentlich um eine besondere Charaktereigenschaft und den Mut zur Tat.

Erkenbrecher: Ich bleibe immer wieder hängen bei der Frage, ob ein Held oder eine Heldin wirklich uneigennützig handelt. Gibt es so etwas wie Altruismus überhaupt? Nehmen wir Mutter Teresa, die viele Jahre für andere Menschen da war, so lautet jedenfalls das Narrativ. Vielleicht ist es aber so, dass es einem Menschen etwas gibt, wenn er sich für andere aufopfert. Er zieht daraus vielleicht Bestärkung, in jedem Fall tut es ihm gut. Mit anderen Worten: Wir müssen etwas genauer hinsehen, wenn die Rede davon ist, dass jemand etwas nur für andere macht.

In jedem Fall sprechen wir gerade über Menschen, die aus einer bestimmten Haltung heraus handeln. Braucht es das unbedingt? Oder kann auch jemand ein Held sein, der spontan in einen See springt, um ein Kind vor dem Ertrinken zu retten?

Morscheiser: Das eine schließt das andere nicht aus. In dem Moment, in dem ich in den See springe, um ein Kind zu retten, muss meine Veranlagung mir sagen: Ich mache das! Der eine springt, die andere springt nicht. Das ist dieses auslösende Moment, das ich eben meinte. Daher kann zwar theoretisch jeder zum Helden werden, praktisch braucht es aber die Gelegenheit und den Mut, es wirklich zu tun.

Forstner: Ich würde es anders sehen. Für mich ist es keine Frage der Veranlagung, sondern man kann in einem Moment über seine Begrenztheit, Zweifel und Ängste hinauswachsen. Und vielleicht ist vielen Men-

> **« Ein Held ist, wer wirklich dazu bereit ist, sich ohne direkten eigenen Nutzen in Gefahr zu begeben.**
>
> JENNIFER MORSCHEISER

> **Wir leben in einer von Humanismus geprägten Gesellschaft. Da ist jemand ein Held, der für die Menschenrechte kämpft.**
> ———————————
> THOMAS FORSTNER

schen dieser Augenblick noch nicht begegnet. Ich denke schon, dass wir alle grundsätzlich dazu in der Lage sind, zum Helden zu werden, indem wir Leben retten. Wir müssen nur die Gelegenheit dazu haben.

Sehen wir uns einige Helden und Heldinnen doch mal näher an. Bei Südafrikas Ex-Präsident Nelson Mandela herrscht im Grunde Einigkeit darüber, dass er den Heldenstatus hat, oder? Ebenso bei Sophie Scholl, der Mitbegründerin der Widerstandsgruppe „Weiße Rose" gegen die Nazis. Wenn ich aber den Whistleblower Edward Snowden betrachte oder den schon genannten Alexej Nawalny, gibt es durchaus unterschiedliche Meinungen. Wer definiert, ob jemand ein Held oder eine Heldin ist?

FORSTNER: Ich widerspreche, dass bei diesen Menschen Einigkeit herrscht. Es ist eine Frage der inhaltlichen und zeitlichen Perspektive. Mandela war politisch durchaus umstritten, als er im Gefängnis saß und seinen Kampf gegen die Apartheid führte. Wie auch seine Partei, der African National Congress (ANC). Margaret Thatcher hat ihn mal als Terroristen bezeichnet, Ronald Reagan ging in eine ähnliche Richtung.

MORSCHEISER: Ein Held kann nie ein Held für alle sein. Es ist immer eine Frage des Blickwinkels. Überdies werden Helden stets von den Betrachtern zu solchen gemacht, nie stehen sie aus sich heraus da. Und weil es unendlich viele Möglichkeiten der Betrachtung gibt, gibt es auch unendlich viele Möglichkeiten, zu definieren, ob jemand ein Held ist oder nicht.

ERKENBRECHER: Das gilt in gewisser Weise auch für Sophie Scholl. Der Richter Roland Freisler und andere hartgesottene Nationalsozialisten haben sie, ihren Bruder Hans Scholl und deren Mitstreiter ganz sicher nicht als Helden gesehen, im Gegenteil. Heute ist das anders. Wenn wir 100 Menschen fragen, wen sie als Held oder Heldin sehen, würden wir gewiss immer wieder ähnliche Namen hören. Das zeigt, dass sie einen bedeutenden Platz einnehmen in unserer Gesellschaft. Aber selbst das ist zeitgebunden.

FORSTNER: Wobei man auch hier differenzieren muss. Wir leben in einer von westlichen Idealen, von Aufklärung und Humanismus geprägten Gesellschaft. Da ist natürlich jemand ein Held, der für Freiheit und die Menschenrechte kämpft wie zum Beispiel Nelson Mandela und Sophie Scholl. Wenn ich hingegen aus einer gesellschaftlichen Perspektive gucke, in der Freiheitsideale nicht hoch im Kurs stehen, sieht das schon anders aus.

ERKENBRECHER: Insofern sagt die Frage, wen wir als Held oder Heldin sehen, eine Menge über unsere jeweilige Gemeinschaft aus. Nämlich darüber, was unsere eigenen Werte sind. Wenn wir Sophie Scholl als Heldin anerkennen, wollen wir damit eigentlich sagen: Es ist gut, sich gegen ein faschistisches Regime, gegen eine Diktatur, gegen Unterdrückung aufzulehnen. Wir haben ja ein Anliegen.

Wolodymyr Selenskyj ist ein Held, Wladimir Putin alles andere. Kann man so sagen, oder?

MORSCHEISER: Es gibt, glaube ich, nur sehr wenige Menschen, die Putin als Held sehen. Zumindest wohl niemanden, der Putin wie auch Selenskyj als Held wahrnimmt.

ERKENBRECHER: Es ist der Gegner, der den Helden konstituiert. In unserem Zusammenhang: Die beiden brauchen sich. Der Held kommt, wenn er gebraucht wird. Und wann wird er gebraucht? Wenn man gegen etwas kämpfen muss. Wenn es keinen Gegner gibt, braucht es keinen Helden, der vorangeht und zeigt, wogegen es sich zu kämpfen lohnt.

Selenskyj wäre ohne Putin nie zum Helden geworden?

ERKENBRECHER: Genau.

MORSCHEISER: Die Frage ist, ob man die Umkehrprobe machen kann. Wäre es für Putin genauso eine Heldentat gewesen, wenn er die Ukraine einfach überrannt hätte? Hätte er das dann so für sich politisch vermarkten können, wie er es jetzt kann?

BENSCH: Ich denke, dass es bei Putin weniger eine Frage von Heldentaten ist, sondern es darum geht, sich als starken Mann zu präsentieren. Das ist hier wichtiger, als eine Heldengeschichte von sich zu erzählen.

FORSTNER: Er muss ja nicht unbedingt eine Geschichte von sich selbst erzählen. Es gibt da die russische Oberste Olga Katschura, die sich im Internet damit brüstete, wie toll sie es findet, Ukrainer abzuknallen,

Dieses Foto wurde ikonisch. Während der Demonstrationen in Peking gegen die Regierung am 4. und 5. Juni 1989 hindert ein einzelner Mann eine Reihe von Panzern an der Weiterfahrt. Was danach mit dem „Tank Man" geschah, ist nicht gesichert. Möglicherweise wurde er hingerichtet.

Colin Kaepernick (Mitte), Quarterback der San Francisco 49ers, und zwei Kollegen knien im Dezember 2016, während vor dem Anpfiff gegen die Atlanta Falcons die US-Nationalhymne gespielt wird. Sein Protest gegen Rassismus und die wiederholte Tötung von Schwarzen durch die Polizei führte dazu, dass Kaepernick seinen Job als Profi-Footballspieler verlor.

Als Wolodymyr Selenskyj im Mai 2019 Präsident der Ukraine wurde, konnte er sich kaum vorstellen, dass er sein Land schon bald durch den Krieg gegen Russland führen würde. Viele sehen ihn als Held, der nicht nur seinem Volk Mut zuspricht, sondern unermüdlich im Ausland für Unterstützung wirbt wie hier – zugeschaltet – beim EU-Gipfeltreffen 2023 in Reykjavik.

und die sogar eine Strichliste führte. Nachdem sie im Sommer 2022 selbst gefallen war, hat Putin ihr posthum den Titel „Held der Russischen Föderation" verliehen. Das ist ein bewusster Heroisierungsprozess mit politischer Botschaft.

Die ersten Helden begegnen uns schon in der Antike in Gestalt von Herakles oder Achilles. Warum begleitet uns dieses Phänomen seit so langer Zeit, durch so viele Gesellschaften?

BENSCH: Für mich liegt es zum einen daran, dass Gesellschaften sich mithilfe von Heldenfiguren gemeinsamer Wertvorstellungen versichern können. Denn Helden stellen oft ein Idealbild dar. Zugleich haben sie für die Gemeinschaft eine entlastende Wirkung. Indem die Gruppe eine Person auf den Sockel hebt und damit als außergewöhnlich kennzeichnet, muss sich der einzelne Mensch nicht dafür schämen, dass er nicht in gleicher Weise mutig und selbstlos ist. Es wird also erträglich, selbst kein Held zu sein.

FORSTNER: Zudem werden in Heldengeschichten Werte vermittelt, die für das Überleben einer Gemeinschaft wichtig sind. Etwa die Bereitschaft, sich hinten anzustellen für das Wohl der Gruppe. Ich finde es bemerkenswert, dass wir das Phänomen über den Globus in beinahe allen Kulturen finden. Nicht erst seit der griechisch-römischen Antike, sondern schon vorher zum Beispiel in Mesopotamien, dort im altbabylonischen Gilgamesch-Epos. Also in der Zeit, als allmählich die ersten Städte entstanden.

MORSCHEISER: Eine wichtige Rolle spielt auch, dass sich in Heldengeschichten die Faszination für andere Menschen zeigt. Wir haben hier ein Storytelling durch alle Zeiten, ob in Gedichten, Romanen oder Filmen. Die meisten erfolgreichen Erzählungen handeln von Helden. Die Heraklesgeschichten funktionierten zu ihrer Zeit wohl ähnlich wie heute der Blockbuster-Kinofilm – allein schon deshalb, weil man mitfiebern kann. Ich denke, dass die Menschen eine Sehnsucht nach Erzählungen haben, die sie in eine andere Welt abtauchen lassen.

ERKENBRECHER: Und was braucht es alles für eine solche Erzählung? Könnte man zum Beispiel eine Heldengeschichte über meinen Schornsteinfeger aufbauen, der jedes Jahr pünktlich kommt und meinen Kamin reinigt? Die Zutaten wären vielleicht eine nicht besonders schöne Kindheit, eine unklare Zukunft und eine außergewöhnliche Zielstrebigkeit, der beste Schornsteinfeger der Welt zu werden. Dafür trägt er Zeitungen aus und finanziert so die Ausbildung.

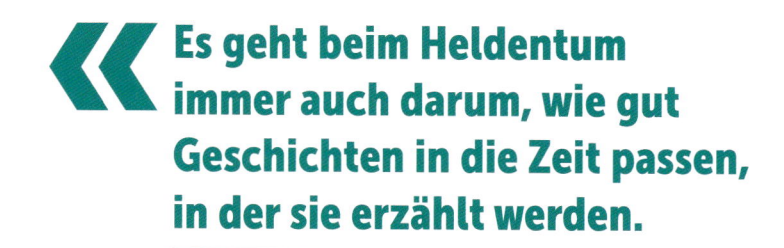

> **« Es geht beim Heldentum immer auch darum, wie gut Geschichten in die Zeit passen, in der sie erzählt werden.**
>
> ANDREA ERKENBRECHER

Wobei die Komponente fehlt, dass er sich für andere Menschen einsetzt, überdies mit persönlichem Risiko.

ERKENBRECHER: Da kommt es auf den Kontext an. In der DDR hätte der Schornsteinfeger durch seinen ständigen Einsatz den Plan übererfüllen können und wäre vielleicht zum Helden der Arbeit gekürt worden. Der Staat hätte seine Geschichte benutzt für die zentrale Botschaft: Engagiert euch für den Aufbau und Sieg des Sozialismus. Anders gesagt: Es geht nicht immer nur um die Tat, sondern darum, wie man sie einordnet und von ihr erzählt.

MORSCHEISER: Genau, und das gilt auch für den Film. Man kann die Geschichte von Spider-Man so langsam und langweilig erzählen, dass kein Mensch auch nur einen Moment daran interessiert ist, das zu hören oder zu sehen. Doch dann gibt es auf einmal einen guten Comiczeichner oder einen guten Filmregisseur, der diesen Superhelden zu einer faszinierenden Persönlichkeit formt.

Ist die – wenn auch gute – Erzählung allein nicht etwas zu wenig?

MORSCHEISER: Das ist die Frage: Geht es um die Tat oder um die Erzählung über die Tat? Wenn niemand mitbekommen hätte, dass der Polarforscher Ernest Shackleton mit seiner Mannschaft in Richtung Südpol gereist war und dort unter dramatischen Umständen seine Mannschaft retten musste (siehe „Gefangen im Eis", S. 104), würden wir nicht als Held über ihn sprechen. Er hat es aber geschafft, dass später über die Expedition und seine Taten berichtet wurde. Im Ergebnis sind manche andere bedeutende Polarforscher viel weniger bekannt als er.

ERKENBRECHER: Das ist etwas ähnlich bei den Geschwistern Scholl. Eigentlich handelt es sich um die Widerstandsgruppe „Weiße Rose", doch das Narrativ bildet die historische Wahrheit nicht ab. Heute gibt es viel mehr Sophie-Scholl-Schulen als Alexander-Schmorell-Schulen oder Christoph-Probst-Schulen,

> **Jemanden einen Helden zu nennen, bedeutet heute nicht viel, weil der Begriff so inflationär gebraucht wird.**
>
> MATTHIAS J. BENSCH

obwohl diese beiden jungen Männer unbestreitbar einen mindestens so großen Anteil an den Widerstandsaktionen hatten. Manchmal werden Heldenfiguren hervorgehoben, während andere zurückstehen müssen. Das hat natürlich auch damit zu tun, wie gut bestimmte Geschichten in die Zeit passen, in der sie erzählt werden.

In die Zeit der Coronapandemie passten offenbar Geschichten über Ärzte, Pflegepersonal und auch Kassiererinnen, die unter großem Risiko oder mit hohem Einsatz ihre Arbeit machten und denen dafür von Balkonen applaudiert wurde.

FORSTNER: Ich empfinde das als zynisch. Ebenso, wenn in Kleinanzeigen bei Putzhilfen „Staubsaugerhelden" gesucht werden. Da werden Tätigkeiten und Anforderungen überhöht, anstatt diese Menschen vernünftig zu entlohnen.

BENSCH: Ich denke auch nicht, dass die Angehörigen dieser Berufsgruppen wirklich heroisiert wurden. Jemanden eine Heldin oder einen Helden zu nennen, bedeutet heutzutage nicht allzu viel, weil der Begriff wahnsinnig inflationär verwendet wird.

ERKENBRECHER: Ich sehe es ambivalent. Man kann einerseits sagen, dass es eine Inflation des Heldenbegriffs gibt und jeder in sich und in anderen vielleicht Helden sieht. Aber gleichzeitig ist seine häufige Verwendung vielleicht auch Ausdruck dessen, dass wir offenbar genauer hinschauen. Dass wir sehen, wie hart bestimmte Berufe sind für Menschen, unter welchen extrem schwierigen Bedingungen sie arbeiten. Und dass wir das anerkennen. Ich sehe hier einen positiven Aspekt: Wir sprechen von Helden oder Alltagshelden, weil diese Menschen gegen Strukturen und einen ständigen Mangel kämpfen.

FORSTNER: Aber diese Bewusstwerdung war doch mit dem Ende der Pandemie spätestens wieder vorbei. Ein Held bekommt immer einen Heldenlohn, wie Anerkennung, Gedenken, Auszeichnungen. Wo war der Heldenlohn für diese Menschen?

ERKENBRECHER: Das sehe ich genauso. Nur glaube ich, dass das eine das andere nicht ausschließt. Es hätte ja auch dazu führen können, dass dieses Bewusstsein bleibt und dazu führt, dass es eine Änderung im System gibt. Dazu ist es nicht gekommen – aber dennoch erscheint es mir gut, dass wir ein Bewusstsein dafür entwickelt haben.

Brauchen wir besonders in Krisenzeiten wie der Pandemie Heldenfiguren, an denen wir uns orientieren können? Einfach nur, um diese Zeit zu ertragen?

FORSTNER: In jedem Fall haben wir ein Grundbedürfnis nach Menschen, die Werte verkörpern, die ich selbst nicht erreiche. Die zudem Orientierung geben. Im Regelfall sind das reale Personen, es können aber auch Heldenfiguren sein.

ERKENBRECHER: Vor allem ist an Krisen kein Mangel. Wenn sie zu Heldengeburten führen, wird es logischerweise wohl immer Helden geben. Wir sprachen vorhin über Greta Thunberg. Ja, wir haben eine Klimakrise, und das spiegelt sich auch darin, dass Menschen diese junge Frau als Heldin ansehen. Es gibt eine Sehnsucht danach, dass uns jemand durch Krisen führt. Dafür sind Helden oder Heldinnen prädestiniert.

FORSTNER: Auch, um uns zu entlasten. Gerade in einer Gesellschaft, die zunehmend komplexer wird, stehe ich ja immer wieder vor der Frage, wie ich einen Weg aus bestimmten, vielleicht schwierigen Situationen finde. Und da steigt die Bereitschaft bei vielen Menschen, Leitfiguren zu folgen. Das hat natürlich einen gefährlichen Aspekt, weil wir falschen Versprechungen aufsitzen können.

Helden werden geschaffen, viele zurzeit aber vom Sockel geholt: Kriegshelden in den Südstaaten der USA, Helden der Kolonialzeit und andere, deren Haltung nicht mehr in die Zeit passt. Gelten uns alte Helden nichts mehr?

FORSTNER: Eine Deheroisierung gab es schon immer. Im antiken Rom wurden unliebsame Persönlichkeiten aus Inschriften getilgt, in der Reformation holte man Heilige aus den Kirchen, in der Französischen Revolution stürzte man Statuen von Königen. Es gibt viele Beispiele in der Geschichte dafür, dass das, was das System von gestern repräsentierte, im neuen System von Werten und Idealen nicht mehr galt. Und natürlich kann man es verstehen, dass Kolumbus aus Sicht der indigenen Bevölkerung Amerikas nicht unbedingt als Held gesehen wird.

Mit einer blutenden Gesichtswunde liegt Sebastian Schweinsteiger am Boden und hält sich zudem das Bein. Trotz der Verletzungen setzte er das WM-Finale 2014 in Brasilien fort, das die deutsche Mannschaft mit 1:0 gegen Argentinien gewann. Schweinsteiger wurde danach als Sportheld gefeiert – oder hat er nur seinen Job gemacht?

Landauf, landab erinnern solche Denkmäler an gefallene deutsche Soldaten der beiden Weltkriege. Doch sie ziehen auch Widerspruch politischer Lager von links und rechts auf sich, wie hier in Waldkirch-Kollnau in Baden-Württemberg.

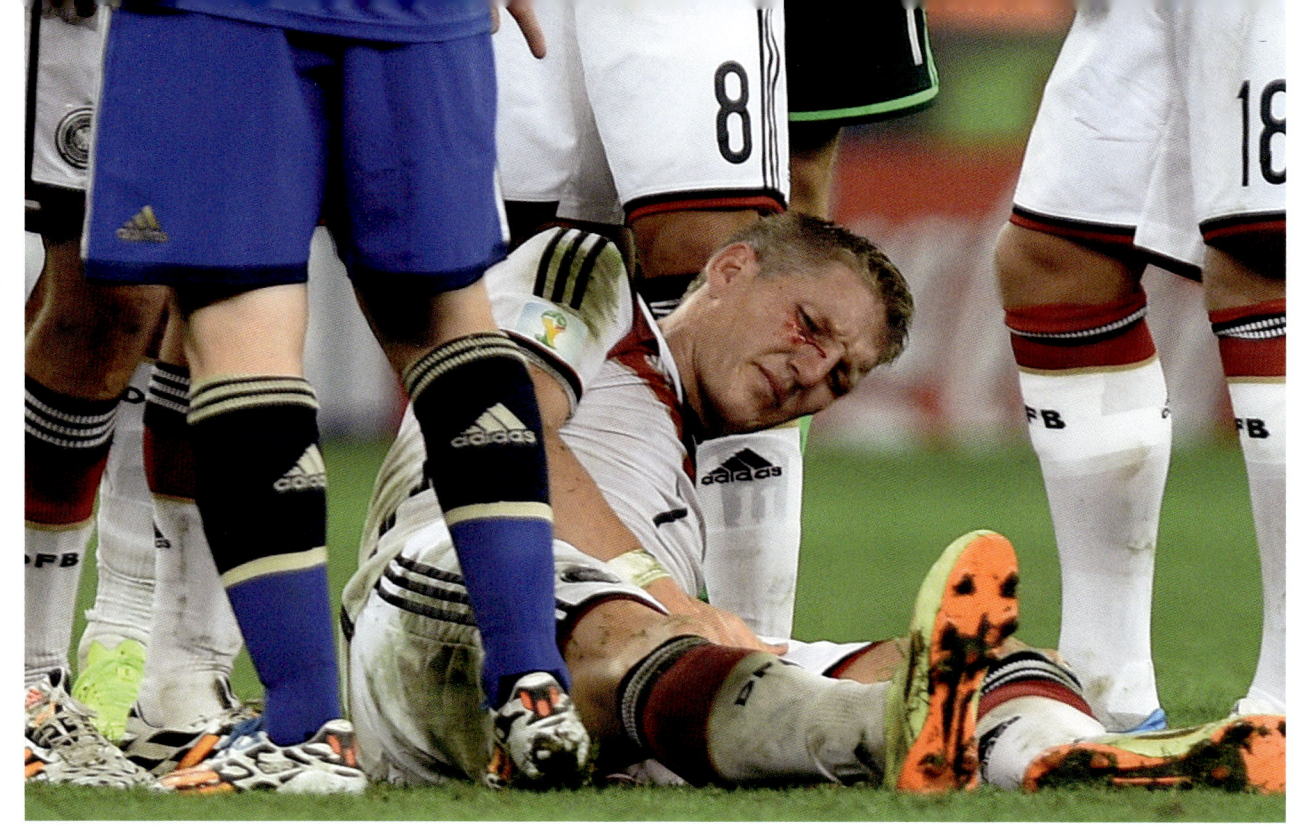

Eine Ehrenwache steht neben dem Sarg der Fado-Sängerin Amália Rodriguez, deren Leichnam im Juli 2001 ins Pantheon in Lissabon überführt wird. Sie war die erste Frau, der diese Ehre zuteil wurde. Rodriguez, die „Stimme Portugals", befindet sich in der Ruhmeshalle nun neben Präsidenten und Schriftstellern.

Ihr macht uns zu Helden, aber im Geldbeutel tut sich nichts: In London protestieren diese Mitarbeiterinnen des National Health im Sommer 2021 gegen die für sie unangemessen schlechte Bezahlung. Freundliche Worte reichen ihnen nicht mehr aus.

Morscheiser: Helden werden gestürzt, aber es werden auch immer neue Helden gemacht.

Erkenbrecher: Richtig. Es gibt einen Durst nach Helden, sonst würden all die Heldenformate sich nicht gut verkaufen. Stattdessen sind sie Kassenschlager. Das sind Superhelden ebenso wie Alltagshelden. Als Gesellschaft brauchen wir nach wie vor Helden. Nur sind es zumeist keine Kriegshelden mehr, die lange Zeit als die klassischen Helden galten.

Weil vielen von uns das Militärische fremd ist?

Forstner: Ja, und deshalb beurteilen wir Kriegshelden kritisch, anders als etwa die US-Amerikaner oder auch die Briten.

Morscheiser: Das ist doch auch eine Frage der Generation. Meine Großeltern waren im Zweiten Weltkrieg noch Kinder. Die Generation meiner Urgroßeltern hätte also noch von damaligen Heldentaten erzählen können. Die Jüngeren haben eher Miraculous Ladybug oder die Avengers vor Augen, wenn der Begriff des Helden fällt. Gerade dieses Spannungsfeld macht es so interessant, sich mit dem Thema zu befassen, auch im Rahmen einer Ausstellung.

Wir sprechen hier von Helden und Heldinnen, die Großartiges leisten. Doch es gibt ja auch die Antihelden. Wer ist uns lieber: der strahlende John Wayne oder der manchmal zweifelnde Clint Eastwood? Batman oder Mr. Bean?

Morscheiser: Ich glaube, dass Antihelden und die Gegenspieler von Helden Sympathien bei Menschen auslösen, weil auch sie einen hohen Identifikationsgrad ausstrahlen. Wir haben den Helden ja definiert als Vorbild und jemanden, den wir auf den Sockel stellen. Aber es gibt natürlich viele Eigenschaften, die einem bei ihm unsympathisch sein können. Ich möchte nicht tapfer in den Krieg ziehen. Nicht für sieben Kinder einen Mutterschaftsorden erhalten. Auch keine Heldin der Arbeit werden. Da identifiziere ich mich lieber mit Mister Bean oder Big Lebowski: mit dem Dude, der auf seinem Sofa herumgammelt und im ersten Moment nichts tut.

Forstner: Es hat etwas Beruhigendes, wenn ich einen Eberhofer-Krimi im Fernsehen gucke und mir denke, der ist ja genauso wie ich. Der bekommt sein Beziehungsleben nicht auf die Reihe, kommt morgens nicht aus dem Bett und kann kaum die Kaffeemaschine sauber machen. Das zeigt mir, dass ich nicht ständig großartig und mutig und tatkräftig sein muss.

Erkenbrecher: Oder vielleicht noch mal anders gewendet: Wenn ich den Antihelden am einen Extrem habe und den Helden am anderen, muss ich mich irgendwo einordnen. Wenn ich mich mit der Heldin messe, kann ich immer nur verlieren. Aber wenn ich mich mit der Antiheldin messe, kann ich besser abschneiden.

Bensch: Einen Helden brauche ich vielleicht, um eine spannende Geschichte zu erleben. Oder um mir zu zeigen, was alles möglich ist und was meine Ideale sind. Antihelden hingegen helfen mir, mich gut zu fühlen und zu denken: Ach, eigentlich ist mein Leben doch ganz okay.

Was lernen Historiker aus der Erforschung des Heldentums?

Morscheiser: Auf jeden Fall, dass Geschichte sich wiederholt. Es kommt eigentlich immer alles irgendwie wieder. Wir haben ein Problem, wir haben einen Helden oder eine Heldin, wir haben eine ähnliche Erzählung, und so läuft es seit Jahrtausenden nach einem bekannten Muster ab. Wahrscheinlich wird auch in ferner Zukunft noch nach dieser Machart erzählt. Diese Langzeitperspektive finde ich total spannend. Man kann die Namen in den Geschichten austauschen, und den Rest kann man belassen. Ich bin sicher, dass Heldengeschichten genau deshalb über so lange Zeit so gut funktionieren.

Forstner: Man sieht daran, dass die menschlichen Sehnsüchte und Erwartungshaltungen über den Verlauf der Geschichte erstaunlich konstant sind. Und dass es auch immer wieder ähnliche Ausdrucksformen gibt, in denen sich diese Ideen, Ideale, Sehnsüchte manifestieren.

Wir sprechen hier über Phänomene und über Menschen, die zu Vorbildern oder Idolen geworden sind. Einer klaren Definition des Helden oder der Heldin haben wir uns hingegen allenfalls angenähert ...

Morscheiser: Ich finde es ungeheuer schwer, sie zu finden. In jedem Fall berührt sie etwas sehr Persönliches. Man kann genauso die eigene Mutter als Heldin wie Spider-Man als Held sehen. Den Begriff des Helden und die damit verbundenen Eigenschaften haben auch wir als Kuratorenteam abschließend nicht gefunden. Sondern wir fragen, was für den Einzelnen das Heldsein bedeutet. Wir wollen ein Bewusstsein dafür schaffen, wie inflationär und multidimensional der Begriff verwendet wird.

In einem Gottesdienst im Limburger Dom wird der Pallottinerpater Richard Henkes im September 2019 seliggesprochen. Der Geistliche war als Gegner des NS-Regimes im KZ Dachau inhaftiert und pflegte dort kurz vor Kriegsende Erkrankte während einer Typhusepidemie. Er selbst starb an der Seuche.

25

EIN LEBEN FÜR DIE

Marie Curie erforschte die Radioaktivität und wurde mit zwei Nobelpreisen ausgezeichnet. Sie war eine herausragende Wissenschaftlerin, die sich in ihrer von Männern dominierten Zunft durchsetzte. Ihre Leidenschaft für die Arbeit wurde ihr letztlich zum Verhängnis.

Marie Curie 1905 in ihrem Labor in Paris. Drei Jahre zuvor wurde ihr und ihrem Mann Pierre zusammen mit Henri Becquerel der Nobelpreis für Physik verliehen. Schon damals litt die Forscherin wohl an ersten Anzeichen der Strahlenkrankheit.

WISSENSCHAFT

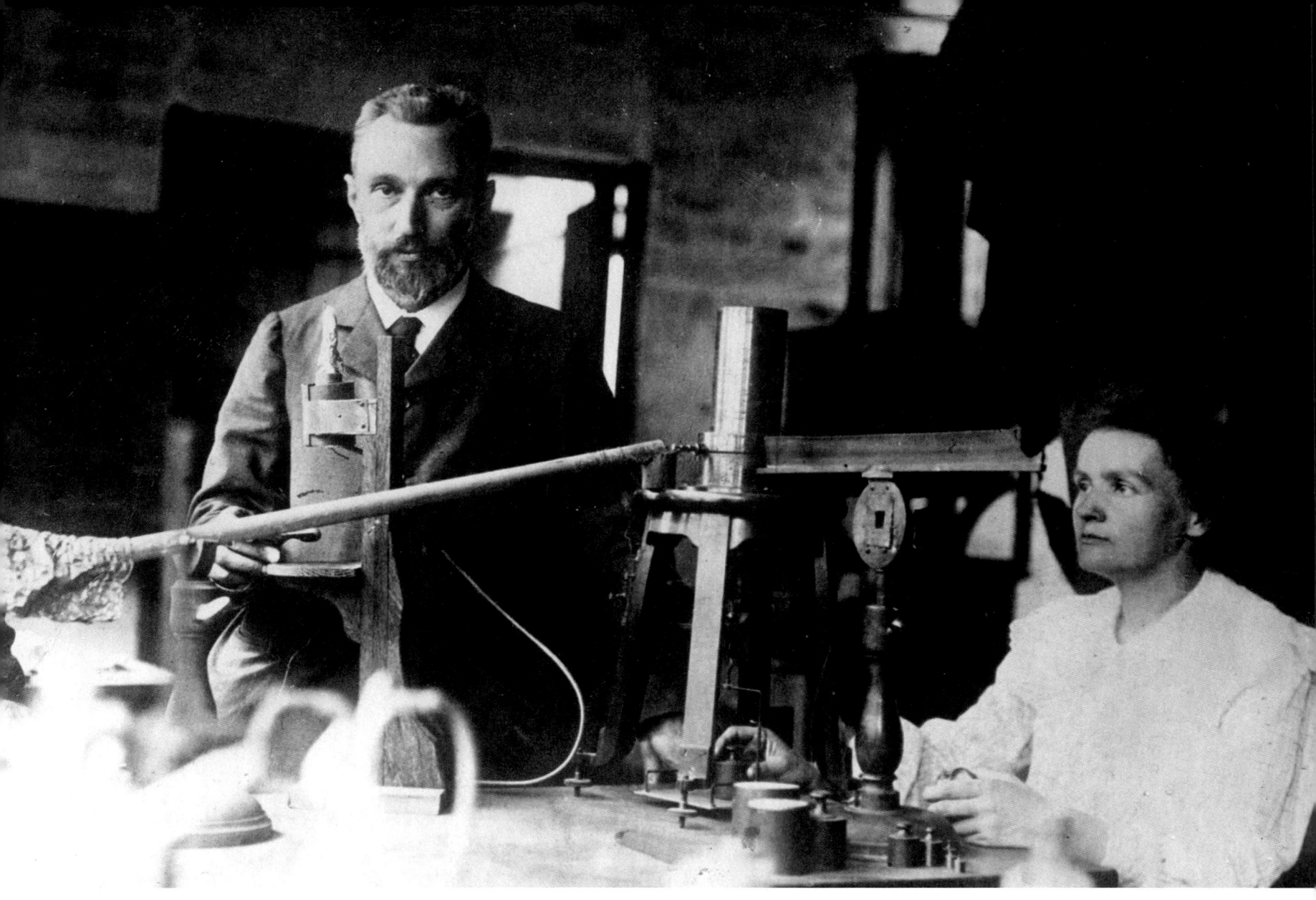

Die Curies waren ein ideales Forscherpaar – und ihrer Zeit weit voraus: Der Physiker Pierre stellte sich ganz in den Dienst der gemeinsamen Arbeit.

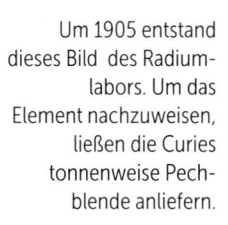

Um 1905 entstand dieses Bild des Radiumlabors. Um das Element nachzuweisen, ließen die Curies tonnenweise Pechblende anliefern.

TEXT: ALINA SCHADWINKEL

W

Zur Person
MARIE CURIE

Als sie am 7. November 1867 als Maria Salome Sklodowska in Warschau geboren wird, ist Polen kein unabhängiger Staat: Österreich, Preußen und Russland haben das Land unter sich aufgeteilt. Als jüngstes von fünf Kindern erlebt sie die Unterdrückung durch den russischen Zaren Alexander II., zudem, dass vielen Mädchen die höhere Bildung vorenthalten ist. Geprägt durch das wissenschaftliche Interesse ihres Vaters, eines Lehrers für Mathematik und Physik, zieht sie zusammen mit ihrer Schwester Bronislawa nach Paris. Sie studiert erfolgreich und widmet ihr Leben der Forschung, vor allem der Radioaktivität. Zweimal erhält sie den Nobelpreis, 1903 anteilig für Physik, 1911 für Chemie. Die Leidenschaft für die Wissenschaften teilt sie mit ihrem Mann und Forscherkollegen Pierre, mit dem sie zwei Töchter hat. In einer Zeit der beginnenden Frauenbewegung gilt Marie Curie vielen Frauen als Vorbild, dem es gelingt, den Beruf und die Familie erfolgreich zu vereinbaren.

Wir haben hier eine vollkommen unabhängige Chemie (...), welche wir die Chemie des Unberechenbaren nennen könnten." Mit diesen Worten nimmt die damals 44-jährige Marie Curie am 10. Dezember 1911 den Nobelpreis für Chemie entgegen. Es ist das zweite Mal, dass die Jury in Stockholm sie mit der höchsten Auszeichnung der Wissenschaft ehrt – für eine Forschung, der sie allen Widrigkeiten zum Trotz jeden Tag ihres Lebens gewidmet hat, und die sie letztlich das Leben kosten sollte.

Ihr späterer Erfolg und Ruhm sind keineswegs sicher, als sie 1891 aus ihrer Heimatstadt Warschau als Studentin nach Paris kommt, im Gepäck eine große Leidenschaft für die Naturwissenschaften. Gerade 24 Jahre alt, lebt sie allein in einer Wohnung ohne Heizung, ernährt sich von Brot, Eiern und Früchten. Aufgeben aber will sie nicht. „Von allen äußeren Einflüssen unbeeindruckt, war ich freudetrunken, zu lernen und zu verstehen", schreibt sie später in ihren autobiografischen Notizen. 1893 macht sie als Klassenbeste ihren Abschluss in Physik, ein Jahr später absolviert sie die Mathe-Prüfungen als Zweitbeste.

Professoren und Unternehmen werden auf sie aufmerksam. Noch als Studentin wird sie von Industriellen in Paris beauftragt, die magnetischen Eigenschaften verschiedener Stahlsorten anhand ihrer chemischen Zusammensetzung zu untersuchen. Sie beginnt ihre Studien in einem Büro an der Universität, nur um festzustellen, dass es für den Zweck ungeeignet ist. Marie sucht ein neues Labor – und findet Pierre Curie.

Pierre hat sich bereits einen Namen auf dem Gebiet der Magnetismusforschung gemacht. Seit zwei Jahren leitet der damals 34-Jährige die Schule für Physik und Chemie in Paris. Er ist derart beeindruckt von der jungen Forscherin, dass er ihr einen Raum für ihre Arbeit zur Verfügung stellt.

Hatte Marie andere Männer mit ihrer Besessenheit für Wissenschaft bisher oft irritiert, sorgt sie bei Pierre für Bewunderung. Eines der ersten Gespräche führen die beiden über die Symmetrie von Kristallen, Pierres Forschungsfeld. Marie bestärkt ihn darin, endlich seinen Doktor zu machen. Stattdessen hält er um ihre Hand an.

Als Beweis seines wissenschaftlichen Ehrgeizes publiziert er eine Studie in einem Fachjournal für Physik und hinterlässt ein Exemplar an Maries Arbeitsplatz: „Für Mademoiselle Sklodowska, mit Respekt und Freundschaft des Autors, P. Curie". Er meldet sich für seine Doktorprüfung an, die er im März 1895 besteht. Vier Monate später heiraten sie, Marie ganz pragmatisch in einem marineblauen Kleid, das sie später auch im Labor tragen kann. Die Ehe verändert nicht nur das

In Paris bekamen Marie und Pierre Curie ihre beiden Töchter, 1897 Irène, 1904 deren Schwester Ève. Während die Jüngere Schriftstellerin wurde, schlug Irène wie ihre Eltern die wissenschaftliche Karriere ein. 1935 wurden sie und ihr Mann Frédéric Joliot-Curie mit dem Nobelpreis für Chemie ausgezeichnet.

Leben der beiden – das Paar wird schon bald die Welt verändern.

Im September 1897 kommt Tochter Irène zur Welt, und etwa zur selben Zeit entschließt Marie Curie sich, auf dem Gebiet der Uranstrahlung zu forschen. Antoine Henri Becquerel (1852–1908) hat das Phänomen 1896 entdeckt, nun wird er ihr Doktorvater. Sie wird der Strahlung ihren noch heute gültigen Namen verleihen: Radioaktivität.

Marie Curie liebt ihre Tochter wie auch später die Zweitgeborene Ève, doch sie kann nicht zugleich Mutter und Forscherin sein. Pierres Vater hilft aus. Nach dem Tod seiner Frau zieht er zu den Curies und kümmert sich um Irène, während die Eheleute die meiste Zeit im Labor verbringen. Elternschaft, Freundschaften, Familie: Alles hat einen Platz im Leben der Curies, aber die Wissenschaft stets Vorrang. „Es war in diesem Modus des ruhigen Lebens, angepasst an unsere Begehrlichkeiten, dass wir unsere Lebensleistung erbringen konnten", schreibt Curie.

Für ihre Doktorarbeit dient eine Abstellkammer der Stadtschule als Labor. An manchen Tagen fällt das Thermometer dort auf sechs Grad Celsius, Finger und Füße der Forscherin werden taub. Das hält sie nicht davon ab, die Ergebnisse Becquerels in zahlreichen Experimenten zu bestätigen. Sie nutzt dazu das Curie-Elektrometer, mit dem ihr Mann 15 Jahre zuvor seine magnetischen Untersuchungen durchgeführt hat. Damit lässt sich sogar die Stärke der Strahlung messen.

Anfang 1898 kann Curie guten Gewissens behaupten, Becquerels Beobachtungen allumfassend bewiesen zu haben. Die Uranstrahlung ist konstant, egal, ob der Stoff als fester Klumpen oder Pulver, trocken oder nass, rein oder in einem Gemisch vorliegt. „Wenn man eine gewisse Anzahl derartiger Messungen ausführt, so sieht man, dass die Radioaktivität ein ziemlich genau messbares Phänomen ist", schreibt sie 1903 in ihrer Doktorarbeit. „Sie variiert wenig mit der Temperatur [...]; auch eine Belichtung der aktiven Substanz ist ohne Einfluss."

Das bringt Curie zu einer revolutionären These: Das Uran scheint sich verändert zu haben und das ursprüngliche Atom in kleinere Stücke zerfallen zu sein. Da dabei Energie in Form von Strahlung freigesetzt wird, muss diese also eine Eigenschaft des Atoms sein. Ein neuer Gedanke, galt das Atom damals doch als kleinstes elementares Teilchen.

Entsprechend umstritten ist ihr Ansatz. Hartnäckig sucht sie nach dem Beweis. Ein weiteres Element, das wie Uran strahlt und sich ähnlich verhält, würde die These stützen. Nach gerade mal sechs Tagen findet sie es: Thorium. Doch statt Ruhm erntet sie Häme. Sie ist zwei Monate zu spät – der deutsche Physiker Gerhard

Marie Curie 1919 mit Soldaten in ihrem Labor. Im Ersten Weltkrieg hatte die Forscherin die ersten Röntgenapparate entwickelt.

Carl Schmidt hat das Element bereits zwei Monate zuvor festgestellt.

Curies eigene Entdeckung wird auf eine Bestätigung reduziert. Ihr Eifer, Großes zu erreichen, bleibt jedoch ungebrochen.

Sie beginnt, alle bekannten Elemente auf die Strahlung hin zu testen. Dabei greift sie nicht nur zu einfachen Verbindungen wie Salzen und Oxiden; auch komplexen Mineralien schenkt sie ihre Aufmerksamkeit, eine wegweisende Entscheidung. „Einige erwiesen sich als radioaktiv; es waren jene, welche Uran und Thorium enthielten; doch ihre Radioaktivität schien unnormal, weil sie weit größer war als das, was mich die von Uran und Thorium gemessenen Mengen erwarten ließen", erklärt die Forscherin in ihren autobiografischen Notizen. Chalkolit ist auffällig, ebenso Pechblende.

Könnte es sich um Messfehler handeln? Definitiv nicht. Es handelt sich offenbar um ein bisher unbekanntes chemisches Element. „Ich stellte die Hypothese auf, dass uran- und thoriumhaltige Erze in kleinen Mengen eine Substanz enthalten, die noch radioaktiver ist als Uran oder Thorium", schreibt Curie später. „Ich hatte das verzweifelte Verlangen, diese Hypothese schnellstmöglich zu bestätigen." Nie wieder will sie überholt werden. Dank ihrem Mann wird es niemandem gelingen.

Marie Curies Ehemann gibt seine eigenen Forschungen auf. Von jetzt an arbeiten beide im Team – er übernimmt die Physik und sie die chemischen Analysen.

Rund einen Monat nachdem Curie mit ihrer Forschung begonnen hat, gibt er seine eigene Forschung auf. Während Pierre die physikalischen Analysen übernimmt, kümmert sich Marie vor allem um die chemischen Untersuchungen. Gemeinsam wollen sie zeigen, dass auch andere Materialien die Eigenschaft von Uran haben.

Wochen-, monatelang forschen sie. Dann ist das Duo überzeugt, zwei neue radioaktive Elemente vor sich zu haben. Polonium und Radium, beides Bestandteile von Bariumsulfat.

DAS EHEPAAR VERÖFFENTLICHT SEINE Entdeckungen in zwei Studien. Doch es gibt ein Problem: Die Curies können weder Polonium noch Radium direkt nachweisen. Bedeutende Kollegen bezweifeln die Existenz und damit ihre Theorie. Um sie verstummen zu lassen, will das Paar die Elemente isolieren, also in reiner Form gewinnen und die atomare Masse sowie die Spektrallinien exakt bestimmen. Ein schwieriges Unterfangen, das Jahre dauern und ihrer Gesundheit schweren Schaden zufügen wird.

In der Publikation von 1898 nennen Marie Curie und ihre Kollegen Elemente, die strahlen, erstmals „radio-active". Um die Unbekannten nachzuweisen, wählen sie erneut Pechblende, mindestens eine Tonne. Sie bekommen es aus der Sankt Joachimsthaler Uranmine im österreichischen Böhmen, wo das Mineral massenhaft als Abfallprodukt anfällt.

Der Direktor der Hochschule für Industrielle Physik und Chemie, an der Pierre Curie als Laborleiter arbeitet, stellt einen Schuppen als neuen Arbeitsplatz zur Verfügung. Wo früher ein Anatomiesaal war, entsteht das neue, von Beginn an baufällige Curie-Labor. Überall stehen Kolben, Reagenzgläser, Petrischalen, Schüsseln, Flaschen und Becherchläser voller Proben, nur einen Handgriff entfernt, ungeschützt strahlend. Niemand ist sich der tödlichen Gefahr bewusst, die von dem radioaktiven Material ausgeht. Pierre Curie trägt stets ein Fläschchen Radium mit sich, stolz präsentiert er es auf Empfängen. Den Hautausschlag aber, der sich auf Höhe der Tasche mit dem Fläschchen befindet, zeigt er nicht.

Radioaktive Strahlung kann dem Körper schaden, auch wenn Marie Curie es nicht wahrhaben will. Bis zu ihrem Tod soll sie abgestritten haben, dass ihr zunehmend schlechter Gesundheitszustand auf ihre Arbeit mit strahlendem Material zurückzuführen ist. Tatsächlich ist verwunderlich, wie lange das Forscherpaar in seinen Laboren arbeiten konnte. Ihre Journale werden noch heute in mit Blei ausgekleideten Boxen aufbewahrt. Auch viele Manuskripte darf man wegen der von ihnen ausgehenden Gesundheitsgefahr nach wie vor nicht berühren.

1902 GELINGT ES DEN Curies, ein Zehntelgramm Radiumchlorid zu isolieren. Ein Jahr darauf erleben sie ihren Triumph. Zusammen mit Becquerel wird ihnen der Nobelpreis für Physik verliehen.

Weitere acht Jahre wird es dauern, bis Marie Curie erstmals reines Radium gewinnt. Ein Erfolg, den sie ohne ihren Mann feiern muss. Denn Pierre ist bereits seit vier Jahren tot, am 19. April 1906 überfahren von einer Droschke.

Sein Verlust stürzt seine Frau in tiefe Verzweiflung. „Pierre schläft seinen letzten Schlaf unter der Erde; dies ist das Ende von allem, allem, allem", heißt es in einem ihrer Tagebucheinträge. „Niedergeschmettert von dem Schlag, fühlte ich mich unfähig, in die Zukunft zu blicken." Doch sie hat auch Pierres Worte im Ohr, der häufig sagte, die gemeinsame Arbeit müsse fortgeführt werden, komme, was wolle. Zwei Tage nach der Beerdigung kehrt sie zurück ins Labor.

Seit Curie den Nobelpreis bekam, schenken die Zeitungen der Forscherin große Aufmerksamkeit. Regelmäßig erscheinen Artikel, die ihre Leistungen geradezu heroisch darstellen. Im Herbst 1910 jedoch ändert sich der Ton. Aus der besonderen wird eine sonderbare Frau. Für den tiefen Fall der Marie Curie sorgen gleich zwei Skandale: ihr Wunsch, Mitglied der Französischen Akademie der Wissenschaften zu werden, und die Beziehung mit Paul Langevin.

ALS DER PHYSIKER DESIRE Gernez (1834–1910) stirbt, ist ein Platz als Mitglied der Französischen Akademie der Wissenschaften zu vergeben. Marie Curie schlägt sich selbst als Kandidatin vor. Sie ist zwar bereits Mitglied der Polnischen, Tschechischen und der Schwedischen Akademie, die Anerkennung in Frankreich ist ihr als Frau bislang aber verwehrt geblieben.

Curies Konkurrent ist Edouard Branly, ein Pionier der Funktechnik, französisch, katholisch – und ein

Das Radiumlabor, in dem Marie und Pierre Curie forschten, war kaum mehr als ein Schuppen, zur Verfügung gestellt vom Direktor der Hochschule für Industrielle Physik und Chemie.

Um Verwundeten zu helfen, entwickelte Marie Curie im Ersten Weltkrieg zusammen mit dem Roten Kreuz auch mobile Röntgenwagen. Hier einen Renault, an dessen Steuer sie selbst Platz genommen hat.

MARIE CURIE

Auf Einladung der amerikanischen Journalistin Marie Mattingly Meloney reisten Marie Curie und ihre Töchter 1921 in die USA. Links die Frauen an Bord der „RMS Olympic".

Kameraleute, Fotografen und mehrere Hundert Menschen am Kai: Schon die Ankunft in New York war ein Spektakel. Vor allem von Frauen wurde die berühmte Curie sehnsüchtig erwartet.

Höhepunkt der Reise war der Empfang durch US-Präsident Warren G. Harding (unten). „Wir begrüßen Sie als ein Beispiel für einen Sieg der Freiheit", würdigte er Curies Lebenshaltung.

Eine amerikanische Redakteurin wird auf sie aufmerksam und lädt sie in die USA ein. Eine Karrierefrau mit Familie passt gut in die Zeit.

Mann. Ebenso gespalten wie die Mitglieder der Akademie ist auch die Pariser Presse. Allesamt stürzen sich die Journalisten auf die Fehde innerhalb der prestigeträchtigen Einrichtung. Während die liberalen Zeitungen sich auf Curies Seite schlagen, werben die konservativen Blätter für Branly. Gezielt bringen Journalisten etwa das Gerücht in Umlauf, Curie sei Jüdin. Zudem meinen sie, sie habe es als Polin nicht verdient, in eine altehrwürdige französische Forschergesellschaft aufgenommen zu werden.

AM 23. JANUAR 1911 schlägt Branly seine Konkurrentin mit zwei Stimmen. Stillschweigend akzeptiert sie die Niederlage und stürzt sich erneut in die Arbeit. Ihr Image ist erstmals nachhaltig beschädigt. Und es soll noch schlimmer kommen.

Paul Langevin war lange Jahre ein enger Freund Pierre Curies. Die beiden Männer kannten sich von der Universität, 1902 legte Langevin als 30-Jähriger bei Curie seine Doktorprüfung ab. In den folgenden Jahren verkehren die beiden Physiker in denselben Kreisen, diskutieren dieselben Phänomene. Und sie lieben dieselbe Frau.

Im Sommer 1910 werden Marie und Paul ein Paar. Curie ist bereits seit mehreren Jahren Witwe, Langevin ist allerdings Vater von vier Kindern und mit deren Mutter verheiratet, wenn auch unglücklich. Seine Frau gilt als äußerst eifersüchtig, greift den Ehemann in ihrer Wut mehrmals tätlich an. Eine Scheidung kommt für Langevin aber nicht infrage, zu groß die Angst, seine Kinder nicht mehr sehen zu dürfen.

Um Ruhe vor seiner Frau zu finden, mietet Langevin eine Wohnung nahe der Sorbonne. Curie besucht ihn dort gelegentlich, unbemerkt, wie sie meint. Doch Langevins Frau weiß um die Affäre, sie lässt Briefe aus dem Apartment entwenden und setzt ihren Ehemann unter Druck: Entweder die Beziehung endet, oder sie macht alles öffentlich. Am 4. November 1911 eskaliert die Situation: „Une histoire d'amour: Madame Curie et le professeur Langevin" titelt die Zeitung „Le Journal".

Jeanne Langevin steht plötzlich als arme, betrogene Ehefrau da, die um ihren geliebten Mann und die Zukunft der Familie kämpft. Gegen Marie Curie hingegen wird in Zeitungen gehetzt. Sie fürchtet um das Wohl ihrer Familie und zugleich um ihr Ansehen in der wissenschaftlichen Gesellschaft.

Manche Kollegen erfreuen sich an dem Leid der stets mit Skepsis beäugten Konkurrentin. Endlich ist Curie angreifbar – wenn schon nicht für ihre Arbeit, dann zumindest für ihre Verfehlungen als Frau. Andere Wissenschaftler stehen ihr bei, etwa der hoch angesehene Albert Einstein. Er habe ihren Geist, ihre Tatkraft und ihre Ehrlichkeit zu bewundern gelernt und schätze sich glücklich, ihre Bekanntschaft gemacht zu haben, schreibt er in einem Brief.

Inmitten der Krise erhält Marie Curie 1911 den Nobelpreis für Chemie. Allein. Als erstem Menschen wird ihr zum zweiten Mal die höchste Ehre der Wissenschaft zuteil.

Doch die Anfeindungen bleiben. Curie zieht mit ihren Töchtern zu Freunden. Sie wird krank. Zunächst attestieren die Ärzte ihr eine Depression, dann versagen die Nieren. Unter falschem Namen verbringt die Forscherin den Januar 1912 in einer Privatklinik, im März schließlich wird sie operiert und erholt sich anschließend zuerst in einem Haus nahe Paris, um den Sommer dann bei einer Freundin in England zu verbringen.

WÄHRENDDESSEN WIRD DAS RADIUM-INSTITUT an der Rue Pierre Curie fertiggestellt. Erst, als es bezugsbereit ist, kehrt Marie Curie zurück, im Jahr 1914. Bevor sie das neue Gebäude betritt, zitiert sie ehrfürchtig den berühmten französischen Chemiker Louis Pasteur (1822–1895): „Falls die Errungenschaften der Menschheit Ihr Herz berühren [...] – dann bestärke ich Sie darin, sich für diese heiligen Hallen zu interessieren, denen der ausdrucksstarke Name Laboratorien verliehen wurde. Sie sind die Tempel der Zukunft, von Wohlstand und Gesundheit."

Jahrelang hat Curie auf diesen Moment gewartet. Doch noch bevor sie ihre Forschung aufnehmen kann, führt Frankreich Krieg mit Deutschland. Sie entschließt sich, an der Front zu helfen, mit der mittlerweile erwachsenen Tochter Irène als Assistentin und mit den Mitteln der Wissenschaft. „Es ist bekannt, dass die Röntgenstrahlung für Chirurgen und Doktoren extrem hilfreich ist, um die Kranken und Verwundeten zu untersuchen", schreibt sie. Doch nur wenige Krankenhäuser verfügen über Geräte und Spezialisten. Also richtet Marie mithilfe eines befreundeten Arztes und von Freiwilligen in der Region rund um Paris mehrere

Im Jahr 1925 gab die inzwischen zweifache Nobelpreisträgerin eine Vorlesung in der ehrwürdigen Conservatoire national des arts et métiers. Beruflich war sie längst im Olymp der Forschung angekommen, doch privat musste sie viele Jahre lang böse Anfeindungen ertragen.

> **Marie Curies Gesundheit verschlechtert sich. Sie kann nur noch eingeschränkt sehen: Die Strahlung hat zu einer Trübung der Augenlinse geführt.**

Röntgenstationen ein und lernt in Schnellkursen das Personal an.

Sie entwickelt mit dem Roten Kreuz auch den weltweit ersten Röntgenwagen. „Es war ein einfacher Motorwagen, hergerichtet für den Transport eines vollständigen Röntgen-Apparats, zusammen mit einem Dynamo, der von dem Automotor betrieben wurde und den für die Produktion der Strahlung nötigen Strom erzeugte." Zwanzig dieser „Petites Curies" sind im Einsatz, Ärzte und Krankenschwestern durchleuchten innerhalb eines Jahres mehr als eine Million Männer auf Kugeln und Schrapnell-Fragmente. Überall arbeiten Frauen, die Marie Curie ausgebildet hat.

Ihrer Tochter wird die Frontarbeit eine Medaille einbringen. Marie Curie bekommt zwar keine Anerkennung von der französischen Regierung – doch immerhin ermöglicht die Arbeit in der Medizin ihr nach Ende des Krieges einen Neustart.

IM MAI 1920 BEKOMMT die Nobelpreisträgerin Besuch in ihrem Pariser Labor. Marie Mattingly Meloney, eine Redakteurin des US-amerikanischen Frauenmagazins „The Delineator", möchte ein Interview mit ihr führen. Die Begegnung ist ein Glücksfall. Denn was die Journalistin erfährt, hält sie für untragbar: Der mehrfach ausgezeichneten Wissenschaftlerin fehlt das Forschungsmaterial. Curie erzählt, dass die Forschungs- und Therapiezentren in den USA über 50-mal so viel Radium verfügen wie sie selbst, die Entdeckerin des Elements. Betont bescheiden erwähnt Marie, ein weiteres Gramm Radium würde genügen, um ihre Forschung fortzuführen. Das aber kostete damals mindestens 120 000 Dollar.

Meloney beschließt, das Geld zu beschaffen. Mit ausführlichen Geschichten, einer von Curie verfassten Autobiografie und einer gut geplanten Kampagne, der „Marie Curie Radium Campaign", zu der auch ein Besuch der scheuen Forscherin in den USA gehören wird. Ihre Töchter sollen dabei sein.

Curie muss nun mehr werden, als sie eigentlich sein will. Schon im ersten Artikel, der noch vor ihrer Ankunft in den USA erscheint, macht Meloney sie zu einer Ikone, die alles erreicht hat: Ehe, Mutterschaft, Karriere. In Meloneys Texten wird sie zum Idealbild der Mütterlichkeit. Zudem lässt die Autorin ihre Leserinnen wissen, dass Curie das Radium brauche, um ein Heilmittel gegen Krebs zu finden. Zwar ist die Forscherin überzeugt, dass Radium die Medizin revolutionieren kann. Aber sie hat nicht vor, entsprechende Studien selbst durchzuführen. Das sollen andere machen.

Curie nimmt es hin: „Ich verstehe, dass die Reise für mein Institut von größtem Nutzen sein wird", notiert sie. Die beiden Frauen verstehen sich gut, während ihrer USA-Reise wohnen die Curies sogar zeitweise bei der Journalistin. Die beiden Frauen werden bis zu ihrem Lebensende enge Freundinnen bleiben.

Meloney bringt auch andere Magazine und Zeitungen dazu, umfassend über die Forscherin zu berichten – die Langevin-Affäre bleibt aber ausgeschlossen. Nur ein Wort, und Curie würde nicht in die USA reisen oder die Reise sofort abbrechen, so die Abmachung.

Als die inzwischen 53-Jährige in Begleitung ihrer beiden Töchter im Frühjahr 1921 an Bord der „RMS Olympic" in den Hafen von New York einläuft, stehen bereits Hunderte Menschen am Dock. Mehr als 20 Fotografen halten die Ankunft fest. Überall sind Blumen,

Eine Medaille der Internationalen Vereinigung gegen Krebs (IUCC) mit dem Abbild der Curies.

wehen die Flaggen der USA, Frankreichs und Polens. Für die amerikanischen Frauen bietet Marie Curie ein Fenster in die Zukunft. Erst seit knapp einem Jahr besitzen sie das volle Wahlrecht. Sie haben endlich eine politische Stimme, und sie wollen mehr. Curie als Mutter und Karrierefrau kommt genau zur richtigen Zeit.

DIE REISE IST INTENSIV und anstrengend, die Forscherin fühlt sich unwohl. Die Kriegsjahre haben sie gesundheitlich geschwächt. Wie ihre Tochter Ève später schreibt, springen sie und ihre Schwester oft für die Mutter ein, schütteln Hände, nehmen Preise entgegen.

Am 20. Mai 1921 erlebt die Reise ihren Höhepunkt. Im Weißen Haus versammeln sich mehr als 100 Gäste, als Präsident Warren G. Harding Marie den Schlüssel zu einem Kästchen überreicht, das ein Gramm Radium enthält – „von den Frauen Amerikas für Marie Curie". Sie sei ihnen ein wahres Vorbild, sagt Harding in seiner Rede: „Wir begrüßen Sie als führende Wissenschaftlerin im Zeitalter der Wissenschaft, als Anführerin unter Frauen in einer Generation, die erlebt, wie sich Frauen langsam ihrer selbst bewusst werden. Wir begrüßen Sie als ein Beispiel für einen Sieg der Freiheit, in einer Generation, in der die Freiheit ihre eigene Krone des Ruhms gewonnen hat."

Am 20. April 1995 wurden die sterblichen Überreste von Marie und Pierre Curie ins Panthéon, die Ruhmeshalle in Paris, umgebettet.

Im Sommer sind die Curies zurück in Paris, erschöpft, aber glücklich. Im Gepäck haben sie einen vorbildlichen Ruf – und ein Gramm Radium. Sofort beginnen Marie Curie und Irène mit ihrer Arbeit am Radium-Institut. Während die Tochter sich der Forschung widmet, übernimmt die Mutter die Leitung der Einrichtung. Sie findet Gefallen daran, Wissenschaftler auszubilden und Forschungsgruppen zu organisieren.

Doch ihre Gesundheit verschlechtert sich. Sie kann nur noch eingeschränkt sehen, nachdem die Strahlung zu einer Trübung der Augenlinse geführt hat. Vier Operationen sind nötig, damit sie überhaupt wieder im Labor arbeiten kann. Mit den Jahren kommen häufiger und stärker Übermüdung, Übelkeit und Kopfschmerzen hinzu. Oft braucht sie Tage, gar Wochen, um sich von den Anfällen zu erholen.

Im Frühjahr 1934 geht es ihr besonders schlecht. Die Tochter Ève bittet vier angesehene Männer der medizinischen Fakultät um Rat. Die Ärzte tippen auf Tuberkulose, aber keine Behandlung schlägt an. Curie sucht Hilfe in einem Sanatorium, doch es ist zu spät: Am 4. Juli stirbt sie im Alter von 66 Jahren an einer besonderen Variante der Blutarmut, bei der das Blut aufgrund einer Schädigung des Knochenmarks und eines Vitamin-B12-Mangels nicht genügend Sauerstoff durch den Körper transportieren kann. Normalerweise ist die Krankheit gut zu behandeln, aber möglicherweise ist Curies Knochenmark von der Strahlung zu stark angegriffen. Ein anderer Arzt notiert: „Mme. Curie kann als eines der Opfer der radioaktiven Substanzen gezählt werden, die sie und ihr Mann entdeckt haben."

MARIE CURIE HAT FÜR ihre Forschung gelebt. Und sie ist für sie gestorben. Am 6. Juli wird sie ohne Reden und Feierlichkeiten bei ihrem Mann in Sceaux bestattet. Das Radium-Institut hat derweil Weltruhm erlangt. Zwischen 1919 und 1934 veröffentlichten die Angestellten 483 Arbeiten, darunter 31 Studien und Bücher von Marie Curie selbst.

Unmittelbar nach ihrem Tod bekommt sie für ihre Leistungen eine weltweite Anerkennung. „Mme. Curie behielt ihren Enthusiasmus für die Wissenschaft ihr ganzes Leben bei. Sie war eine unermüdliche Arbeiterin und niemals glücklicher, als wenn sie wissenschaftliche Probleme mit ihren Freunden diskutieren konnte", schreibt der bedeutende neuseeländische Physiker Ernest Rutherford 1934 im Fachmagazin „Nature". Alle ihre Publikationen hätten sich nicht nur durch Genauigkeit ausgezeichnet, sondern zudem ihre bemerkenswerte Stärke gezeigt, die Ergebnisse zu interpretieren. Mit Madame Curie sei eine Frau gegangen, die man für ihren „feinen Charakter" vermissen werde, und eine Persönlichkeit, die mit ihren Entdeckungen „zum Wohl der Menschheit" beigetragen habe.

Marie Curie (hier 1920) starb am 6. Juli 1934 an einer besonderen Variante der Blutarmut: Folge der radioaktiven Strahlung, der sie sich über Jahre ausgesetzt hatte. Viele Arbeitsmaterialien der Curies sind bis heute kontaminiert.

SIE BRACHTEN DIE FORSCHUNG VORAN

TEXTE: SIEBO HEINKEN

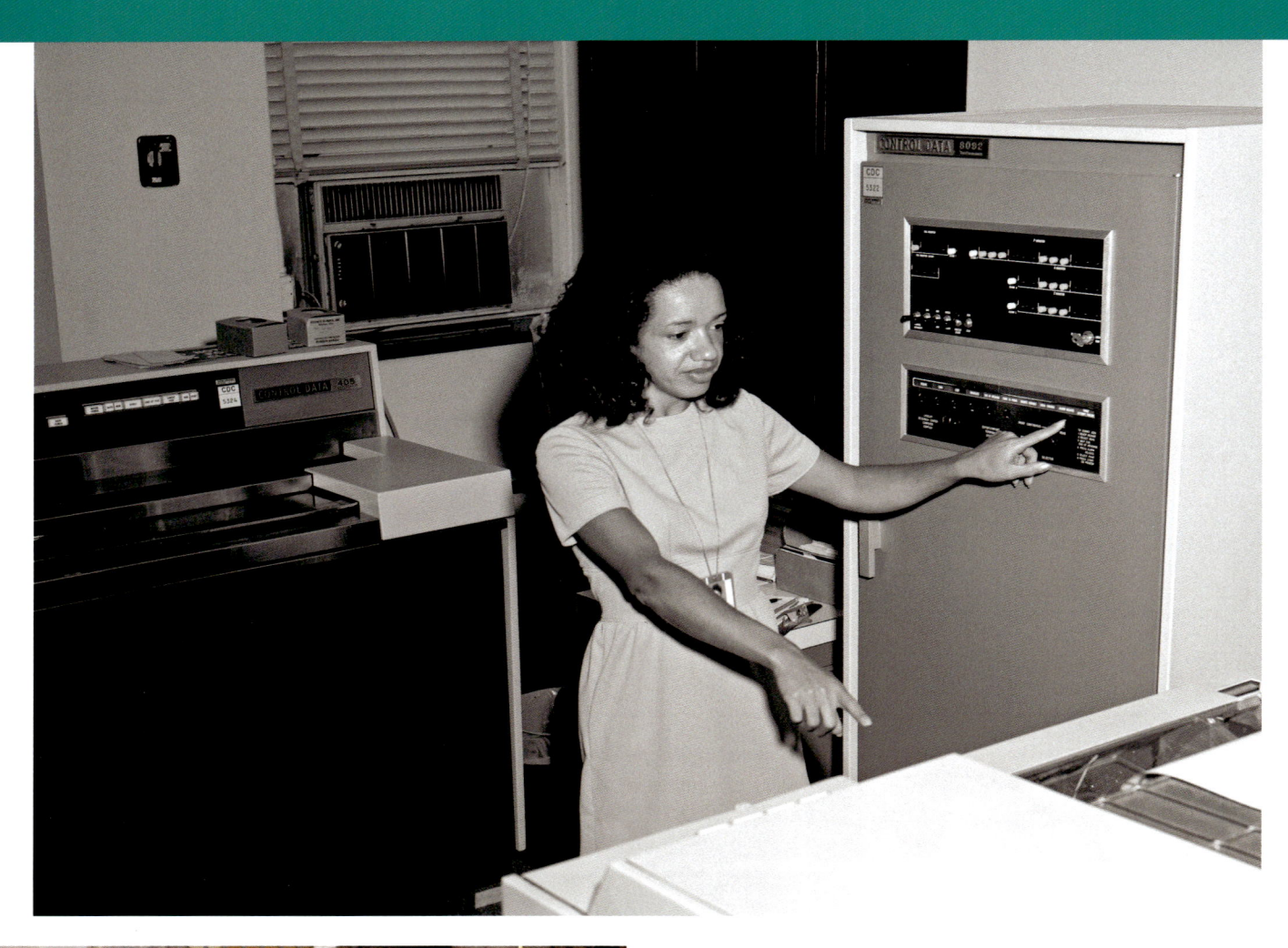

Sie sind die **Hidden Figures**: die „verborgenen" afroamerikanischen Mathematikerinnen, denen Regisseur Theodore Melfi 2016 ein filmisches Denkmal setzte. Im März 2019 ehrte Nancy Pelosi (links, rechts im Bild), damals Vorsitzende des Repräsentantenhauses, Katherine Johnson, Mary Jackson, Dorothy Vaughan und Christine Darden (stehend) bei einem Empfang im Kapitol in Washington – gut sechs Jahrzehnte, nachdem sie eine entscheidende Rolle beim Erfolg des US-amerikanischen Weltraumprogramms gespielt hatten (oben: die junge Darden in ihrem Labor). Es war noch die Zeit der Rassentrennung, als die Frauen am Langley Research Center als „Colored Computers" Berechnungen für die NASA vornahmen. Sie durften weder Kaffee aus denselben Kannen trinken wie ihre weißen Kollegen noch gab es in ihrem Gebäude eine Toilette für sie. Als dunkelhäutige Frauen hatten sie es doppelt schwer in einem von weißen Männern geprägten Umfeld. Doch sie berechneten zum Beispiel Flugbahnen, besonders die Koordinaten für den Wiedereintritt des Raumfahrzeugs in die Atmosphäre, und kümmerten sich um die ersten Großrechner des Forschungszentrums. Mit ihrer Haltung waren sie außergewöhnliche Vorbilder für viele Frauen.

Der eine wagte es, das Weltbild seiner Zeit infrage zu stellen. Ein Zweiter zog hinaus und stellte sich den größten Abenteuern. Andere nahmen Demütigungen in Kauf, um der Raumfahrt zu dienen. Ihnen allen gemeinsam war, dass sie alles gaben für Wissen und Fortschritt.

Alle Länder der Erde waren „entdeckt", immer weniger weiße Flecken noch zu erkunden. Bis auf die Pole, für die es einen besonderen Forschertyp brauchte: einen mit Liebe zur Wissenschaft, und mit Mut und der Bereitschaft, Grenzen zu überschreiten. Zum ersten Mal brach **Alfred Wegener**, ein 26-jähriger Astronom, Geophysiker und Meteorologe, 1906 mit einer dänischen Expedition nach Grönland auf. Sie bauten eine wissenschaftliche Station auf, erkundeten die Küste und kartografierten sie. Die Arktis ließ Wegener nie mehr los – doch zu Hause widmete er sich einem anderen Projekt: der Theorie der Kontinentalverschiebung. Ihr zufolge verbleiben die Kontinente nicht an der gleichen Stelle, sondern bewegen sich über die Erdoberfläche; so entstanden die heutigen Ozeane und Kontinente. Wegeners Kollegen hielten nicht viel von der Idee, erst nach dem Zweiten Weltkrieg wurde sie als Modell der Plattentektonik anerkannt. Das erlebte der Polarforscher nicht mehr: 1930 starb er bei einer erneuten Grönlandexpedition; erst Monate später wurde seine Leiche gefunden.

Ungewöhnlich wissbegierig war sie und erhielt früh Hausunterricht. Weniger in Lyrik, sondern in Naturkunde und Astronomie. Als Zwölfjährige träumte die 1815 geborene Ada Byron davon, eine Flugmaschine zu konstruieren. Sie heiratete und bekam drei Kinder. Doch ihre Leidenschaft behielt **Ada Lovelace**, wie sie nun hieß, bei: Maschinen und die Mathematik, völlig ungewöhnlich für eine Frau ihrer Zeit. Sie arbeitete eng mit Charles Babbage zusammen, der die „Analytical Engine", den ersten mechanischen Computer, entwickelt hatte. Und erkannte, dass das Gerät nicht nur Zahlen, sondern auch Buchstaben, Musiknoten und Bilder verarbeiten könnte. Damit dachte sie die Informatik um 100 Jahre voraus: eine wahre Visionärin.

Diese Statue in Manchester erinnert an **Alan Tuning**, ein Genie der Mathematik. Im Zweiten Weltkrieg trug er entscheidend dazu bei, dass die Alliierten die Enigma-Codes der deutschen U-Boot-Flotte entziffern konnten: Er half, Entschlüsselungsmaschinen zu konstruieren, die die chiffrierten Befehle in Klartext umwandelten – so ließ sich rechtzeitig vor Angriffen der Wehrmacht warnen. Doch der 1912 geborene Held des Kriegs war homosexuell und wurde wegen Unzucht angeklagt. Um dem Gefängnis zu entgehen, willigte er in eine chemische Kastration ein. Zwei Jahre später, 1954, beging er Selbstmord.

„Es gab in Alexandria eine Frau, [...] die in Literatur und Wissenschaft so erfolgreich war, dass sie alle Philosophen ihrer Zeit übertraf", notierte der Geschichtsschreiber Sokrates Scholastikos. Gemeint war **Hypatia**, Tochter des Gelehrten Theon, hoch geschätzt als Mathematikerin, Astronomin, Philosophin – und als geschickte Rednerin, so weiß man aus Schriften von Zeitgenossen. Als Lehrerin ließ sie nach eigener Anleitung ein astronomisches Messgerät bauen: ein Astrolabium. Doch Hypatia lebte in einer Zeit des gesellschaftlichen und politischen Umbruchs, sie stand für die alte griechische Lehre und gegen den aufstrebenden Monotheismus des Christentums. Zudem war sie unverheiratet und bewegte sich öffentlich in ihrer Stadt. Im Jahr 415 wurde sie von einer wütenden Menschengruppe brutal getötet.

Er war einer der wichtigsten Vertreter seiner Zeit im Kampf um die Freiheit der Forschung gegen die absoluten Herrschaftsansprüche der Kirche, deren zentrale Positionen er infrage stellte. Der italienische Mönch, Philosoph und Astronom **Giordano Bruno** glaubte an das kopernikanische Weltbild, demzufolge nicht etwa die Erde, sondern die Sonne das Zentrum unseres Universums bildet, um die herum die Planeten kreisen. Mehr noch: Er hielt außerirdisches Leben für denkbar, auch in anderen Sonnensystemen. Es ist „unsinnig anzunehmen, irgendein Teil der Welt sei ohne Seele, ohne Leben und folglich unbelebt", schrieb er 1591. Damit zweifelte er das Dogma der Sonderstellung von Erde und Menschheit im Kosmos an. Jahrelang war Bruno auf der Flucht, dann wurde ihm in Rom der Prozess gemacht, sieben Jahre lang. Am 17. Februar 1600 starb er als Ketzer auf dem Scheiterhaufen.

Sein Wissensdrang trieb ihn in entlegenste Regionen und ließ ihn rücksichtslos Versuche am eigenen Körper vornehmen, nur um zu sehen, wie das Gift Curare wirkt, die Berührung eines Zitteraals sich anfühlt oder die Themse in elf Metern Tiefe, in die er sich in einer Taucherglocke hinabließ. **Alexander von Humboldt**, 1769 geborener preußischer Universalgelehrter, ging über sich hinaus, um Erkenntnisse zu gewinnen. Seine Reisen führten ihn nach Asien und Lateinamerika, wo er unter großen Strapazen etwa den Vulkan Chimborazo erklomm. Er betrieb Feldstudien unter anderem in Zoologie und Botanik, Klimatologie und Astronomie – und gilt als Mitbegründer der Geografie als empirischer Wissenschaft. Humboldt wollte die Welt in ihrer Gesamtheit ergründen, denn „alles hängt mit allem zusammen". Seine Verehrung ist grenzenlos: Weltweit tragen Tiere und Pflanzen, Naturparks, Berge und Gewässer seinen Namen.

EDEL UND FLÜCHTIG

Sie werden an Sportler, Lebensretterinnen und Soldaten vergeben, sind Ehrung für wissenschaftliche Leistung und Teil von Propaganda. Manche zeichnen ihre Träger ein Leben lang aus, andere sind schon bald das Metall nicht mehr wert, aus dem sie gestanzt wurden: acht Heldenorden und ihre wechselvolle Geschichte.

TEXT: JOHANNES BICHLER

GOLD, GOLD, GOLD!

Sechs **olympische Medaillen** hängen vor der Brust von Michael Phelps. Der Schwimmathlet gewann sie alle bei den Sommerspielen 2016 in Rio de Janeiro. Sie sind nur ein kleiner Teil seiner Ausbeute von insgesamt 28 dieser Auszeichnungen. In 30 Wettkämpfen bei vier Spielen stieg der US-Amerikaner 23-mal als Sieger aus dem Becken und kürte sich so zu einem der erfolgreichsten Sportler der Geschichte. Nicht auf dem Foto zu sehen sind hingegen die unendlich vielen Trainingskilometer und die Entbehrungen, die Phelps auf sich nahm – und die auch andere Sporthelden seit den ersten modernen Olympischen Spielen 1896 in Griechenland erdulden. Der französische Sportfunktionär Pierre de Coubertin rief sie damals in Erinnerung an die antiken Spiele ins Leben, um die Möglichkeit für sportlichen Vergleich zu schaffen und die Völkerverständigung zu fördern.

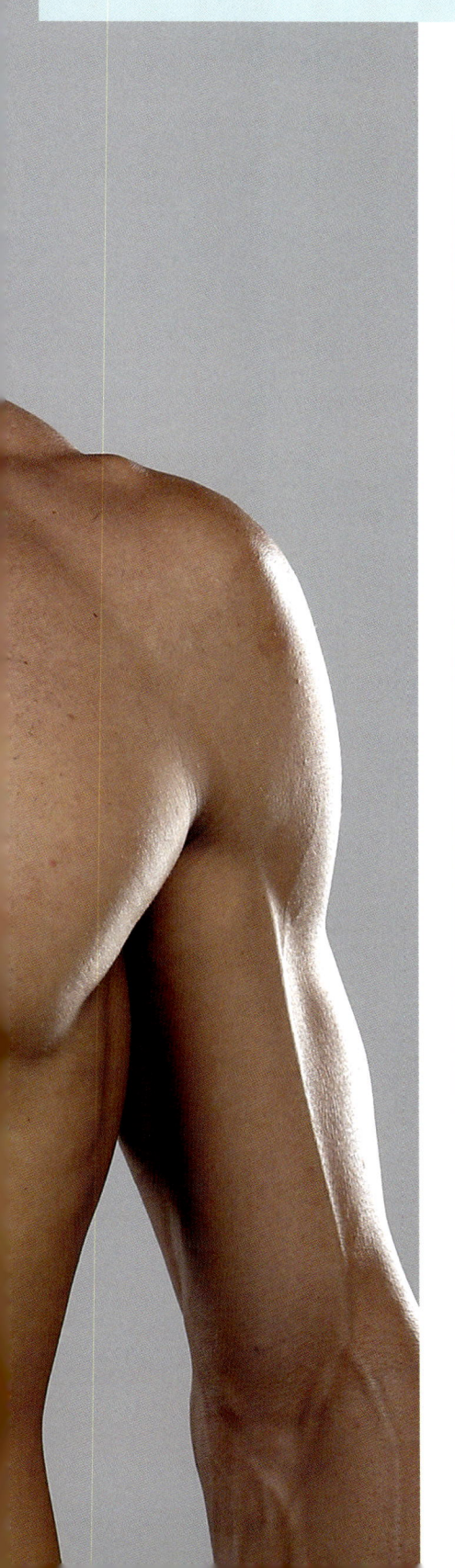

ORDEN DER TRAUER

Dezember 1945, der Zweite Weltkrieg ist gerade zu Ende, und dieser Junge bietet ein **Eisernes Kreuz** im Tausch gegen Essbares an. Zu mehr taugt die Auszeichnung nicht, die einst seinem gefallenen Vater gehörte. Der Orden steht sinnbildlich auch für den Wandel in dieser Zeit: Die einen Menschen können sich gar nicht schnell genug von ihren militärischen Orden trennen oder lassen sie in den Schubladen verschwinden, für andere sind sie ein Souvenir. Noch heute gilt die wohl bekannteste deutsche Kriegsauszeichnung manchen Militaria-Sammlern als erstrebenswert. 1813 durch den preußischen König Friedrich Wilhelm III. geschaffen, wurde sie Soldaten für ritterliche Pflichterfüllung verliehen. Im Laufe eines Jahrhunderts wandelte sie sich zur Auszeichnung für Tapferkeit vor dem Feind und wurde während beider Weltkriege millionenfach verliehen. Die Bundeswehr verwendet das Symbol wegen seiner identitätsstiftenden Form auch weiterhin.

SIE ALLE RETTETEN LEBEN

Stolz posieren diese frisch geehrten Trägerinnen und Träger der **Bayerischen Rettungsmedaille** und der **Christophorus-Medaille** im Antiquarium der Münchner Residenz, im Arm ihre Verleihungsurkunde. Ministerpräsident Markus Söder (Mitte) vergibt die Auszeichnungen an mutige Menschen, denen es gelang, Lebensgefahr abzuwenden oder jemanden aus höchster Not zu retten, vor dem Ertrinken oder aus einem brennenden Haus. Die Bayerische Rettungsmedaille ist seit 1952 somit auch Ausdruck eines wichtigen gesellschaftlichen Zeichens: „Helfen statt Wegsehen!". Auch eine posthume Auszeichnung ist möglich: Wenn die Retterin oder der Retter beim Einsatz ums Leben kam.

HELD DES WIDERSTANDS

Bei einer Gedenkveranstaltung an den Aufruf von General Charles de Gaulle zum Widerstand gegen Nazideutschland im Juni 1940 begrüßt der französische Präsident Emmanuel Macron den ehemaligen Widerstandskämpfer Daniel Cordier. Er war Mitglied der Résistance und trägt den Titel des „Compagnon de la Libération". So lautet die Bezeichnung von Kämpfern, die für ihre außergewöhnlichen Dienste bei der Befreiung Frankreichs mit dem **Ordre de la Libération** ausgezeichnet wurden. Insgesamt vergab de Gaulle diese Auszeichnung zwischen 1940 und Januar 1946 an nur 1059 Frauen und Männer. Die heutigen Gedenkfeiern an die Résistance zeigen, wie sehr die Veteranen des Widerstands gegen die Nationalsozialisten fast acht Jahrzehnte nach Kriegsende noch immer in Ehren gehalten werden.

MÖGLICHST VIELE KINDER

Mai 1942: Magda Goebbels, Frau des NS-Propagandaministers Joseph Goebbels, ist umringt von Trägerinnen des **Ehrenkreuzes der Deutschen Mutter**. Der auch „Mutterkreuz" genannte Orden wurde im Nationalsozialismus bei staatlichen Muttertagsfeiern vergeben und ähnelt in der Form dem Eisernen Kreuz: der Ehrung für Tapferkeit vor dem Feind. Adolf Hitler selbst hatte die Auszeichnung 1938 für Mütter mit mehr als vier Kindern gestiftet. Sie drückte aus, was die Nationalsozialisten von ihren Frauen erwarteten: Einsatz von Leib und Leben bei der Geburt von deutschen Kindern und deren Erziehung zu Soldaten. Magda Goebbels, die sieben Kinder hatte, trat selbst als Vorzeigemutter auf. Wurde anderen Frauen bei der Vorprüfung das Mutterkreuz jedoch verweigert, etwa, weil sie uneheliche Kinder geboren hatten, führte das zu ihrer Stigmatisierung und Ächtung.

GESTORBEN FÜR DIE UKRAINE

Von tiefer Trauer gezeichnet, nimmt diese Frau in Lwiw ein **Heldenkreuz** für einen im russisch-ukrainischen Krieg gefallenen Angehörigen entgegen. An diesem 23. Mai 2023 werden in der Garnisonskirche der Heiligen Apostel Petrus und Paulus die getöteten Soldaten der 24. Mechanisierten Brigade „König Danylo von Galizien" posthum geehrt; insgesamt verleiht Oberstleutnant Andriy Baziuk, der stellvertretende Kommandant, 70 solcher Orden. Die militärische Auszeichnung wurde einst in seiner Einheit eingeführt, die nach dem bedeutendsten Fürsten der Kiewer Rus und Gründer der Stadt Lwiw benannt ist. Der Orden stammt bereits aus der Zeit der Ukrainischen Volksrepublik, die nach der Oktoberrevolution 1917 gegründet wurde. Damals entstand, zunächst unter anderem Namen, auch die 24. Mechanisierte Brigade.

IM DIENST DER WISSENSCHAFT

Am 12. November 1955 nimmt Bundespräsident Theodor Heuss (links) als Schirmherr den Forscher und Friedensnobelpreisträger Albert Schweitzer in den Orden **Pour le Mérite** auf. Er erhält das Ehrenzeichen für seine Verdienste als Arzt, Denker und Friedensaktivist. Ursprünglich war der Pour le Mérite eine rein militärische Auszeichnung für Offiziere in Preußen und anschließend im Deutschen Reich. 1842 schuf der preußische König Friedrich Wilhelm IV. dann allerdings mit dem Pour le Mérite für Wissenschaft und Künste auch einen zivilen Orden. Nach Ende der Monarchie wurde die Auszeichnung nicht mehr verliehen und während der Weimarer Republik nur inoffiziell weitergeführt. 1952 regte Bundespräsident Theodor Heuss an, sie wieder an Geistesgrößen aus dem In- und Ausland zu vergeben. Der Pour le Mérite hat keinen offiziellen Status als Orden der Bundesrepublik Deutschland; neue Mitglieder werden vom Ordenskapitel gewählt, unter ihnen der Dirigent Daniel Barenboim, die Fotografin Barbara Klemm und der Architekt Sir Norman Foster.

FÜR BESONDERES ENGAGEMENT

Die **Presidential Medal of Freedom** ist die höchste zivile Auszeichnung der USA. Mit ihr werden Menschen geehrt, die einen besonders verdienstvollen Beitrag zum Wohlstand, zu den Werten oder zur Sicherheit der Vereinigten Staaten leisten oder sich gesellschaftlich engagieren. Hier vergibt US-Präsident Joe Biden den Orden im Juli 2022 an die Kunstturnerin Simone Biles. Sie gewann insgesamt 32 Olympia- sowie Weltmeisterschaftsmedaillen, mehr als jede andere Sportlerin ihrer Disziplin. Bei den Olympischen Spielen 2020 in Tokio musste sie wegen mentaler Probleme im Finale abbrechen und begann anschließend, auf das weltweite Problem psychischer Erkrankungen aufmerksam zu machen. In seiner Rede erklärte Biden, dass Biles durch ihre Werte wie harte Arbeit, Ausdauer und Glauben die Seele der US-Nation verkörpere und die Macht der Möglichkeiten ausdrücke. 2023 erlebte die Sportlerin ein großes Comeback.

CAPTAIN AMERICA

Als Captain America zu Beginn der 1940er-Jahre aufkam, waren Superhelden bereits seit drei Jahren Verkaufsschlager in den USA. Doch „Cap" war anders angelegt: Mithilfe eines geheimen Serums macht die Regierung aus dem schwächlichen, jedoch patriotischen und tapferen Steve Rogers einen Supersoldaten. Durch das Eingreifen von Nazispionen wird dieses Mittel allerdings vernichtet, sodass es nur einen einzigen „Cap" geben kann. Wofür er einstand, zeigte gleich das erste Titelbild, ein halbes Jahr vor Eintritt der USA in den Zweiten Weltkrieg: Captain America setzt einen Schwinger gegen das Kinn von Adolf Hitler! In diesem Helden vereinten sich Patriotismus, Heldenmut und Aufopferungsbereitschaft sowie die Überzeugung, für die Freiheit der Welt einzustehen. Das machte ihn jedoch zu einem recht eindimensionalen Charakter, der deshalb nach dem Krieg verschwand. Erst in den 1960er-Jahren fand er seinen Weg zurück in den Mainstream des Marvel-Verlags. In der Folge entstanden auch sozialkritische Comics, die sich mit dem Niedergang des amerikanischen Traums beschäftigten. Heute ist Captain America in Filmen und Comics eine moralische Instanz, die für das gute, hilfsbereite, unschuldige Amerika stehen soll.

Alexander Bubenheimer

Ihr Leben beginnt mit einem Trauma, doch dann entwickeln sie sich zur obersten Instanz im Kampf gegen das Böse. Wie kam es zu den Superheld:innen, welche Bedeutung haben sie – und warum ziehen sie immer wieder harsche Kritik auf sich?

MISSION: DIE RETTUNG DER WELT

TEXT: ANNEMARIE KLIMKE

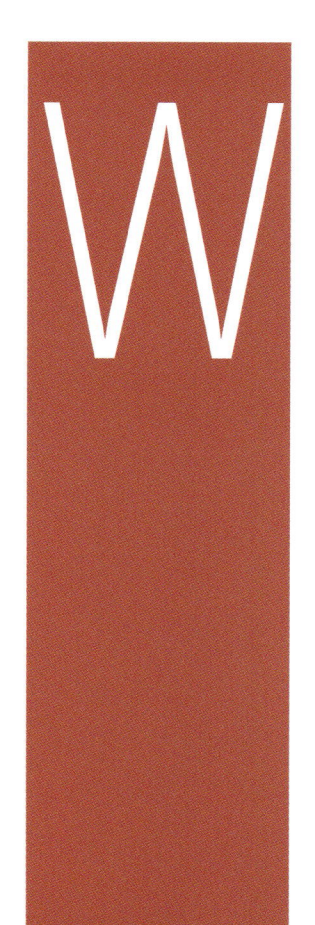

W ENIGE MODERNE HELDINNEN UND HELDEN sind so bekannt wie Wonder Woman und Batman, Ms. Marvel und Captain America. Von Heftcovers und Kinowänden, T-Shirts und Tassen – von allem Bedruckbarem, was die Merchandise-Industrie zu bieten hat, ziehen sie unseren Blick auf sich. In Comics und in Filmen schwören sie den Unseligen bittere Rache und Gerechtigkeit für die Unterdrückten.

So groß ihre Popularität ist, so laut fällt die Kritik an ihnen aus. Filme über Superheld:innen (siehe Fußnote auf S. 55) seien „faschistisch", sagte in einem Interview der französische Filmemacher Michel Gondry, Regisseur der Superheldenkomödie „Green Hornet" (2011). Zwar wurde er vielfach zitiert, der Neuigkeitswert seiner Kritik blieb jedoch gering. Denn sie ist Teil einer Debatte, die genauso alt ist wie die Superheld:innen selbst.

Beim Blick in die Geschichte dieser schillernden Figuren fällt schnell auf, dass derartige Anklagen in einer Tradition stehen, die das Genre – und das Medium Comic selbst – von jeher begleitet. Bereits mit dem Aufkommen von Superman, der immer noch als der erste Superheld gehandelt wird, begannen Ende der 1930er-

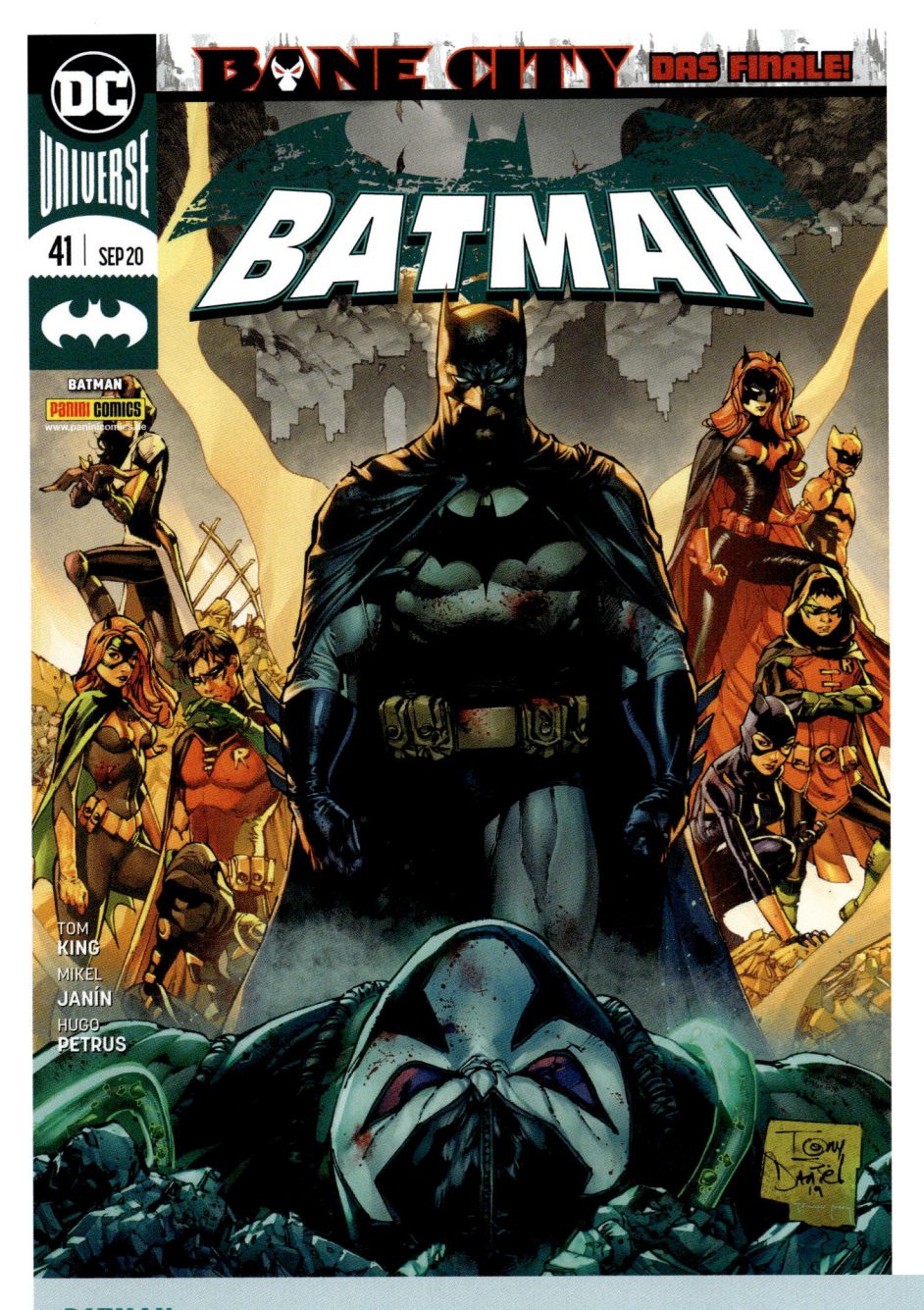

BATMAN

Nachdem Bruce Wayne als Kind den brutalen Mord an seinen Eltern miterleben muss, schwört er sich, den unerbittlichen Kampf gegen das Verbrechen im Moloch Gotham City aufzunehmen. Er wird zu einer Kreatur der Nacht, die zum moralischen Lichtblick der Großstadt avanciert. Seit mehr als acht Jahrzehnten begeistert dieser „Dunkle Ritter" in den unterschiedlichsten Medien die Menschen. Wohl kaum eine Figur in der Geschichte der Popkultur wurde so mannigfaltig interpretiert und ist dennoch in ihrer Essenz so konsistent. Von den düsteren Gangstergeschichten seiner Erfinder Bob Kane und Bill Finger aus den 1930er-Jahren über die bunten, poppigen und überpointierten Versionen der 1960er-Jahre bis hin zu den 1980er-Jahren, in denen mit Frank Millers Werk „The Dark Knight Returns" vor dem Hintergrund der Reagan-Ära ein Abgesang auf Superhelden zelebriert wird. Die größten Autoren, Zeichner und Filmemacher haben Batman mit ihrem Duktus geprägt oder wurden von ihm inspiriert.

Marc Widmann

Jahre in den USA kritische Stimmen laut zu werden, die diesen Figuren „billige Propaganda" nachsagten und ihnen vorwarfen, die Staatsgewalt infrage zu stellen sowie Brutalität zu verherrlichen.

„Are Comics Fascist?" lautete etwa der Titel eines Artikels im Magazin „Time" vom Oktober 1945, der auch die Frage diskutierte, inwiefern Superman selbst als Nazi bezeichnet werden müsse. Derartige Kritik keimte in der Geschichte immer wieder auf – und tatsächlich ist nicht zu leugnen, dass die Idee einer Erlöserfigur, wie sie die Superheld:innen repräsentieren, antidemokratische Züge aufweist und sich mit dem Bild einer egalitären Gesellschaft nicht verträgt.

Übersehen wird hierbei häufig, dass viele der ersten Superhelden, wie beispielsweise Superman, Batman oder Captain America, aus der Feder von Söhnen jüdischer Einwanderer stammten, die mit diesen Figuren Rettungsfantasien gegen den in Europa aufkommenden Faschismus und Antisemitismus schufen. Europäische Heroen wie Herkules oder Odysseus taugten für den Kampf gegen die Nazis nicht. Es mussten neue Figuren her – sie mussten mächtig und patriotisch sein, stählerne Körper und Superkräfte besitzen. In den Comics geboren, stritten die Superheld:innen zwischen Text und Bild als erbarmungslose Kämpfer:innen für Freiheit und Gerechtigkeit. Ein berühmter Superheld und Nazijäger dieser Zeit war Steve Rogers, besser bekannt unter dem Namen Captain America. Unvergessen bleibt das Cover seines ersten Comics, auf dem er mit entschlossener Mine Adolf Hitler mit der Faust ins Gesicht schlägt.

W

WAS ABER TREIBT DIE Superheld:innen an, und was bewegt sie zu ihrem Heldentum? Ihre eigenen Geschichten beginnen meist mit einem Trauma. So wird Superman schon als Baby von seinen Eltern getrennt und von seinem Heimatplaneten Krypton in einer Rakete auf die Erde geschickt. Andere Figuren erleiden Unfälle, müssen Morde geliebter Menschen mitansehen oder sind Opfer von mehr oder weniger gescheiterten Experimenten.

Die wohl bekannteste Story ist bis heute die von Bruce Wayne, besser bekannt als Batman. Nachdem Bruce als kleiner Junge den grausamen Mord an seinen

WONDER WOMAN

Mit den Worten „So schön wie Aphrodite, so klug wie Athene, stark wie Herkules und schnell wie Merkur" eroberte Wonder Woman 1941 als erste Superheldin die damalige Comicwelt. Als Amazone mit überirdischer körperlicher Stärke, einem Wahrheitslasso und den unzerstörbaren Armreifen, mit denen sie jede Kugel abfangen kann, kam sie in die Welt der Menschen, um für Gerechtigkeit zu sorgen. Aufgewachsen auf einer ausschließlich von Frauen regierten Insel, sollte sie die feministische Antithese zu ihren männlichen Counterparts wie Superman oder Batman darstellen. Ihr Erfinder William Moulton Marston, ein US-amerikanischer Psychologe und Entwickler des ersten Lügendetektors, war überzeugt davon, dass Frauen die besseren Anführer seien und Männer gut daran täten, ihnen zu folgen. Er schrieb: „Gebt ihnen eine verführerische Frau, die stärker ist als sie und der sie sich unterwerfen können. Dann werden sie stolz sein, ihre willigen Sklaven zu sein!" Marstons Rechnung ging auf: Auch wenn Wonder Woman, wie viele andere Superheldinnen, immer wieder mit frauenfeindlichen Darstellungen des lange männlich dominierten Comicgenres zu kämpfen hatte, ist sie zu einem feministischen Symbol geworden. *Annemarie Klimke*

geliebten Eltern erleben musste, transformiert er sich in einen dunklen Rächer und schwört, auf ewig das Böse zu bekämpfen.

Am Anfang des Superheldentums steht also immer eine Art der Verwundung, ein Trauma, das die Figuren prägt und ihnen ihre Identität und Mission verleiht. Diese Verletzlichkeit schafft eine emotionale Verbundenheit, bringt sie uns nahe und lässt uns über ihren Mut und ihre Entschlossenheit immer wieder staunen.

Auf das Trauma folgen dann ihre unzähligen Abenteuer, die meist nach einer mehr oder weniger festen Formel funktionieren: Eine heile Welt wird durch böse Mächte in ihrer bestehenden Ordnung erschüttert, und es bricht ein vorübergehendes Chaos aus. Die staatliche Gewalt gelangt an ihre Grenzen, der Untergang der Menschheit steht bevor, und nur eine Superheldin oder ein Superheld vermag das Böse noch aufzuhalten und das Unheil abzuwenden. Durch ihren Mut, zudem durch ihre übermenschlichen Kräfte gelingt es ihnen am Ende der Erzählung schließlich, die Ordnung wiederherzustellen.

Als Vertreterinnen und Vertreter unserer geltenden Ordnung fungieren die Superheld:innen als eigenmächtige Instanz, die immer zu wissen scheint, was richtig oder falsch ist. Gleichzeitig dürfen sie, anders als unsereins, über die Stränge schlagen: Sie bewegen sich außerhalb des Rechts und fungieren als Projektionsflächen für Selbstjustiz- und Rachefantasien. So werden Superheld:innen zu Lichtgestalten in unserer Dunkelheit, zum Heilsversprechen, das uns versichert, dass alles gut wird und wir uns keine Sorgen zu machen brauchen – zumindest so lange, bis der nächste Bösewicht aus dem Schatten tritt und unsere Ordnung angreift.

Ein weiterer zentraler Aspekt dieses Heldentums ist der Körper. Durch seine Makellosigkeit, seine Schönheit und Unbesiegbarkeit werden viele der Figuren zu modernen Abbildern antiker Götter und Göttinnen. Zugleich repräsentieren sie damit die zu ihrer Entstehungszeit vorherrschenden geschlechterspezifischen Schönheitsideale. Insbesondere die Superheldinnen, die in ihren Anfängen als belanglose Ableitungen oder willenlose Sidekicks ihrer männlichen Vorbilder fungierten, wurden diesen Idealen drastisch unterworfen. Über viele Jahrzehnte hinweg dienten sie als Projektionsflächen der sexuellen Fantasien eines männlich-pubertierenden Publikums.

Die Superheldin Wonder Woman bildete hier zunächst eine Ausnahme: Als Amazone, die einem Matriarchat entstammt, galt sie lange als Antithese zur Männerwelt der Superhelden. Doch auch vor dieser Figur machten frauenfeindliche Trends keinen Halt. So besaß Wonder Woman in den Comics der 1960er-Jahre zum Beispiel keine Superkräfte mehr und gehorchte einem männlichen Vormund.

Was sich für die Darstellung von Geschlecht beobachten lässt, scheint auch für andere identitätsstiftende Kategorien zu gelten. In Storm, die als die erste schwarze Superheldin gehandelt wird, schrieben sich seit ihrem Erscheinen in den 1970er-Jahren systematisch rassistische Stereotype ein; erst Jahre später änderte sich das. So konstruierten und reproduzierten die Geschichten von Superheld:innen Vorurteile und schürten damit lange Zeit gesellschaftliche Ängste und Ressentiments gegen marginalisierte Gruppen.

Doch die Superheld:innen sind nicht statisch, im Gegenteil: Als kulturelle Produkte eines Zeitgeistes sind sie beweglich, gestaltbar. Über die Jahrzehnte hinweg haben verschiedenste Autorinnen und Zeichner die Figuren immer wieder neu erzählt, wodurch stereotypisierende und diskriminierende Darstellungen thematisiert oder gar überwunden wurden.

Die heutigen Superheld:innen sind frech und selbstbewusst wie Ladybug; sie lassen sich von niemandem vorschreiben, was sie tun oder lassen sollen, wen sie lieben oder begehren sollen. Sie sind furchtlos wie Captain Marvel, die als ehemalige Pilotin der US Air Force in der Lage ist, mit ihren Superkräften ganze Planeten zu beschützen. Und sie leben ihre Identität und adressieren gesellschaftliche Missstände wie die junge Kamala Khan, die als Ms. Marvel zur ersten muslimischen Superheldin des Marvel-Universums wurde. Die neuen Superheld:innen räumen mit ihrer problematischen Historie auf und lösen sich von stigmatisierenden gesellschaftlichen Vorstellungen. So bestätigte Marvel 2014 offiziell, dass die bekannte Figur Loki genderfluide ist.

Ebenso wichtig für das Verständnis und die Bedeutung dieser Art von Heldentum ist ihre politische Dimension. Gerade in Zeiten gesellschaftlicher Krisen zeigt sich das symbolische Potenzial der Superheld:innen. So stellte zum Beispiel der berühmte Street Artist Banksy während der Coronavirus-Pandemie 2020 eine Krankenschwester mit ausgestreckter Faust und wehendem Umhang als Superheldin dar und würdigte damit die harte Arbeit des Krankenhauspersonals. Und der US-amerikanische Schauspieler und Regisseur Sean Penn porträtierte den ukrainischen Präsidenten Wolodomyr Selenskyj in einem Dokumentarfilm auf der Berlinale 2023 mit dem nicht zufällig gewählten Titel „Superpowers".

E

Eine Figur, die insbesondere in den vergangenen Jahren immer wieder zum Gesicht von politischem Protest wurde, ist der berühmte böse Clown: der Joker. Batmans Gegenspieler begann spätestens mit Christopher Nolans „The Dark Knight" (2008) in den öffentlichen Diskursen stark zu polarisieren. Der bekannte US-amerikanische Cartoonist Drew Friedman zeichnete etwa ein Porträt des ehemaligen Präsidenten George W. Bush in der Rolle des Jokers; es trug den Titel „No Joke" und erschien in der Premierenwoche des Films in der „Vanity Fair". Ähnliche Joker-Porträts folgten von Politikern wie Barack Obama (2010, unbekannt), Donald Trump (2017, „The Daily Show") oder Boris Johnson (2019, James Mylne).

Nach Todd Phillips Film „Joker" aus dem Jahre 2019 mit Joaquin Phoenix in der Hauptrolle avancierte der Joker dann zum weltweiten Protestsymbol und war in Masken- oder Plakatform auf zahlreichen Demonstrationen in Hongkong, Chile, Katalonien und im Libanon zu sehen. Die Macht des Jokers entfaltet sich dabei in seiner Widersprüchlichkeit, seiner Ungreifbarkeit. Er besitzt viele Identitäten, untergräbt die Mächtigen, macht sich lustig, lügt und feixt.

Superheld:innen polarisieren also. Sie sind nicht frei von Schuld und Widersprüchen. Sie appellieren an unsere niederen wie höheren Instinkte, können Trost spenden wie auch den Rahmen für Exzess liefern. Damit sind sie zugleich ein Abbild des gesamten Spektrums menschlicher Emotionen. Die Ambivalenz ist ihnen seit ihrer Entstehung fest eingeschrieben – genauso wie die Fähigkeit zur Wandlung, die sie so anschlussfähig macht.

MS. MARVEL

Superhelden-Comics wurden von Jungs für Jungs erfunden. So erklärt sich, warum Superheldinnen im Gegensatz zu ihren männlichen Pendants andere Kostüme haben: hauteng und/oder sehr knapp. Erst Ende der 1970er-Jahre feierte im Marvel-Verlag eine Ms. Marvel ihr Debüt. Damals war das Carol Danvers, die mit außerirdischem Erbgut verschmolz und in der Folge ihre (kontroversen) Abenteuer erlebte, bis sie 2012 zu Captain Marvel wurde. Heute verbinden wir eine andere Figur mit Ms. Marvel: Kamala Khan. Ihr Kostüm und ihre Einstellung sind von Captain Marvel inspiriert, aber Kamala ist eine muslimische Teenagerin, die sich nicht nur mit Superschurken, sondern auch mit ihrem Platz in der Welt auseinandersetzen muss, etwa mit westlichen Werten und zugleich mit den Vorstellungen ihrer traditionell eingestellten indischen Eltern. Und damit ist sie lebensnah, wirklich, nachvollziehbar. Noch dazu vermittelt sie Einblicke in eine andere Kultur, die deshalb glaubwürdig sind, weil die Hauptautorin eine konvertierte Muslima ist – selten im Superheldengeschäft. *Alexander Bubenheimer*

Die im Haupttext gewählte genderneutrale Schreibweise macht den transgressiven Charakter der Superheld:innen-Figuren sichtbar. So können viele von ihnen nicht nur ihre Gestalt wechseln, sondern auch das Geschlecht.

STORM

Ororo Munroe, Anführerin von Marvels legendären X-Men und besser bekannt unter dem Namen Storm, betrat 1975 die Comicbühne und gilt als erste schwarze Superheldin. Als Mutantin bestehen ihre Superkräfte unter anderem darin, das Wetter zu kontrollieren. Sie kann Stürme und Hurrikans auslösen, gezielt Blitze einschlagen lassen oder Sonnenstrahlen herbeiführen. Dabei sind ihre Emotionen eng an ihre Superkräfte geknüpft. Wird Storm zum Beispiel wütend oder verliert sie die Kontrolle über ihre Gefühle, kann plötzlich ein großes Gewitter aufziehen. Auch wenn diese Figur in den 1970er-Jahren als nicht weiße Superheldin eine Besonderheit war und als besonders progressiv galt, steht die Konzeption einer schwarzen Frau, die irdische Elemente kontrollieren kann, kulturgeschichtlich in einer rassistischen Tradition und knüpft an das Stereotyp der sogenannten schwarzen spirituellen Hexe an. Im Laufe der Jahrzehnte entwickelte sich die Figur jedoch immer weiter und begann, diesen Rahmen zu reflektieren. Dabei geht es um Fragen nach Identität und Herkunft, die Bedeutung von Heimat und Fremde. Bis heute gilt Storm als eine der beliebtesten X-Men-Figuren aller Zeiten.
Annemarie Klimke

MIRACULOUS LADYBUG

Marinette Dupain-Cheng wirkt auf den ersten Blick wie ein ganz normales Mädchen: freundlich, tollpatschig und bis über beide Ohren in ein berühmtes Model verknallt. Als Tochter eines Pariser Bäckerehepaars führt sie ein normales Leben, bis sie vom Hüter der Miraculous, einer Ansammlung magischer Gegenstände, das Miraculous der Ladybug verliehen bekommt. Mithilfe ihrer magischen Fähigkeiten bekämpft sie von nun an als Superheldin Ladybug zusammen mit ihrem Partner Chat Noir das Böse in ihrer Stadt – hat daneben aber immer noch ihren normalen Schulalltag zu bewältigen, in dem sie sich mit Mobbing, Liebe und anderen ganz gewöhnlichen Teenagerdingen beschäftigt. Ihr Gegenspieler ist Hawk Moth, der Menschen in Paris in Super-Bösewichte verwandelt: in Gestalt ihrer negativen Emotionen. Insbesondere durch den Bruch mit vielen Stereotypen begeistert die französische Produktion viele vor allem junge Menschen. Marinette und ihr Umfeld sind divers und kämpfen mit ganz alltäglichen Schwierigkeiten. Gleichzeitig zeigen die Hauptfiguren Tiefe und haben persönliche Probleme. Marinette begeistert durch ihre natürliche Art und erreicht so eine neue Generation von Superheld:innen-Fans.
Alanna Helena Niebergall

LOKI

Loki ist als Antiheld des Superhelden Thor seit 1962 Teil des Marvel-Universums, zunächst nur als Comic, heute auch in Filmen und Serien. Dem nordischen Sagenkreis entlehnt, wächst Loki als Adoptivsohn Odins, des Königs von Asgard, auf. Von seiner Herkunft als Sohn des Eisriesen Laufey weiß er zunächst nichts. Die Asen meiden ihn, zudem steht er im Schatten seines Adoptivbruders Thor, der ihm an Kampfkraft überlegen ist. So wachsen sein Neid auf Thor und sein Hass auf die Asen. In vielen Geschichten ist es Lokis Ziel, Thor zu besiegen und selbst König von Asgard zu werden. Seine Persönlichkeit und sein Charakter sind wechselhaft. Als Meister der Illusionen und Streiche ändert er nicht nur sein Aussehen und Geschlecht, sondern mehrmals auch seine Motive. *Alanna Helena Niebergall*

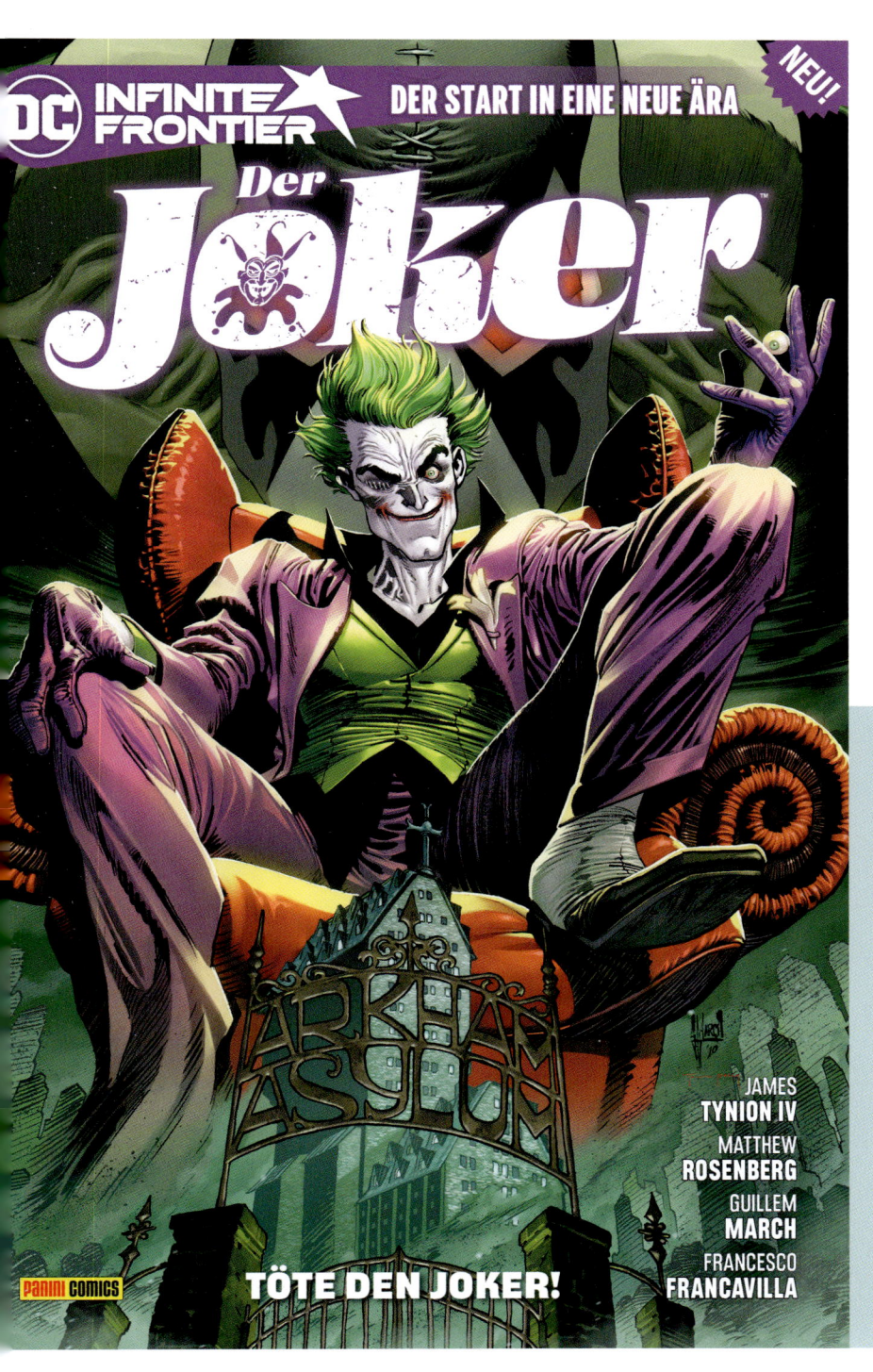

JOKER

Der Joker ist die wahrscheinlich facettenreichste Figur im Superheldenkosmos. In den mehr als 80 Jahren, in denen er sein Unwesen treibt, wurde er in einer Bandbreite zwischen witzereißendem Kleinkriminellen bis hin zum massenmordenden Psychopathen dargestellt. Auch grafisch ist er eine Besonderheit, weil jeder Comiczeichner ihn anders abbildet und ihm den eigenen Stempel aufdrücken will, während sich die anderen Figuren in einem eher engen Styleguide bewegen: der Anweisung des Verlages, eine Figur möglichst einheitlich darzustellen, um den Wiedererkennungswert zu steigern. Von allen Schurken, mit denen es Batman zu tun bekommt, ist er der herausragende Antagonist. In einigen Geschichten erwähnt er, dass seine Existenz physisch und metaphysisch durch Batman bedingt ist. Zum einen ist damit seine Herkunftsgeschichte gemeint, denn seine bleiche Haut und seinen Wahnsinn soll er durch ein Säurebad erhalten haben, in das er auf der Flucht vor Batman fiel. Zum anderen sagt er damit, dass Batman ihn zwingend braucht, um im Kampf gegen einen übergroßen Gegenspieler die eigene Identität zu finden – wie das Böse in Form von Satan den guten Gott heller strahlen lässt. *Alexander Bubenheimer*

15. Januar 2009, die Notlandung im Hudson River vor Manhattan ist geglückt – hier eine kurz darauf aus größerer Entfernung gemachte Aufnahme. Viele der Passagiere stehen an diesem Wintertag bei Minusgraden auf der Tragfläche, wenig später werden sie mit Rettungsbooten geborgen. Niemand kam bei dem Unglück ums Leben.

DER HELD VOM

Mit vielen Tausend Flugstunden war Chesley Sullenberger ein sehr erfahrener Pilot. Wie seine Kolleginnen und Kollegen hatte er viele Notlagen trainiert. Doch plötzlich war der Ernstfall da, und Sullenberger blieben nur wenige Augenblicke, um das Leben von mehr als 150 Menschen zu retten.

HUDSON

INTERVIEW: JAN CHRISTOPH WIECHMANN

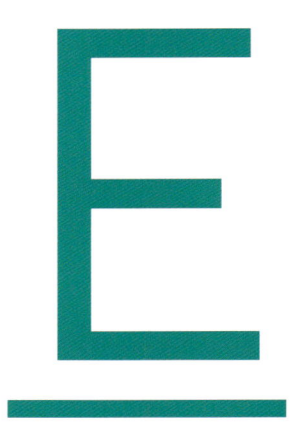

E

Es ist der 15. Januar 2009, als ein Airbus der US Airways kurz nach dem Start in New York mit einem Schwarm Gänse kollidiert. Flugkapitän Chesley Sullenberger erzählt von den 208 Sekunden, die ihm damals noch zur Notlandung blieben und ihn zur Berühmtheit machten.

Captain Sullenberger …
Nennen Sie mich einfach Sully.

Mögen Sie Gänse noch, Sully?
Ich habe nichts gegen sie. Die Gänse und ich waren nur zur falschen Zeit am falschen Ort.

Können Sie inzwischen wieder schlafen?
Ja, aber es hat zwei Monate gedauert. Man hat Flashbacks und fragt sich: Habe ich wirklich die richtigen Entscheidungen getroffen?

Sie litten unter Angst, Unruhe, Depressionen, Schlafstörungen: unter den typischen Symptomen nach einem traumatischen Erlebnis.
Ja, uns allen, die an Bord waren, ging es so. Eine völlig menschliche Reaktion, wenn du das überlebst.

Wir müssen noch einmal in Ihr Trauma eintauchen …
Ein klarer, kalter Tag. Leichter Wind von Norden. Am Morgen hat es noch geschneit.

Im Cockpit waren Pilot Chesley Sullenberger (links) und Co-Pilot Jeff Skiles für den Flug nach North Carolina verantwortlich. Zunächst verlief der Start vom La Guardia Airport reibungslos, doch plötzlich geriet der Airbus A320 in einen Gänseschwarm.

CHESLEY SULLENBERGER

Binnen weniger Augenblicke entschied Chesley Sullenberger sich für die Notwasserung. Auch, weil Rettungskräfte nicht fern sein würden.

Startbereit?
Absolut. Es ist unser letzter Flug, von La Guardia Airport nach Charlotte in North Carolina. Mein Co-Pilot Jeff Skiles soll die Maschine fliegen, ich übernehme Checkliste und Funk.

Was sagen Sie?
Das Übliche. Zuletzt: „Flugbegleiter, bereit zum Start."

Man fühlt sich irgendwie sicher, wenn Sie mit dieser sonoren Stimme sprechen. Warum haben alle Piloten die gleiche tiefe Stimme? Soll uns die beruhigen?
Wir haben unterschiedliche Stimmen. Aber es liegt in unserer Natur, dass wir Sicherheit und Souveränität ausstrahlen wollen. Mir haben Leute immer gesagt, ich solle Radiosprecher werden.

Der Airbus A320 hebt ab von Startbahn vier. Mit 150 Passagieren. Es ist 15.25 Uhr und 56 Sekunden.
Und alles scheint normal. Für etwa 75 Sekunden.

Das sagen Sie sogar zu Ihrem Co-Piloten. Wir haben die Aufzeichnungen. Sie sagen …
„… was für ein wunderbarer Blick auf den Hudson River." Das sage ich in dem Moment, als die Startphase hinter uns liegt und wir auf die Steiggeschwindigkeit beschleunigen. Alle Sehenswürdigkeiten New Yorks sind nun in Sicht.

Sie genießen den Blick auf die Skyline noch immer? Nach 42 Jahren im Cockpit, nach 19 663 Flugstunden?
Noch immer. Bei Tag und Nacht. Vor allem diesen Himmel. Er ist nie derselbe. Ich sage das sogar zu meinem Co-Piloten.

Dafür haben Sie Zeit?
Sobald wir die Flughöhe erreicht haben: ja.

Worüber sprechen Piloten eigentlich da oben im Cockpit? Football? Frauen?
Was immer sie bewegt. Was immer auf der Arbeit so passiert. Ich erzähle Jeff, dass ich meinen Töchtern gern all die Wunder der Erde zeigen möchte, die ich aus dem Cockpit sehen durfte.

Der Start verläuft also reibungslos. Es ist nun 15.27 Uhr. Sie steigen hoch über die Bronx, bis auf knapp 900 Meter.
Da sehe ich den Gänseschwarm, eine Sekunde bevor wir ihn treffen. Wie eine Szene aus dem Hitchcock-Film. Ich rufe: „Vögel."

Ducken Sie sich?
Nein, aber ich hätte es eigentlich tun sollen für den Fall, dass sie die Windschutzscheibe durchschlagen und mich treffen.

Was ist das für ein Geräusch, wenn die Tiere auf die Maschine treffen?
Ein harter Rums. Ein weicher Körper, der hart auf das Flugzeug klatscht. Sie klatschen auf die Tragflächen, die Flugzeugnase, die Fenster. Eine oder zwei Kanadagänse treffen das linke, zwei das rechte Triebwerk.

Können Sie die toten Tiere riechen?
Ein paar Sekunden später. Erst spüre ich, wie die Gänse in die Triebwerke hineingeraten und die Turbinenblätter zerstören. Die Triebwerke machen nun Geräusche, die mir signalisieren, dass sie beschädigt sind. Es wird unwirklich still. Dann steigt der Geruch schmorender Gänse durch die Lüftung.

Wie lange dauert das?
Wenige Sekunden nur. Wir müssen wirklich alles in Sekunden berechnen.

Es ist 15.27 Uhr und 15 Sekunden.
Wir spüren einen plötzlichen, kompletten und beidseitig symmetrischen Schubverlust. Nun weiß ich: Wir befinden uns in einer schrecklichen Notlage. Und das bei niedriger Flughöhe. Bei niedriger Geschwindigkeit. Und über einem der am dichtesten besiedelten Gebiete der Welt.

Was fühlen Sie?
Es ist, als würde die Erde unter mir zusammenbrechen. Wir steigen ja noch, die Nase ist 15 Grad gehoben. Wir hängen mit 75 Tonnen in der Luft.

Was sagen Sie nun den Fluglotsen? Und den Passagieren?
Noch nichts. Erst mal muss ich die Maschine fliegen. Während mein Co-Pilot sie noch steuert, beginne ich mit den Notfallprozeduren, die ich für die wichtigsten halte. Ich drehe die Triebwerkszündung auf „On". Für den Fall, dass die Maschine wieder anspringt, würde das nun automatisch passieren. Und ich starte die Auxiliary Power Unit, unsere Hilfsturbine. Dann sage ich: „My Aircraft." Jeff erwidert: „Your Aircraft."

Warum der Wechsel?
Als Pilot habe ich die Verantwortung. Ich habe zudem sehr viel mehr Erfahrung als mein Co-Pilot. Außerdem befinden sich alle wichtigen Orientierungspunkte auf meiner Seite.

Dann sprechen Sie mit dem Tower. Mit klarer Stimme sagen Sie: „Mayday. Mayday. Mayday. Hier ist Cactus 1539 …"
„… ich habe Schubverlust in beiden Triebwerken und kehre nach La Guardia zurück."

Sie sagen Cactus 1539 statt 1549.
Ja, ein Versprecher.

Ein schwerwiegender Fehler? Man könnte Ihren Flug verwechseln.
Nein, das ist verständlich bei all dem, was passiert. Sogar der Fluglotse verspricht sich einige Male. Es ist klar, von wem wir reden.

Der Lotse sagt nun: „Okay, yeah, Sie müssen zurück nach La Guardia, drehen Sie links, 220 Grad."
Und ich wiederhole das: „220."

Wie fühlt sich so ein Flugzeug an? 75 Tonnen in der Luft, die keinen Schub mehr haben?
Wie ein Gleitflieger. Ich senke die Nase, und wir kommen ins Gleiten. Wenn du keine Schubkraft mehr hast, bleibt dir nur die Schwerkraft. Alle Instrumente funktionieren. Es ist fast wie ein normaler Landeanflug, nur dass wir schneller sinken. Ich drehe sofort eine Linkskurve, denn alle meine Optionen liegen links. In dieser einen Kurve muss ich eine Entscheidung treffen.

Sie waren nie zuvor in dieser Lage?
Nie. In 42 Jahren des Fliegens habe ich nie, wirklich nicht ein Mal, auch nur den Ausfall eines einzigen

---

Zur Person
CHESLEY SULLENBERGER

Bis 1980 ist Sullenberger, 1951 in Denison (Texas) geboren, als Kampfpilot tätig, dann wechselt er in die zivile Luftfahrt. Die Notlandung des A320 macht ihn berühmt. In den ersten Monaten danach bekommt er nach eigenen Angaben 50000 Mails und Briefe; viele Menschen empfinden ihn in der damals grassierenden Immobilien- und Finanzkrise als einen, der Hoffnung gibt. Barack Obama lädt den „Helden vom Hudson" zu seiner Amtseinführung ein. Im März 2010 geht Sullenberger in den Ruhestand, doch wenn er als Keynote-Speaker einen Vortrag hält, mietet er oft ein kleines Flugzeug und fliegt selbst hin. Clint Eastwood verfilmt 2016 die Hudson-Notwasserung mit Tom Hanks in der Hauptrolle. Der Titel: „Sully".

208 Sekunden blieben vom Vogelschlag bis zur Notlandung. Nicht viel Zeit, um die Situation zu kontrollieren und alles im Kopf zu ordnen.

Triebwerks erlebt. Wir sinken also. Wir sinken 300 Meter pro Minute.

Und das über dem Großraum New York: 19 Millionen Menschen, kaum Freiflächen, überfüllte Straßen. Gäbe es einen schlimmeren Ort?
Ja. Einen Ort ohne glatte Oberflächen, ohne Highways, Äcker, Flüsse. Los Angeles zum Beispiel.

Los Angeles hat den Pazifik.
Aber nicht, wenn du mitten über der Stadt hängst.

Also: Es ist 15.28 Uhr und 5 Sekunden. Sie sind in der Linkskurve. Sie haben Sekunden, in denen Sie über Leben und Tod entscheiden. Option eins: Rückkehr nach La Guardia. Der Fluglotse fragt: „Cactus 1529, wollen Sie auf Landebahn 13 landen?"
Ich bezeichne meine Entscheidung als einen visuellkonzeptionellen Gedankenprozess. Ich habe nicht die Zeit, alle Optionen durchzurechnen. Ich habe nur meine Erfahrung, immerhin. Ich blicke aus dem Fenster und suche meine Orientierungspunkte der Stadt. Ich muss zügig beurteilen, ob ich es über diese stark bevölkerte Gegend mit ihren hohen Gebäuden zurück zum Flughafen schaffe. Außerdem ist Flushing Bay, das Gewässer rund um La Guardia, ein ziemlich schmales Gebiet. Es gibt dort keine Rettungsboote, die uns schnell erreichen können.

Sie denken an all diese Dinge?
Nicht bewusst. Aber ich habe sie aufgrund meiner Erfahrung und Ortskenntnis im Hinterkopf. Ich bin einfach nicht sicher, ob ich La Guardia erreichen kann.

Heute stehen Ihnen all diese Daten zur Verfügung. Hätten Sie es geschafft?
Wahrscheinlich nicht. Es dauert etwa 30 Sekunden, um festzustellen, was überhaupt passiert und zu tun ist. Für die Option La Guardia muss ich ganz sicher sein. Wenn ich eine Fehlentscheidung treffe, gibt es einen Crash mit katastrophalen Folgen.

Warum dann nicht Teterboro, der Flughafen in New Jersey, etwa zehn Kilometer entfernt? Der Fluglotse sagt: „Drehen Sie rechts, zwei acht null, Sie können auf Landebahn eins in Teterboro landen."
Ich sehe Teterboro in der Ferne und weiß: zu weit entfernt. Die letzte Option ist also der Fluss.

Denken Sie in diesem Augenblick an Ihre Töchter?
Nein, keine Zeit.

An Ihre 150 Passagiere?
Nein. Wir haben nur 208 Sekunden vom Vogelschlag bis zur Landung. In dieser Zeit müssen wir begreifen, was passiert ist, die Situation kontrollieren, eine Entscheidung treffen und sie kommunizieren. Ich muss alles in meinem Kopf ordnen, mich konzentrieren und alles andere – Emotionen, Stress – ausblenden.

Glaubten Sie zu sterben?
Niemals. Wenn ich erst mal einen Plan entwickelt habe, bin ich selbstbewusst genug, das Flugzeug sicher herunterzubringen.

In solchen Momenten, sagt man, spielt sich das Leben noch einmal vor den Augen ab.
Nicht bei mir.

Keine Stoßgebete zum Himmel?
Nein, wir sind ja total konzentriert, das Flugzeug zu fliegen.

Sind Sie religiös? Glauben Sie, Gottes Hand ist im Spiel?
Ich bin religiös aufgewachsen, zur Kirche gegangen, habe im Kirchenchor gesungen, würde mich aber heute als philosophischen Menschen bezeichnen.

Was sagt man den Passagieren in diesem Moment? Die Wahrheit?
Hätte ich die Zeit, würde ich es die Besatzung wissen lassen.

Verschweigen Piloten uns Passagieren in solchen Momenten die Wahrheit, um uns nicht zu beunruhigen?
Ich sicher nicht. Ich sage meinen Passagieren grundsätzlich die Wahrheit.

Der Airbus wurde mit einem Schwertransporter ins Luftfahrtmuseum nach Charlotte (North Carolina) gebracht, das nach Sullenberger benannt ist.

Sie würden also durchsagen: Liebe Passagiere, wir haben Schubverlust und bereiten uns auf eine Notlandung im Hudson vor?
Hätte ich die Zeit: ja. Aber die habe ich nicht. Also sage ich eine Minute vor der Landung nur: „Hier spricht Ihr Kapitän. Bereiten Sie sich auf einen Aufprall vor."

Da wissen Sie schon, dass Sie im Hudson landen. Um 15.29 Uhr und 28 Sekunden funken Sie: „Wir werden im Hudson sein." Warum sagen Sie den Passagieren nicht: Greifen Sie sich Ihre Rettungswesten.
Ich will, dass die Passagiere sich in einer Schutzposition befinden, um Verletzungen zu verhindern. Ich will nicht, dass sie noch bei der Landung versuchen, die Rettungswesten zu greifen.

Sie sind nun also im Sinkflug über dem Hudson. 300 Meter unter Ihnen die George Washington Bridge. Nach Aussage der Stewardess Doreen Welsh bricht Panik aus, Menschen schreien, rufen Angehörige an. Hören Sie, was im Heck los ist?
Ja, durch die Cockpittür. Die Flugbegleiter rufen: „Kopf runter. Bereit zur Landung." Ich höre das immer wieder, es beruhigt mich. Ich weiß, diese Flugbegleiter können die Passagiere bei der Landung sicher herausbringen.

Was machen die Passagiere durch?
Einige beten. Andere schicken SMS an ihre Lieben, verabschieden sich. Da sind zum Beispiel ein Soldat, der gerade aus Afghanistan zurückkam, und seine Verlobte. Sie küssen sich noch mal und sagen: Ich liebe dich. Sie akzeptieren den gemeinsamen Tod.

Jetzt sind Sie nur noch 200 Meter über der Stadt. Sie befinden sich etwa dort, wo eines der Flugzeuge am 11. September 2001 auch war. Einige New Yorker befürchten einen neuen Terroranschlag. Was denken Sie?
Im Cockpit höre ich ständig die automatische Stimme des Kollisionswarnsystems: „Flugverkehr auf Kollisionskurs." Ich konzentriere mich einzig auf eine erfolgreiche Notlandung.

Eine Wasserlandung gelingt den wenigsten. Eine äthiopische Maschine zerschellte zum Beispiel mit 175 Passagieren vor den Komoren. Worauf kommt es jetzt an?
Ich konzentriere mich nur noch auf zwei Dinge. Ich blicke voraus durch mein Hauptfenster auf den Fluss und achte auf Flughöhe sowie Grad unseres Sinkflugs. Und drinnen blicke ich auf unsere Geschwindigkeit. Ich versuche mit einer zehn Grad erhobenen Nase auf den Fluss aufzusetzen. Die Tragflächen müssen exakt auf einer Höhe sein. Die Geschwindigkeit muss knapp über unserer Mindestgeschwindigkeit liegen.

Und so passiert es?
Exakt. Wir landen mit einer 9,8 Grad erhobenen Nase.

Ein kalifornischer Held: In einer bewegenden Zeremonie wird Chesley Sullenberger geehrt, der zu der Zeit in diesem Bundesstaat zu Hause ist.

Zu weltweiter Berühmtheit kam Sullenberger schließlich durch den Spielfilm über die Notlandung. Der Titel: „Sully". Die Rolle des Piloten übernahm Oscar-Preisträger Tom Hanks.

66

Vielleicht gab die Rettung manchen den Glauben an die menschliche Natur zurück. In jedem Fall zeigte sich, wie wichtig gute Ausbildung und Teamarbeit sind.

Mein Co-Pilot ruft mir Geschwindigkeit und Flughöhe zu, als ich dem Wasser näher komme.

Es ist 15.30 Uhr und 38 Sekunden. Der Hudson ist sanft, Sie landen mit der Strömung. Für welche Stelle entscheiden Sie sich?
Nahe der 46. Straße. Zwischen zwei Fähranlegern. Ich weiß aus Erfahrung: Hier sind die meisten Boote und die Chancen am größten, uns schnell zu erreichen.

Wasserlandungen sind nicht Teil der Ausbildung?
Korrekt.

Sie sind nun auf dem Wasser. Draußen sind es minus sechs Grad. Glaubten Sie, dass alle überleben?
Nachdem wir erst mal gelandet und zum Stillstand gekommen sind und die Maschine sich noch in einem Stück befindet, weiß ich: Das Schlimmste liegt hinter uns. Alle sind am Leben.

Doch nun öffnet ein Passagier die Hecktür, drückt die Stewardess beiseite, Wasser strömt hinein. Bekommen Sie das mit?
Zunächst nicht. Jeff beginnt mit der Evakuierungs-Checkliste. Ich öffne die Cockpittür und rufe: „Evakuieren!" Von hinten, von den Seiten, über die Notrutschen gelangen die Menschen ins Freie.

Bricht Chaos aus?
Einige Passagiere sind ziemlich aufgeregt und klettern eilig über die Sitze, doch die meisten bleiben ruhig.

Es gibt dramatische Szenen. Eine Mutter reicht ihr Baby weiter aufs Floß. Passagiere stehen auf den Tragflächen bis zur Taille im Wasser. Einige springen in den eisigen Hudson, weil sie befürchten, dass die Maschine explodiert. Was tun Sie?
Ich bin vorn und überblicke die Evakuierung. Erst später gehe ich das Flugzeug ab, um sicherzustellen, dass keiner mehr an Bord ist.

Das Flugzeug beginnt zu sinken, und Sie gehen durch die Maschine?
Zweimal sogar. Ich suche Rettungswesten, Decken und Jacken, um sie denen zu reichen, die das Flugzeug schon verlassen haben.

Binnen Minuten sind erste Schiffe da. Was fühlen Sie jetzt, da alle 155 Menschen in Sicherheit sind?
Es ist die größte Erleichterung, die ich je in meinem Leben verspürt habe. Als ob das Gewicht des Universums sich von meinem Herzen löste.

Irgendwelche Glückwünsche?
Auf dem Rettungsfloß dreht sich ein Passagier der ersten Klasse um und sagt: „Danke, Kapitän. Sie haben mir das Leben gerettet."

Was sagen Sie?
„Gern geschehen."

Sie klingen so unheimlich cool.
Nun ja.

Sie wirken unheimlich diszipliniert. Sachlich.
Ja, ja. Es ist mein natürliches Temperament, und mein Beruf hat mich noch mehr so geprägt.

Nun sind Sie nur noch „der Sully". „Der Held vom Hudson". Sie werden ins Weiße Haus eingeladen. Ihre Landung ist Teil des nationalen Mythos geworden. Warum eigentlich?
Ich glaube, dass irgendetwas an diesem Ereignis den Menschen den Glauben an die menschliche Natur zurückgab. Und an ganz elementare Dinge: Erfahrung ist wichtig. Und gute Ausbildung. Teamwork kann funktionieren. Es erinnert sie daran, dass man Gutes in dieser Welt tun kann.

Sie hätten mit Ihrem Heldenstatus bei der Präsidentenwahl antreten können.
Es ehrt mich, dass einige mich gern als Präsidenten hätten. Aber ich bin Pilot, kein Politiker.

Sind Sie wieder geflogen?
Ja, und es fühlte sich ganz natürlich an, im Cockpit zu sitzen. Es war wie nach Hause zu kommen.

Nichts war anders?
Nein.

Gar nichts?
Na ja, die Passagiere applaudierten schon, wenn ich sagte: „Hier spricht Ihr Kapitän Chesley Sullenberger."

EHRE, RUHM, TOD

Sie sind Whistleblower, Journalisten oder Polizisten, Menschen mit der Gabe, zu helfen. Sie decken Missstände auf, befreien Entführte oder kümmern sich um Ausgegrenzte und Kranke. Manche werden für ihr Engagement geehrt, andere bezahlen es mit dem Leben.

TEXTE: SIEBO HEINKEN

Sie war eine engagierte Gewerkschafterin. Bald nachdem **Karen Silkwood** ihre Arbeit in der Nuklearanlage Cimarron River aufgenommen hatte, beteiligte sie sich an einem Streik für bessere Arbeitsbedingungen. In dem Werk des Konzerns Kerr-McGee nahe Crescent in Oklahoma wurden damals Plutonium-Brennstäbe hergestellt. Zudem begann die Labortechnikerin, die dortigen skandalösen Sicherheitspraktiken zu hinterfragen: fehlerhafte Brennelemente, radioaktive Verseuchung von Beschäftigten, auch von ihr selbst, gefälschte Aufzeichnungen. Immer wieder war sie Schikanen ausgesetzt. Am 13. November 1974 wollte die Whistleblowerin einem Reporter der „New York Times" in Oklahoma City Beweise für Zustände in der Anlage präsentieren, die sie in einem Briefumschlag bei sich hatte. Auf dem Weg dorthin verunglückte sie tödlich. Spuren an ihrem Auto deuteten darauf hin, dass sie von der Straße gedrängt worden war. Der Umschlag war verschwunden. Silkwood wurde zu einer Heldin der Anti-Atomkraft-Bewegung, ihr Schicksal mit Meryl Streep in der Hauptrolle verfilmt.

Am 13. Oktober 1977 um 14.38 Uhr meldete die Flugsicherung, dass die Lufthansa-Maschine „Landshut" mit 86 Passagieren und fünf Besatzungsmitgliedern an Bord, unterwegs von Mallorca nach Frankfurt am Main, von ihrer Route abgewichen war. Es war der Beginn einer der dramatischen Entführung, die fünf Tage später in Mogadischu (Somalia) beendet wurde, als Männer der **Antiterror-Einheit GSG 9** die Boeing 737 stürmten und alle Geiseln (rechts) befreiten. Drei Terroristen wurden getötet, eine vierte Entführerin kam in Haft. Alle waren Palästinenser, die Mitglieder der Roten Armee Fraktion (RAF) in Deutschland aus dem Gefängnis freipressen wollten. Damals, im sogenannten Deutschen Herbst, erlebte deren Terrorismus einen Höhepunkt. Fünf Tage lang irrt die „Landshut" von Italien nach Zypern, nach Dubai. Die Geiseln wurden mit Alkohol übergossen, damit sie nach Aussagen der Terroristen besser brennen. In Aden (Jemen) erschossen sie den Piloten Jürgen Schumann. Die deutsche Regierung unter Kanzler Helmut Schmidt legte sich fest, dass mit den Geiselnehmern nicht verhandelt würde. Jedoch suchte Hans-Jürgen Wischnewski, Staatsminister im Auswärtigen Amt, im Nahen Osten und in Ostafrika nach Lösungen – und verschaffte der GSG 9 so viel Zeit, wie sie für ihren Zugriff brauchte. Am 18. Oktober, kurz nach Mitternacht, meldete er dem Krisenstab in Bonn den erfolgreichen Abschluss der Befreiungsaktion. Die Männer der GSG 9 wurden als „Helden von Mogadischu" gefeiert. Kurz darauf ehrte Bundesinnenminister Werner Maihofer sie mit dem Bundesverdienstkreuz (Foto oben: mit Kommandeur Ulrich Wegener).

HELDEN DURCH ARBEIT

Am 16. Oktober 2017 tötete eine Bombe die Enthüllungsjournalistin **Daphne Caruana Galizia**. Sie hatte jahrelang über Geldwäsche, Korruption und andere illegale Geschäfte auf Malta berichtet und war mit ihren Recherchen offenbar einigen Mächtigen des Inselstaats zu nahe gekommen. Mehrmals hatte sie zuvor Morddrohungen erhalten, sich aber nicht abschrecken lassen. Nach ihrer Ermordung kam es in der Hauptstadt Valletta zu Protesten (rechts). Zahlreiche Politiker und hohe Beamte traten zurück, ein einflussreicher Geschäftsmann wurde als möglicher Drahtzieher verhaftet, die drei Bombenleger erhielten lange Haftstrafen. Galizia war eine von einer Vielzahl mutiger Journalisten, die ihre Arbeit in den vergangenen Jahren mit dem Leben bezahlten. Nach Informationen der Organisation Reporter ohne Grenzen wurden allein 2022 weltweit mindestens 57 Medienschaffende wegen ihrer Arbeit ermordet.

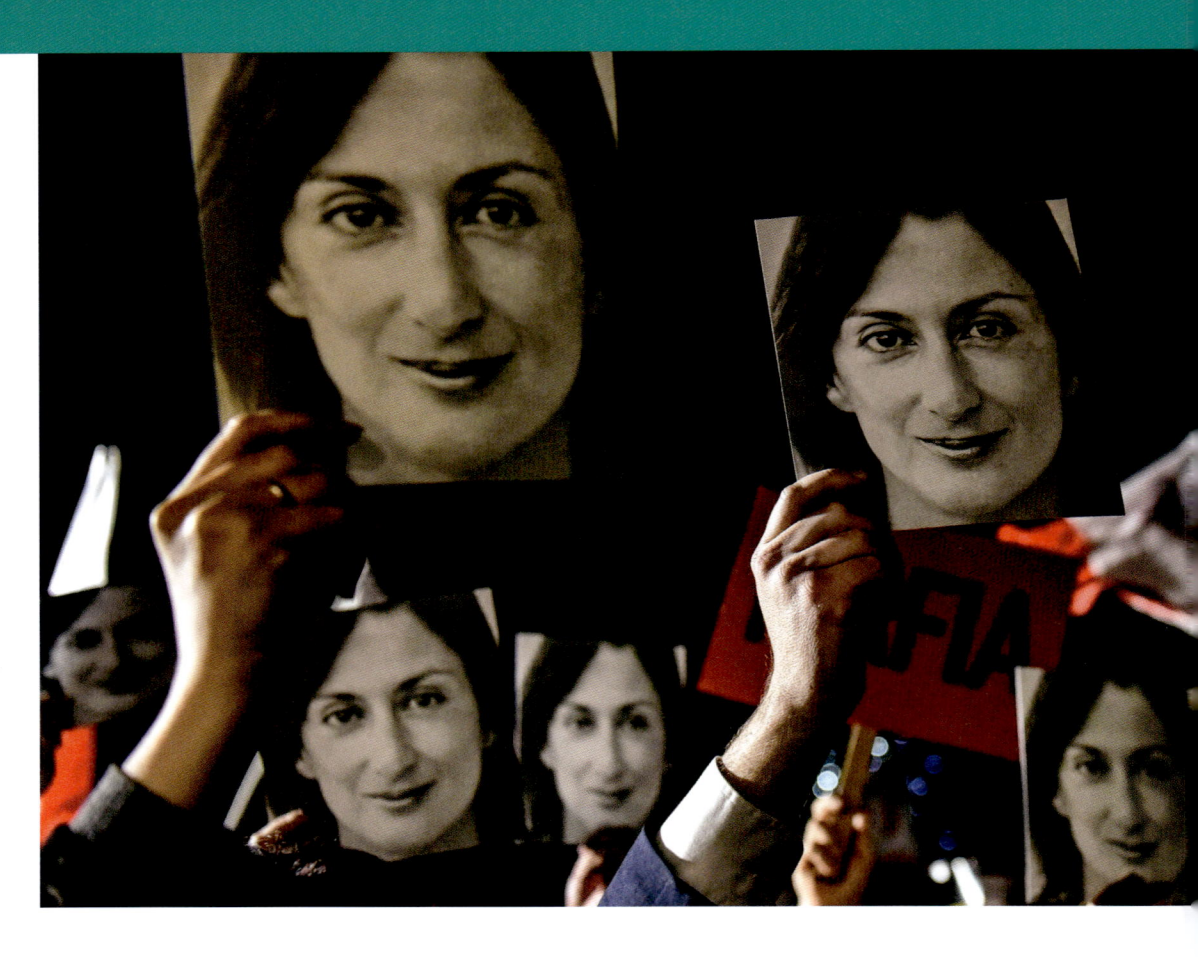

Im Jahr 1979 wurde sie für ihre Arbeit mit Armen und Kranken, Obdachlosen und Sterbenden mit dem Friedensnobelpreis ausgezeichnet, und 2016, gerade mal sechs Jahre nach ihrem Tod, sprach Papst Johannes Paul II. sie selig. Über viele Jahrzehnte wirkte Agnes Gonxha Bojaxhiu aus dem heutigen Nordmazedonien, berühmt als **Mutter Teresa**, in der indischen Metropole Kolkata (früher Kalkutta). In der katholischen Kirche wird sie als Heilige verehrt, doch viele sehen die Heldin der Hilfsbereitschaft inzwischen distanziert. 1947, bald nach der Unabhängigkeit Indiens, nahm sie die Staatsbürgerschaft des Landes an und gründete den Orden der Missionarinnen der Nächstenliebe. Während ihr Einsatz vor allem für Waisen und Leprakranke unbestritten ist, werfen Kritiker ihr unter anderem einen missionarischen Eifer, ihre Ablehnung der Geburtenkontrolle und Abtreibung sowie schlechte Zustände in den Sterbehäusern vor. Dennoch hat sie nach wie vor viele Bewunderer, und mehr als 3500 Ordensschwestern und -brüder in 133 Ländern engagieren sich in ihrem Sinn für Menschen in Not.

„So wie wir heute arbeiten, werden wir morgen leben." Dieser protestantisch anmutende, zugleich zukunftsgläubige Satz wird der Weberin **Frida Hockauf** zugeschrieben. 1953 gelang es ihr, im VEB Mechanische Weberei Zittau den Plan überzuerfüllen, indem sie mehrere Webstühle zeitversetzt bediente. Sie wurde dafür als Heldin der Arbeit ausgezeichnet – eine von der Sowjetunion übernommene Methode der DDR-Machthaber, um die Arbeitsmoral unter den Werktätigen zu verbessern. Nötig schien sie erst recht, als sich die wirtschaftliche Krise durch die vermehrte Westflucht von Fachkräften verschärfte. Die daraus resultierende Erhöhung der Arbeitsnormen war Mitauslöser des Volksaufstands am 17. Juni 1953 in Berlin, auf den die Regierung mit Verhaftungen und Repressalien reagierte – aber auch damit, dass sie Hockauf und andere als Vorbilder aufbaute. Die Arbeiter sollten durch maximales Engagement in Vorleistung treten; dafür versprach der Staat ihnen eine bessere Zukunft. Hockaufs gefeierter Eifer gefiel indes nicht allen: Von manchen Kollegen wurde sie mit Verachtung gestraft.

Ein normales Leben ist **Roberto Saviano** seit 2006 nicht mehr möglich. In dem Jahr erschien sein Buch „Gomorrha" über die Macht der Mafia und die Verflechtung der organisierten Kriminalität mit der Politik in Italien. Es wurde in 52 Sprachen übersetzt, doch Saviano erhielt Morddrohungen und lebt seither unter Polizeischutz. Wechselt häufig den Aufenthaltsort und die Telefonnummer, selbst seine nächsten Bekannten erreichen ihn nur mit Mühe. „Gomorrha" habe sein Leben zerstört, sagt der vielfach preisgekrönte Journalist aus Neapel. Er sei kein Held, sondern verachte sich selbst. „Dafür, dass ich mein Leben nicht retten konnte, dass ich nicht geschwiegen, sondern weiter gekämpft habe."

Das Schild an diesem Fußballplatz lässt keine Zweifel. Dennoch sind die **Schiedsrichter und Schiedsrichterinnen** in unteren Ligen einer zunehmenden Gewalt ausgesetzt. Mehr als 50 000 dieser Helden des Alltags halten den Amateurfußball am Laufen, rund 1,7 Millionen Spiele leiten sie jedes Jahr. Sie stehen am Sonntag früh auf, um für ein paar Euro auf dem Fußballplatz zu stehen – und dann passieren Dinge wie in einer Kreisligapartie in Merzig-Ballern (Saarland), bei der zwei Spieler den Unparteiischen angriffen, nachdem er einem die Rote Karte gezeigt hatte. Auch pöbelnde Zuschauer verderben manchen die Freude an diesem wichtigen Ehrenamt.

Mit einer Keule erschlägt Herakles den riesenhaften Räuber Cacus, eine Figur in der antiken Mythologie. Die Plastik schuf Baccio Bandinelli um 1525 in Florenz.

Herakles, Achilleus, Aeneas – klangvolle Namen von Heroen lang vergangener Zeiten. Seit beinahe drei Jahrtausenden werden Geschichten von ihnen erzählt. In der griechischen und römischen Antike wird ihr Mythos maßgeblich geformt. Und zum lebendigen Teil des kulturellen Lebens.

DIE ERSTEN IHRER ART

TEXT: MATTHIAS J. BENSCH

DAS LEBEN DES BEDEUTENDSTEN aller griechischen Helden endet qualvoll. Ein vergiftetes Gewand wird Herakles zum Verhängnis. Es brennt sich an seinem Körper fest, frisst sich in sein Fleisch. Rasend vor Schmerz reißt er an der Kleidung und zieht sich dabei die Haut ab. Er erinnert sich einer alten Prophezeiung, dass er nicht durch einen Lebenden sein Ende finden werde, sondern durch einen Toten. Und muss jetzt erkennen, dass diese Weissagung wahr wird.

Denn das Gift stammt vom Kentauren Nessos, den er selbst erschossen hat. Die arglistige Kreatur – halb Mensch, halb Pferd – hatte sich Herakles erboten, dessen ihm gerade angetraute Frau Deianeira über den Fluss Euenos zu setzen. Als Nessos sich aber schändlich an ihr vergehen wollte, tötete ihn Herakles mit Pfeil und Bogen. Sterbend flüsterte das Wesen der Deianeira ein, dass sie sein Blut für einen Liebeszauber verwenden solle, sollte sie je vermuten, dass Herakles eine andere Frau ihr vorziehe.

Sie glaubt ihm. Und als sie wenig später tatsächlich und im Übrigen zu Recht fürchtet, ihr Mann sei ihr untreu, nutzt sie das vermeintliche Liebeselixier. Sie benetzt damit sein Gewand, nicht ahnend, dass das giftige Blut ihren Ehemann so entsetzlich zurichten würde. Herakles sieht schließlich keinen anderen Ausweg mehr. Die Qualen müssen enden. Und so schichtet er sich selbst einen Scheiterhaufen auf und lässt ihn anzünden. Sein irdisches Leben endet an diesem Tag im Feuer. Doch das ist noch nicht das Ende. Eine Wolke zieht herab, umhüllt ihn und trägt ihn hinauf zum Olymp, wo die Götter leben und wo sein Vater regiert.

Jener Herakles gilt als der größte und bedeutendste aller Helden der antiken Mythologie und ist wohl bis heute der bekannteste. Dabei ist er nur einer von vielen Heroen, die kultisch verehrt, besungen und in Erzählungen bedacht wurden. Ihre Herkunft, ihr Charakter und vieles andere machen sie individuell. So steht dem Kraftprotz Herakles zum Beispiel der eher schlaue und listige Odysseus gegenüber, dem Frevler Tantalos der gegenüber den Göttern stets pflichtschuldige Aeneas. Doch wer die Lebenswege der Heroen genau in den Blick nimmt, von wem sie abstammen, wie sie groß werden und wie ihre Wege sie schließlich zu ihren Heldentaten führen, erkennt auch Gemeinsamkeiten.

WAS MACHT ANTIKE HEROEN aus, und welche Strukturmerkmale prägen ihre Biografien? Die Antwort geben exemplarisch die Lebensgeschichten von Herakles (Herkules), Achilleus (Achilles) und Aeneas (auch Äneas oder griechisch Aineias). Und ihr Nachleben. Denn die Erinnerung an sie überdauert in Form von Heldenmythen die Jahrtausende. Nicht als starrer Kanon, sondern als Stoff, an dem Kulturschaffende unablässig weben, indem sie sich die Heroen aneignen, ihre Geschichten neu erzählen und damit neue Bedeutungen schaffen.

Der Vater, mit dem Herakles nach seinem Tod vereint wird, ist niemand anderes als der mächtige Göttervater Zeus. Seine Mutter hingegen ist die Sterbliche Alkmene. Dass ein Elternteil eine Gottheit ist oder zumindest eine solche im Familienstammbaum auftaucht, ist geradezu typisch für die griechischen Heroen. So etwa auch bei Achilleus, der mütterlicherseits vom Meeresgott Nereus abstammt, väterlicherseits ein Urenkel des Zeus ist, der durch seine zahlreichen außerehelichen Liebschaften mit sterblichen Frauen der Urahn von unzähligen Heroen wird. Und daher lässt sich guten Gewissens sagen, dass viele der antiken Heroen sich gar nicht erst beweisen und von Verehrern zu Helden gemacht werden mussten. Vielmehr ist ihnen der Status als Heros sozusagen in die Wiege gelegt.

In die Wiege des Herakles war indes noch etwas anderes gelangt. Hera, zornig wegen des erneuten Seitensprungs ihres Gemahls mit Alkmene, schickt Schlangen, um das unliebsame Stiefkind loszuwerden. Und so muss Herakles seine erste Heldentat bereits als Säugling vollbringen. Er erwürgt die Tiere und rettet damit sich und seinem Halbbruder Iphikles das Leben.

Auch die Kindheit des Achilleus war außergewöhnlich. Bekannt ist jene Geschichte, die sich allerdings erst spät in den Quellen fassen lässt, nach der die Mutter Thetis den Jungen in den Unterweltsfluss Styx getaucht habe, um ihn unsterblich zu machen. Nur die linke Ferse, an der sie ihn festhielt, sei nicht mit dem Wasser in Berührung gekommen. Sie sollte seine sprichwörtliche Achillesferse werden.

H

Herakles wie Achilleus erhalten eine für Helden angemessene Ausbildung durch besondere Lehrer. Achilleus wird durch den Kentauren Cheiron erzogen, Herakles durch verschiedene Heroen, die jeweils als vortreffliche Kenner ihrer Disziplinen gelten. Einer von ihnen ist Linos, ein Sohn des Gottes Apollon, der Herakles im Leierspiel unterrichten soll. Doch der zeigt wenig Interesse für diese schöngeistige Tätigkeit. Als der Lehrer ihn dafür rügt und züchtigt, bezahlt er dies mit seinem Leben. Herakles erschlägt ihn gnadenlos.

Es ist dies ein Charakterzug des Helden, der sich in seinem Leben noch oftmals offenbaren wird. Ihn aufbrausend und rüpelhaft zu nennen, wäre noch eine maßlose Untertreibung. Er ist ein gefährlicher Mann. Immer wieder gerät er in Raserei und wird zum Mörder, auch wenn manchmal wohl die ihm nach wie vor übel gesinnte Stiefmutter Hera ihre Finger im Spiel hat, die ihn gelegentlich mit Wahnsinn schlägt. Einige Male wird ihm für diese Taten durch Götterspruch Buße auferlegt.

Herakles ist insgesamt unbeherrscht und zügellos, etwa wenn es um den Konsum von Wein geht. Statuen und andere Bildwerke zeigen ihn betrunken herumtorkelnd, manchmal urinierend. Auch wenn Vorsicht geboten ist, bei griechischen Heroen moderne Maßstäbe anzulegen, erscheint Herakles auch bei einigen antiken Autoren als nicht sonderlich moralischer Held. Aber das musste er für das antike Verständnis von Heroen auch gar nicht sein. Was zählte, war die Leistung. Und hier lieferte Herakles.

Das gilt auch für Achilleus. Seine Heldentaten finden vor allem vor den Toren der belagerten Stadt Troja statt. Er ist der Kriegerheld par excellence in der „Ilias", jener epischen Dichtung, die als ein Werk des berühmten Homer gilt. Dabei stand seine Teilnahme am Kriegszug der Griechen unter dem König Agamemnon zunächst auf des Messers Schneide. Seine Mutter, eine Prophezeiung fürchtend, nach der ihr Sohn sterben werde, wenn er sich dem Kampf gegen Troja anschließe, versteckt ihn bei König Lykomedes unter dessen Töchtern. Achilleus trägt dort Frauenkleider, um nicht erkannt zu werden. Doch Odysseus, für seine Listigkeit weithin bekannt, vermag auch ihn schließlich auszutricksen. Er legt Schmuck und andere Dinge aus, für die sich die Töchter begeistern, aber auch Waffen. Dann lässt er die Kriegstrompete blasen. Achilleus kann seiner Natur nicht widerstehen, greift in dem Augenblick intuitiv nach den Waffen – und ist enttarnt. Er schließt sich dem Zug nach Troja an.

Auch in der heroischen Vita des Herakles gibt es diesen einen Kippmoment, in dem sich entscheidet, ob der Held seiner Berufung nachkommt oder nicht – mit allen Konsequenzen, die diese für Leib und Leben haben kann. Er begegnet der Versuchung eines einfacheren Lebens an einer Weggabelung, wo er auf zwei Frauen trifft. Eine von ihnen, Eudaimonia (Glückseligkeit), versucht ihn zu überzeugen, ihren Weg einzuschlagen, auf dass er immer von Schmerz und Mühen verschont bleibe. Herakles entscheidet sich jedoch für den Weg, den ihm die andere Frau mit Namen Arete (Tugend) vorschlägt. Es sei ein steiniger Weg voller Mühen, doch er werde ihn zu Ruhm führen, sagt sie. Herakles nimmt also bewusst das oft entbehrungsreiche Leben eines Helden in Kauf, ist nicht wie Achilleus Opfer unbewusst hervorbrechender martialischer Gelüste.

Diese Entscheidung führt ihn vor allem zu seinen berühmten zwölf Taten, die er im Auftrag des Stiefbruders Eurystheus vollbringen muss und die im Zentrum seiner überaus erfolgreichen Heldenkarriere stehen. Er bezwingt dabei gefährliche Untiere und monströse Kreaturen mit klangvollen Namen, die das Leben der Menschen bedrohen: den Nemeischen Löwen, die Kerynitische Hirschkuh, den Erymanthischen Eber, die Stymphalischen Vögel, den Kretischen Stier, die Menschen fressenden Stuten des Diomedes, die Rinder hütende Kreatur Geryoneus mit den drei zusammengewachsenen Körpern, den Unterweltshund Kerberos und die Hydra von Lerna, eine vielköpfige Wasserschlange, deren Köpfe doppelt nachwachsen, wenn man sie abschlägt. Bei anderen Aufgaben ist viel Ein-

Im Zentrum von Herakles' Heldenkarriere stehen seine zwölf Taten gegen allerlei furchtbare Wesen. Hier sind sie auf dem Sarkophag von Genzano dargestellt.

fallsreichtum und Geschick gefragt, etwa bei der Reinigung der Ställe des Augeias sowie der Beschaffung des Gürtels der Amazonenkönigin Hippolyte oder der Äpfel der Hesperiden.

Diese Taten vollbringt er zunächst auf der griechischen Halbinsel Peloponnes, seiner Heimat. Dann führen sie ihn in alle Himmelsrichtungen und schließlich sogar bis ins Reich der Toten. Bei den Taten offenbart sich sein gewaltiges heroisches Potenzial. Sein Handeln ist höchst gemeinschaftsdienlich. Indem er die bedrohlichen Untiere bezwingt, wendet er Gefahren von den Menschen ab. Er ist Hüter der göttlichen Ordnung und setzt sich gegen Kräfte durch, die diese Ordnung in ihrer Monstrosität infrage stellen.

ACHILLEUS MUSS SICH VOR den Toren Trojas hingegen mit anderen Heroen herumschlagen. Er wird zum wichtigsten Krieger unter den vielen namhaften Helden, die aus Griechenland gekommen sind, erobert Städte im Umland und bezwingt und tötet die trojanischen Heroen einen nach dem anderen im Zweikampf.

Als er sich vorübergehend vom Kampfgeschehen zurückzieht, beleidigt, weil Agamemnon ihm die schöne, zuvor von ihm erbeutete Briseis wegnahm, droht die ganze Unternehmung der Griechen zu scheitern. Das traurige Schicksal der Briseis ist durchaus typisch für Frauen in der männlich dominierten Welt der griechischen Heroen. Erst als sein Freund Patroklos durch Hektor, den wichtigsten Heros auf trojanischer Seite, getötet wird, greift Achilleus wütend wieder zu den Waffen.

Hier zeigt sich auch die dunkle Seite dieses Helden. Achilleus tötet Hektor nicht nur, sondern schleift seinen Leichnam im Gespann um die Stadt; ein grausiges Schauspiel für die Trojaner und im Besonderen für ihren König Priamos, die ihren größten Helden respektive ihren geliebten Sohn verloren haben und ihn nun auch noch durch den Staub gezogen sehen. Das Schlimmste aber ist, dass Achilleus ihnen die religiös gebotene Bestattung des Toten verweigert. Erst als Priamos selbst als demütiger Bittsteller ins Lager der Griechen zu Achilleus kommt, lässt sich dieser erweichen und ihm die geschundenen sterblichen Überreste Hektors übergeben.

Einem anderen Gegner des Achilleus, den er nicht tötet, weil dieser durch ein beherztes Eingreifen des Gottes Poseidon gerettet wird, ist in Rom später noch eine große Karriere vorbestimmt. Sein Name ist Aeneas. Auch er ist der Sohn einer Göttin, der Aphrodite, die sich mit dem sterblichen Anchises eingelassen hat. Als Troja schließlich doch in Flammen steht, erscheint ihm seine göttliche Mutter und mahnt ihn zur

HELDENTUM IN DER ANTIKE

Der Kupferstecher Martin Engelbrecht (1684–1756) aus Augsburg schuf in der Zeit des Barock diese heroische Ansicht von Achilleus. Sein Name ist im heutigen Sprachgebrauch noch geläufig: in Form der verletzlichen Achillesferse.

Auch Aeneas war nicht nur Bestandteil des kulturellen Lebens im antiken Griechenland und Rom, sondern später noch Motiv der europäischen Kunst. Der Maler Peter Candid (um 1548–1628) zeigt in diesem Gemälde, wie Venus den Helden in den Olymp aufnimmt.

Flucht; sinnlos sei die weitere Verteidigung der Stadt. Aeneas fügt sich und entkommt mitsamt seiner Familie der blinden Zerstörungswut und Mordlust der griechischen Eroberer. Im Gepäck hat er die heiligen Götterbilder. Seinen lahmen Vater trägt er eigenhändig aus der Stadt. Sie treten eine lange Reise an, die sie nach vielen Gefahren und Umwegen schließlich nach Latium in Italien führt. Dort gründet Aeneas die Stadt Lavinium. Einer seiner Nachfahren ist Romulus, der Jahrhunderte später wiederum Rom gründet. Und somit wird Aeneas zu einem Ahnherrn des gesamten römischen Volkes.

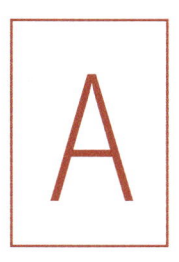

Als wieder einige Jahrhunderte später Rom die unbestrittene Hegemonialmacht im Mittelmeerraum ist, kommen Gesandte griechischer Städte zu römischen Amtsträgern und weisen auf ihre gemeinsame Abstammung von den trojanischen Heroen hin, um Rom als Verbündeten zu gewinnen. Mit der Herkunft von Heroen wie Aeneas wird also Politik gemacht. In Rom selbst ist man diesbezüglich zwar zurückhaltender, auf dem prächtigen Augustusforum bekommt die Erinnerung an Aeneas aber schließlich doch einen überaus prominenten Platz im Stadtbild.

Und was für einen! Eine kolossale Skulptur zeigt ihn auf der Flucht mit Sohn und Vater. Die Statuengalerie, deren Teil diese Skulptur ist, steht dabei ganz im Dienst des mächtigen Stifters der Anlage, Gaius Julius Cäsar. Heute besser bekannt unter dem Namen Augustus, gelten er und sein Geschlecht der Julier als direkte Nachfahren des Aeneas. Und dieser überragt nun auf dem neuen Forum alle anderen Helden der römischen Republik, denen hier Statuen gewidmet sind. Nur ein Bildnis des Stadtgründers Romulus ist vergleichbar inszeniert.

Was an diesen Inanspruchnahmen des Aeneas deutlich wird, ist, dass Mythos, die Erzählungen von Heroen längst vergangener Zeiten wie Herakles, Achilleus oder Aeneas ein sehr lebendiger Bestandteil des kulturellen Lebens in Griechenland und dem Imperium Romanum ist. Autoren und Redner, Politiker, Bildhauer und Vasenmaler, sie alle bedienen sich der mythischen Stoffe. Alle arbeiten am Mythos und schaffen sich Versionen der Heroen, die für ihre Zwecke am besten geeignet sind. Verbindlichkeit ist nicht gerade ein Charakteristikum des Mythos. Und so gibt es auch zu den hier erzählten Heldengeschichten zahllose Varianten, die in vielen kleinen und manchmal größeren Details abweichen.

Wie selektiv bisweilen mit den mythischen Stoffen umgegangen wird, veranschaulichen etwa römische Steinsarkophage, deren Reliefs Achilleus in inniger Umarmung mit der zusammengesackten, sterbenden Amazone Penthesileia zeigen. Auch diese war eine Gegnerin des Kriegerhelden während der Belagerung von Troja. In einigen Versionen der Sage heißt es, Achilleus habe sich in dem Augenblick, als er ihr den Todesstoß versetzte, in sie verliebt.

Bemerkenswert an den Sarkophagbildern ist, dass die mythischen Protagonisten die Gesichtszüge der Verstorbenen tragen, die in den Sarkophagen bestattet sind. Mythologische Figuren derart mit Porträts zu versehen, war zwar eine durchaus übliche Praxis, dass die Bestatteten aber ausgerechnet in Bezug zu Penthesileia und ihrem Mörder Achilleus gesetzt wurden, erscheint zunächst äußerst befremdlich.

Handelt es sich um ein bizarres, in Stein gemeißeltes Geständnis eines Mordes an der eigenen Ehefrau? Sicher nicht. Denn was zählt, ist einzig die enge Verbundenheit und zugleich auch der Abschiedsschmerz, die im Bild so eindrücklich eingefangen sind. Die umgebende Erzählung mit all ihren problematischen Elementen tritt zurück. Der Mythos dient als Folie und öffnet eine Welt, in die sich Trauer und Emotionen hineinprojizieren und durch die Bezugnahme auf die Heroen nobilitieren lassen.

Wie bei Herakles auf dem Scheiterhaufen, findet auch die irdische Existenz von Achilleus und Aeneas irgendwann ihr unweigerliches Ende. Achilleus wird durch einen Pfeilschuss in die Ferse, die einzige verwundbare Stelle an seinem Körper, getötet: seine sprichwörtlich gewordene „Achillesferse".

Vor allem in der europäischen Kulturgeschichte bleiben die Helden jedoch auch nach dem Ende der Antike ausgesprochen lebendig. Über Jahrhunderte werden sie immer wieder aufgegriffen und instrumentalisiert. Und noch heute locken ein Brad Pitt als Achilleus in Wolfgang Petersens monumentalem Leinwandepos „Troja" oder Dwayne „The Rock" Johnson als Herakles Millionen Zuschauerinnen und Zuschauer in die Kinosäle. Da diese antiken Heroen immer wieder Stoff für neue Erzählungen bieten, manchmal für gesellschaftlich relevante und manchmal auch nur für einfach sehr unterhaltsame, sind sie bis heute unsterblich geblieben.

IKONE DES WIDERSTANDS

Am 22. Februar 1943 starb in München die 21-jährige Studentin Sophie Scholl unter dem Fallbeil, ebenso ihr Bruder Hans und ein Freund. Als Mitglieder der „Weißen Rose" hatten sie zum Aufstand gegen die Nazis aufgerufen. Ihr Widerstand gegen das Unrechtsregime macht Sophie zum Mythos.

Vor dem Hauptgebäude der Münchener Ludwig-Maximilians-Universität sind Abbildungen der Flugblätter der Widerstandsgruppe „Weiße Rose" ins Pflaster des Geschwister-Scholl-Platzes eingelassen.

TEXT: TANJA BEUTHIEN

W

Winterlicht fällt durch die Scheiben in das Hinterhaus in der Franz-Joseph-Straße in München. Es ist Nachmittag, der 16. Februar 1943, als sich Sophie Scholl noch einmal an den Schreibtisch setzt, um an ihren Freund Fritz Hartnagel zu schreiben. Am Vormittag hat sie 50 versandfertige Flugblätter in ihre Aktentasche gepackt und zum Briefkasten getragen. „Erschüttert steht unser Volk vor dem Untergang der Männer von Stalingrad", heißt es in dem Aufruf. „Im Namen der ganzen deutschen Jugend fordern wir von dem Staat Adolf Hitlers die persönliche Freiheit, das kostbarste Gut der Deutschen, zurück."

Nichts davon erwähnt Sophie in ihrem Brief an Fritz, der gerade erst dem Kessel von Stalingrad entkommen ist und mit Erfrierungen im Lazarett liegt. „Gestern habe ich einen wunderschönen blühenden Stock gekauft, er steht vor mir auf dem Schreibtisch am hellen Fenster, seine graziösen Ranken, über und über mit zarten lila Blüten besetzt, schweben vor und über mir", schreibt sie stattdessen. „Er ist meinen Augen und meinem Herzen eine rechte Freude, und ich wünschte mir nur, dass Du kommst, bevor er verblüht ist. Wann wirst Du kommen?"

Als Fritz Hartnagel sechs Tage später den Brief im Lazarett in Lwiw (Ukraine, deutsch: Lemberg) öffnet, fallen ihm zarte, lilarote Blütenblätter in den Schoss. „Vielleicht können wir bald zusammen irgendwo anfangen!", liest er.

Noch am selben Tag ist Sophie Scholl tot. Um 17 Uhr geht sie am 22. Februar über den Hof in einen kahlen Raum im Gefängnis München-Stadelheim. Die Guillotine ist hinter einem schwarzen Vorhang verborgen. Die 21-Jährige legt sich auf die glatte, schwere Holzpritsche – ihre Hinrichtung ist eine Sache von Sekunden. Henker Johann Reichhart und seine Gehilfen packen ihren Kopf und Körper in einen bereitstehenden Sarg. Um 17.02 Uhr wird ihr Bruder Hans Scholl auf dieselbe Weise hingerichtet. Um 17.05 Uhr der gemeinsame Freund Christoph Probst.

Fritz Hartnagel antwortet Sophie umgehend, noch am selben Tag: „Diese Vorfreude rankt um mich und macht mich frohen Herzens, wie dein üppig blühender Blumenstock, der dich entzückt." Der 26-jährige Offizier weiß nicht, dass sich Sophie in den vergangenen Wochen der Widerstandsgruppe „Weiße Rose" um ihren Bruder Hans angeschlossen hat. Dass sie Flugblätter gegen das Regime der Nationalsozialisten gedruckt, verschickt und verteilt hat. Dass sie gefangen genommen, verhört und in einem Blitzprozess verurteilt worden ist. Und dass dies der Tag ihrer Hinrichtung ist.

Für den ahnungslosen Freund ist sie Vertraute und Geliebte, eine intellektuelle Gesprächspartnerin und

Die „Weiße Rose" entstand 1942 im Freundeskreis von Hans Scholl (links), den seine Schwester Sophie und Christoph Probst hier zu einem Fronteinsatz verabschieden.

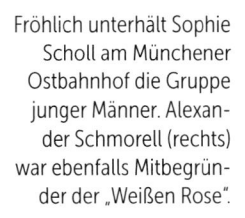

Fröhlich unterhält Sophie Scholl am Münchener Ostbahnhof die Gruppe junger Männer. Alexander Schmorell (rechts) war ebenfalls Mitbegründer der „Weißen Rose".

SOPHIE SCHOLL

Sophie Scholl galt als fröhlich und naturverbunden. Sie begann eine Ausbildung zur Kindergärtnerin und kam in Kontakt mit reformpädagogischen Ideen. Die Kinder mochte sie, ihre Kolleginnen weniger. Wenn diese Hitler am Radio zuhörten, griff Sophie demonstrativ zu einem Buch.

romantische Naturfreundin, die sich in all den Grausamkeiten des Krieges noch für die Schönheit eines blühenden Strauches begeistern kann. Für die Nachwelt aber ist sie eine Ikone des Widerstands, das Gesicht des anderen Deutschlands während der Zeit des Nationalsozialismus. Eine heroische Figur, selbstlos, unbeirrt, eine Heilige fast, die gewaltlos gegen ein Unrechtsregime aufbegehrte. Die anklagen wollte und aufrütteln, die ihre Stimme erhob gegen Ungerechtigkeit und Krieg.

Tatsächlich ist in Sophie Scholls Biografie, ihren Briefen und Tagebucheindrücken eine faszinierend widersprüchliche Persönlichkeit zu entdecken, die mit sich, mit ihrem Glauben und dem Zeitgeschehen hadert und ringt. Die zweifelt, bohrt und widerspricht, sich selbst und anderen nichts schenkt. Und sich doch zum Handeln ermutigt. Im November 1942 schreibt sie an einen Freund: „Habe ich geträumt bisher? Manchmal vielleicht. Aber ich glaube, ich bin aufgewacht."

Es ist ein spätes und ein bitteres Erwachen für Sophie Scholl, die ihre Kindheit und Jugend in träumerischer Naturverbundenheit verbracht hat. Ihr Vater ist zunächst Bürgermeister in Forchtenberg, einem 1300-Seelen-Ort nahe Heilbronn. Dort wird Lina Sofie, die sich zwei Jahrzehnte später nur Sophie nennt, am 9. Mai 1921 geboren, als viertes von sechs Kindern. Ihre Mutter Magdalena Scholl, kurz Lina, eine ehemalige Diakonisse, ist ganz dem protestantischen Glauben verpflichtet. Der Vater, Robert Scholl, gilt als ein aufgeschlossener und pazifistisch gestimmter Mann, der die demokratische „Frankfurter Zeitung" liest.

Der Familienverband ist eng, die Kinder toben in den Weinbergen und den Obstwiesen herum, verstecken sich in der Burgruine des Ortes oder schwimmen im Stauwehr am Fluss Kocher. Sophie sucht mit ihren Geschwistern Ostereier im verwilderten Garten des befreundeten Pfarrers, spielt Hochzeit, begeht das Erntedankfest mit Kartoffelfeuer und feiert die Advents- und Weihnachtszeit mit Kerzen und Kirchgang. Sie ist fröhlich, unbeschwert und gilt als „Mutters Sonnenschein", wie sich ihre ältere Schwester Inge erinnert.

Nach einer Zwischenstation in Ludwigsburg ziehen die Scholls im Frühjahr 1932 nach Ulm, wo der Vater eine Stelle als Wirtschaftsprüfer und Steuerberater annimmt. Die Stadt ist eine Hochburg der NSDAP, die inzwischen deutschlandweit zur stärksten Partei geworden ist. Die Zeichen der neuen Zeit können die Geschwister von einem Fenster der großen, von einem jüdischen Kaufmann gemieteten Wohnung in der Olgastraße 81 aus beobachten, die sie im September 1933 beziehen. SA- und SS-Trupps ziehen zu jeder Gelegenheit in langen Reihen durch die Straße, die ab 1937 Adolf-Hitler-Ring heißen wird, mit Fackeln und Fahnen im Gleichschritt. Die Kinder sind, wie so viele andere, fasziniert.

Die ältesten, Inge und Hans, treten gegen den heftigen Widerstand ihres Vaters kurz darauf in die Hitlerjugend ein. Am 20. April 1934, an Hitlers Geburtstag, spricht Sophie mit knapp 13 Jahren ihr Gelöbnis für die Jungmädelschaft und ist damit offiziell in die Jugendorganisation der Nationalsozialisten aufgenommen, in deren weiblichen Zweig, den Bund Deutscher Mädel (BDM). Auf eigenen Wunsch. Und wahrscheinlich nach ebenfalls erbitterten Kämpfen.

Sophie ist zu dieser Zeit jungenhaft, ausgelassen und „sehr lustig", wie sich die Pfarrerstochter Susanne Hirzel später erinnert, außerdem von einer „göttlichen Schlamperei". Ihre braunen, glatten Haare trägt sie kurz – und meistens ungekämmt. Mit ihrer Freundin schwimmt Sophie durch die Pfeiler der großen Ulmer Donaubrücke, dort, wo die Wellen am höchsten sind, und sie klettert bis hinauf in die Tannenwipfel. Sie brennt für die Fahrten der Hitlerjugend mit Zelten und Lagerfeuer unterm Sternenhimmel, für Volkstänze, Lieder und wilde Geländespiele in der Gemeinschaft. Sie unterzeichnet ihre Briefe mit „deutschem Gruß". Und von 1935 an marschiert sie sogar voran, als Gruppenleiterin. Ihr Gerechtigkeitssinn ist bekannt und

---

Zur Person
SOPHIE SCHOLL

Am 9. Mai 1921 geboren, engagiert Sophie Scholl sich Anfang der 1940er-Jahre zusammen mit ihrem etwas älteren Bruder Hans im Widerstand gegen die Nationalsozialisten. Als Mitbegründer und Mitglieder der studentischen Gruppe „Weiße Rose" verteilen sie vor allem in Süddeutschland Flugblätter, in denen sie Verbrechen des Hitlerregimes thematisieren und zur Gegenwehr aufrufen. Die Geschwister und ihr Freund Christoph Probst werden am 22. Februar 1943 vom „Blutrichter" Karl Roland Freisler zum Tode verurteilt und wenige Stunden später hingerichtet. Vielen sind sie noch immer besondere Vorbilder und Helden im Kampf gegen das nationalsozialistische Unrechtsregime. Das Urteil gegen sie und ihre Hinrichtung gelten heute als rechtswidrig.

„Ich kann nicht begreifen, dass nun Menschen in Lebensgefahr gebracht werden von anderen Menschen", schreibt Sophie Scholl. „Ich finde es entsetzlich."

gefürchtet: Die mitgebrachten Wurstbrote werden unter allen aufgeteilt.

Auch in der Schule versucht Sophie, für andere einzutreten. Als sie erfährt, dass zwei jüdische Mitschülerinnen nicht in den BDM eintreten dürfen, gründet sie, wie sich eine der beiden später erinnert, im Privaten einen eigenen „Klub": Bei Scholls zu Hause häkeln sich die Mädchen kleine Mützen in bunten Farben und demonstrieren so ihre Zusammengehörigkeit. Nach vier Wochen werden ihnen die Treffen und Mützen verboten, ein Jahr später müssen alle jüdischen Kinder die Schule verlassen. Sophie steigt im Mai 1936 zur Scharführerin auf; die menschenverachtende Doktrin der Nationalsozialisten scheint ihr in all der Gruppenseligkeit und Lagerfeuerromantik nicht aufzufallen. Und 1937 lässt sie sich konfirmieren: in der Uniform der Hitlerjugend.

BEI IHREM ÄLTEREN BRUDER Hans zeigt die Faszination für den Nationalsozialismus da bereits Risse. 1936 wird er als Fähnleinführer abgesetzt, weil er sich weigert, die selbst gestaltete Fahne seiner Gruppe durch eine Hakenkreuzflagge zu ersetzen. Ende des darauffolgenden Jahres wird er wegen sogenannter „bündischer Umtriebe" kurzzeitig verhaftet. Hans Scholl diskutiert mit seinen Freunden über Philosophie und Kunst, liest Texte des von den Nationalsozialisten verbotenen Schriftstellers Stefan Zweig. Außerdem wird ihm „Unzucht" mit einem seiner jüngeren Freunde vorgeworfen, mit dem er tatsächlich eine Liebesbeziehung unterhält. Nur knapp entgeht er einer Gefängnisstrafe. Im März 1938, nach dem „Anschluss" Österreichs, schreibt er in einem Brief an die Eltern: „Ich verstehe die Menschen nicht mehr. Wenn ich durch den Rundfunk diese namenlose Begeisterung höre, möchte ich hinausgehen auf eine große, einsame Ebene und dort allein sein."

In dieser Zeit wird auch Sophie als Gruppenführerin abgesetzt, weil sie mit ihren Freundinnen die Fahnen mit aufgenähten Runen statt mit Hakenkreuzen verziert hat. Trotzdem geht sie noch bis 1941 zu den BDM-Treffen. Auch wenn sie, wie sie im Verhör kurz vor ihrem Tod sagen wird, die „letzten zwei Jahre mit dem Herzen nicht mehr bei der Sache" gewesen sei.

Im Winter 1937 lernt sie bei einem Tanzabend den 20-jährigen Offiziersanwärter Fritz Hartnagel kennen. Gut 400 Briefe zwischen den beiden sind erhalten geblieben. Aus Sophies Zeilen sprechen Sehnsucht und Schwärmerei, Liebe und immer wieder Zweifel. Sie fühle sich „noch zu jung" für eine Beziehung, schreibt Sophie ihm im Sommer 1938. Und an eine Kindheitsfreundin: „Ich glaube, ich muss immer in Ungewissheit, immer hungrig sein, wenn ich etwas lieben soll. Und sehne mich doch nach Gewissheit." Häufig geraten sie über Fritzens Soldatenberuf und das Kriegshandwerk in Streit. „Ich kann es nicht begreifen, dass nun dauernd Menschen in Lebensgefahr gebracht werden von anderen Menschen", notiert sie in einem Brief, als mit dem deutschen Überfall auf Polen am 1. September 1939 der Zweite Weltkrieg beginnt. „Ich kann es nie begreifen und ich finde es entsetzlich. Sag nicht, es ist für's Vaterland." Ihren Freunden, die in den Krieg ziehen, nimmt sie wohl das Versprechen ab, nicht auf andere zu schießen.

Sie selbst beginnt 1940 eine Ausbildung zur Kindergärtnerin, kommt in Kontakt mit den reformpädagogischen Ideen von Friedrich Fröbel, Maria Montessori und Johann Heinrich Pestalozzi. Die Kleinen liebt sie, mit ihren Kolleginnen kann sich Sophie allerdings nicht anfreunden. Wenn diese sich zu Hitlerreden um das Radio versammeln, greift sie demonstrativ zu einem Buch. Ihr Rückhalt bleibt ihre Familie, für die Robert Scholl verbotenerweise ein Kurzwellenradio angeschafft hat, um über die „Feindsender" den Überfall auf die Beneluxländer und den Einmarsch in Frankreich zu verfolgen.

ALS SOPHIE 1941 NAHE Ulm ihren Reichsarbeitsdienst in einem Zivilarbeitslager ableisten muss, in dem die Jugendlichen, wie Hitler es ausdrückt, „sechs oder sieben Monate geschliffen" werden, ist auch ihre Euphorie für das nationalsozialistische Gemeinschaftsleben dahin. Die jungen Frauen müssen blaue Kittelkleider und weiße Schürzen tragen, der Tag gliedert sich in Frühsport, Fahnenappell, Küchen- und Gartendienst. Am Abend gibt es nationalsozialistische Unterweisungen. „Wir leben sozusagen wie Gefangene, da nicht nur die Arbeit, sondern auch Freizeit zu Dienst wird", schreibt sie an ihre Schwester Inge. Und an ihre Freundin Lisa Rempis, sie sei „entsetzt, unter annähernd 80 Menschen nicht einen zu finden, der etwas Kultur hätte". Ein paar Tage später äußert sie: „Man muss sich in

Der Film „Die letzten Tage" (2005) zeigt, wie die „Weiße Rose" versucht, gegen das Unrecht des NS-Regimes zu mobilisieren – hier mit Flugblättern in der Universität München.

Dort werden Sophie Scholl (gespielt von Julia Jentsch) und ihr Bruder von einem Hörsaaldiener festgehalten, dann von der herbeigerufenen Gestapo überprüft.

SOPHIE SCHOLL

Die Flugblätter sprechen ihr aus dem Herzen: „Hitler belügt die, deren teuerstes Gut er geraubt hat. Sein Mund ist der stinkende Rachen der Hölle."

Acht nehmen vor dieser großen Masse. Sie hat in manchen Dingen unheimliche Anziehungskraft."

Als Zeichen der Opposition stiehlt sie sich heimlich zum Rauchen davon. Ernst und in sich gekehrt ist Sophie Scholl nun häufig. Sie panzert sich gegen den aufgezwungenen Gleichschritt, legt sich ein „dickes Fell" zu, wie sie ihrem Bruder Hans schreibt. „Man sollte einen harten Geist und ein weiches Herz haben", ist jetzt ihre Losung. Das Zitat des französischen Philosophen Jacques Maritain hat Inges Freund Otl Aicher ihr, den Geschwistern und weiteren Freunden aus Ulm, ans Herz gelegt. Aicher versorgt sie auch mit Lektüreempfehlungen. Und so flieht Sophie in die Literatur, liest etwa Thomas Manns „Zauberberg". Und intensiv jeden Abend die „Bekenntnisse" des Kirchenvaters Augustinus. Denn der christliche Glaube wird für sie mehr und mehr zum Anker. Sie strebt nach einer seelischen Vereinigung mit Gott – und hadert gleichzeitig mit Sexualität und körperlicher Nähe, was sie Fritz in ihren Briefen immer wieder wissen lässt.

IM FRÜHJAHR 1942 ERHÄLT Fritz Hartnagel den Auftrag, in Frankreich eine Kompanie aufzustellen, die nach Russland verlegt werden soll. Von seiner einstigen Kriegsbegeisterung ist längst nichts mehr übrig. „Ach Sofie, wie soll das nur werden, mir ist angst und bang", schreibt er an seine Freundin, die Anfang Mai zum Studium nach München zieht. Im neuen, schokoladenfarbenen Faltenrock und „rosa frühlingsfarbenen Pullover", wie Inge Scholl sich später erinnert, bricht Sophie auf. Sie trägt die Haare jetzt länger, seitlich gescheitelt – und gekämmt. Sie bezieht ihr erstes eigenes Zimmer, in der Nähe des Englischen Gartens. Und sie taucht ein in den Freundeskreis ihres Bruders Hans, der in München Medizin studiert, verliebt sich, trotz ihrer Bindung an Fritz, in dessen Kommilitonen, den künstlerisch begabten Medizinstudenten Alexander Schmorell, der ihre Gefühle aber nicht erwidert. Und lernt auch Christoph Probst kennen, der mit seiner Frau Herta schon zwei kleine Kinder hat.

An der Ludwig-Maximilians-Universität ist Sophie eingeschrieben für Biologie und Philosophie, aber sie besucht nur wenige Vorlesungen. Stattdessen genießt sie ihr Leben, geht in Konzerte und zu Lesungen, fährt in die Berge zum Wandern und an die Seen zum Segeln. Und wird doch häufig von Schwermut gepackt.

Sie sehnt sich nach intensiven Gefühlen und einer Nähe zu Gott, doch ihr naiver Kindheitsglaube ist dahin. Ihrem Tagebuch vertraut sie ihre Qualen an: Sie würde „lieber unerträglichen Schmerz" erleiden, schreibt sie, als weiterhin die Leere in ihrem Inneren zu ertragen.

Mit ihrem Bruder und seinen Freunden spricht sie in diesem Sommer nicht nur über theologische Fragen, sondern zunehmend auch über die Gräuel des Krieges. Fritz berichtet ihr in seinen Briefen von der Ostfront und mit welcher „Kaltschnäuzigkeit" sein Kommandeur „von der Abschlachtung sämtlicher Juden des besetzten Russlands erzählt hat und dabei von der Gerechtigkeit dieser Handlungsweise vollkommen überzeugt ist". Sophie weiß von ähnlichen Verbrechen in Polen, die Familie Scholl hat über eine Bekannte erfahren, dass Behinderte in Pflegeheimen ermordet werden. Sie sieht auch, dass die Bevölkerung systematisch belogen wird. Als ihr im Juni 1942 Traute Lafrenz, die Freundin ihres Bruders, während einer Vorlesungspause ein Flugblatt in die Hand drückt, liest sie dort Worte, die ihr aus dem Herzen sprechen. Der Text ist mit „Flugblätter der Weißen Rose IV" überschrieben. Er zählt die vielen Gefallenen des Krieges auf: „Hitler aber belügt die, deren teuerstes Gut er geraubt und in den Tod getrieben hat", steht da. „Sein Mund ist der stinkende Rachen der Hölle und seine Macht ist im Grund verworfen." Und er appelliert an das christliche Gewissen der Deutschen und den Zusammenhalt der geistigen und kulturellen Elite des Landes.

Verfasst haben den Text, wie zuvor drei andere Flugblätter, Hans Scholl und Alexander Schmorell in dessen elterlicher Villa. Sie rufen in ihren Schriften auf zum „Widerstand" gegen die gottlose „Kriegsmaschine", prangern den Massenmord an „dreihunderttausend Juden" seit der Eroberung Polens an, sie appellieren an die Menschlichkeit und die Intelligenz der Deutschen, zitieren Novalis, Schiller, Goethe und immer wieder die Bibel. Unter den etwa 100 Empfängern der per Post versandten Flugblätter sind nicht nur Freunde, sondern auch Münchner Ärzte, Schriftsteller, Gastwirte, Buchhändler. Die Adressen haben sie aus dem Telefonbuch abgeschrieben.

Ihr Ziel ist es, eine breite Oppositionsbewegung anzustoßen, die Bevölkerung aufzurütteln. Den Namen „Weiße Rose", gibt Hans später im Verhör an, habe er

Beobachtet von Mitstudenten, führen Gestapo-Männer die beiden ab. In der Zentrale der Geheimpolizei verwickelt Hans Scholl (Fabian Hinrichs) sich in Widersprüche.

Vier Tage später, am 22. Februar 1943, werden Hans, Sophie und Christoph Probst (Florian Stetter) vom Volksgerichtshof zum Tode verurteilt und wenig später hingerichtet.

EIN DEUTSCHES FLUGBLATT

DIES ist der Text eines deutschen Flugblatts, von dem ein Exemplar nach England gelangt ist. Studenten der Universität München haben es im Februar dieses Jahres verfasst und in der Universität verteilt. Sechs von ihnen sind dafür hingerichtet worden, andere wurden eingesperrt, andere strafweise an die Front geschickt. Seither werden auch an allen anderen deutschen Universitäten die Studenten „ausgesiebt". Das Flugblatt drückt also offenbar die Gesinnungen eines beträchtlichen Teils der deutschen Studenten aus.

Aber es sind nicht nur die Studenten. In allen Schichten gibt es Deutsche, die Deutschlands wirkliche Lage erkannt haben; Goebbels schimpft sie „die Objektiven". Ob Deutschland noch selber sein Schicksal wenden kann, hängt davon ab, dass diese Menschen sich zusammenfinden und handeln. Das weiss Goebbels, und deswegen beteuert er krampfhaft, „dass diese Sorte Mensch zahlenmässig nicht ins Gewicht fällt". Sie sollen nicht wissen, wie viele sie sind.

Wir werden den Krieg sowieso gewinnen. Aber wir sehen nicht ein, warum die Vernünftigen und Anständigen in Deutschland nicht zu Worte kommen sollen. Deswegen werfen die Flieger der RAF zugleich mit ihren Bomben jetzt dieses Flugblatt, für das sechs junge Deutsche gestorben sind, und das die Gestapo natürlich sofort konfisziert hat, in Millionen von Exemplaren über Deutschland ab.

Manifest der Münchner Studenten

Erschüttert steht unser Volk vor dem Untergang der Männer von Stalingrad. 330.000 deutsche Männer hat die geniale Strategie des Weltkriegsgefreiten sinn- und verantwortungslos in Tod und Verderben gehetzt. Führer, wir danken Dir!

Es gärt im deutschen Volk. Wollen wir weiter einem Dilettanten das Schicksal unserer Armeen anvertrauen? Wollen wir den niedrigsten Machtinstinkten einer Parteiclique den Rest der deutschen Jugend opfern? Nimmermehr!

Der Tag der Abrechnung ist gekommen, der Abrechnung unserer deutschen Jugend mit der verabscheuungswürdigsten Tyrannei, die unser Volk je erduldet hat. Im Namen des ganzen deutschen Volkes fordern wir von dem Staat Adolf Hitlers die persönliche Freiheit, das kostbarste Gut der Deutschen zurück, um das er uns in der erbärmlichsten Weise betrogen hat.

In einem Staat rücksichtsloser Knebelung jeder freien Meinungsäußerung sind wir aufgewachsen.

Eine „verabscheuungswürdige Tyrannei": Solche von der „Weißen Rose" verfassten Flugblätter warfen Flugzeuge der Royal Air Force in großer Zahl über Deutschland ab.

> **„Oh, ich freue mich so sehr auf den Frühling", schreibt Sophie Scholl. Doch dann erfährt sie vom Untergang der 6. Armee in Stalingrad. Den „Heldentod" seien die Soldaten gestorben, heißt es im Rundfunk.**

„willkürlich" gewählt, vielleicht beeinflusst von Romanzen des Dichters Clemens Brentano mit einer Protagonistin namens Rosablanka. Sophie wird nach ihrer Verhaftung angeben, das vierte Flugblatt sei das erste gewesen, das sie je zu Gesicht bekommen habe – angeblich ohne zu ahnen, wer dahintersteckte. Wahrscheinlich aber ist, dass sie von den Aktivitäten ihres Bruders Hans und seines Freundes Alexander Schmorell weiß. Denn nur wenige Wochen vor Veröffentlichung des vierten Flugblatts hat sie Fritz um 1000 Reichsmark „für einen guten Zweck" gebeten und darum, ihr einen Bezugsschein für einen Vervielfältigungsapparat von seiner Kompanie abstempeln zu lassen. Fritz Hartnagel erinnert sich später daran, dass er sie gefragt habe, ob sie sich im Klaren sei, dass dies sie „den Kopf kosten" könne. Und sie habe ernsthaft geantwortet: „Ja, darüber bin ich mir im Klaren."

Im Hochsommer trennt sich der Münchner Freundeskreis: Hans Scholl und Alexander Schmorell werden als Hilfsärzte für drei Monate zu einer Art Praktikum im Feld an die Ostfront geschickt. Am 23. Juli begleitet Sophie ihren Bruder und seine Kameraden zum Bahnhof, auch Christoph Probst kommt dazu. Der junge Familienvater war, um ihn zu schützen, in die Flugblattherstellung bisher nicht direkt involviert.

Die Aufnahmen dieses Abschieds sind berühmt geworden: Sie zeigen Sophie mit sorgenvoll gefurchter Stirn und einer Margerite am Kleid zwischen ihrem Bruder Hans und Christoph Probst. Und lachend mit den anderen am Zaun des Münchner Ostbahnhofs: ein letzter Schnappschuss, der ihre Verbundenheit bezeugt. Und ihre Einigkeit im Denken.

Denn spätestens jetzt ist Sophie entschlossen, ebenfalls in den Widerstand zu gehen. Sie fühlt eine ethische und moralische Verpflichtung, einen religiösen Anspruch, das Gute zu tun. Zu ihrer Freundin Susanne Hirzel sagt sie Ende 1942, sie wolle nicht durch Untätigkeit schuldig werden: „Wenn jetzt Hitler daherkäme und ich eine Pistole hätte, würde ich ihn erschießen. Wenn es die Männer nicht machen, muss es eben eine Frau tun."

Ende November ist der Bruder zurück, gemeinsam bewohnen die Geschwister Scholl nun eine Wohnung in der Franz-Joseph-Straße 13 in Schwabing, eine knappe Viertelstunde von der Universität entfernt. Hier, im ersten Stock des Hinterhauses, arbeitet Hans mit Alexander Schmorell rund um die Uhr am fünften Flugblatt. Sie tippen den Text beidseitig auf einer Schreibmaschine und kopieren ihn mit einem neu angeschafften Vervielfältigungsgerät zwischen 6000- und 9000-mal. Zwei neue Mitstreiter sind hinzugekommen: der Rheinländer Willi Graf, mit dem die Männer gemeinsam im Fronteinsatz waren; und Kurt Huber, ein Professor von der Ludwig-Maximilians-Universität. Sophie ist zwar in die Formulierung des Textes nicht eingebunden, aber sie führt die Kasse, besorgt Papier, Umschläge, Briefmarken, hilft beim Falten, Verschicken, Adressen schreiben.

Das neue Flugblatt erreicht Ende Januar 1943 nicht nur Münchner Bürger, sondern auch Menschen in anderen deutschen und österreichischen Städten. Unter der Überschrift „Aufruf an alle Deutsche!" heißt es darin: „Hitler kann den Krieg nicht gewinnen, nur noch verlängern."

Sophie ist in diesen Tagen extrem angespannt, schwankt zwischen Traurigkeit und Tatendrang, zwischen Euphorie und depressiver Verstimmung. Sie ist Tag und Nacht auf den Beinen, legt auf eigene Faust Flugblätter in der Innenstadt aus, obwohl ihr Bruder versucht, sie aus gefährlichen Aktivitäten möglichst herauszuhalten. Andererseits spritzt er ihr und sich selbst Aufputschmittel, um wach zu bleiben. „Man kann ja nicht anders als sich freuen und lachen, so wenig man unbewegten oder traurigen Herzens die Frühlingswolken am Himmel und die vom Wind bewegten knospenden Zweige in der glänzenden jungen Sonne sich wiegen sehen kann", schreibt Sophie an eine Freundin. „Oh, ich freue mich wieder so sehr auf den Frühling."

Anfang Februar 1943 verkündet der Großdeutsche Rundfunk den Untergang der 6. Armee in Stalingrad. Und den „Heldentod" der dort eingekesselten Soldaten. Fritz Hartnagel wird mit schweren Erfrierungen an Händen und Füßen in ein Lazarett nach Lemberg gebracht. Das Grauen von Stalingrad veranlasst die Freunde zu einem sechsten Flugblatt, das Kurt Huber entwirft. Es richtet sich speziell an Münchens Studentenschaft. Sophie hilft wieder mit, die Adressen auf die Kuverts zu tippen und die Abzüge zu versenden. Und am 16. Februar schickt sie einen hoffnungsfrohen, mit Blumen versehenen Brief an ihren Freund Fritz ins Lazarett. Es wird ihr letzter sein.

„Ich bin nach wie vor der Meinung, das Beste getan zu haben", sagt sie in ihrem Geständnis. „Ich bereue deshalb meine Handlungsweise nicht."

Zwei Tage später steht Sophie Scholl gegen neun Uhr auf und kocht einen Tee für sich und Hans. Ihr Bruder plant inzwischen, Flugblätter in der Universität auszulegen und nicht mehr nur per Post zu verschicken – er hat mit Schmorell und Graf bereits darüber gesprochen. Jetzt scheint ihm der geeignete Zeitpunkt, denn rund 1500 Abzüge des neuen Flugblatts sind nach dem Versand noch übrig.

Sophie beschließt mitzugehen. Bisher haben die Studenten sie bei besonders riskanten Aktionen, wie etwa dem nächtlichen Anbringen von Widerstandsparolen in der Innenstadt, außen vor gelassen, sie ist allenfalls heimlich aktiv geworden. Aber diesmal setzt sie sich durch.

Gegen 10.30 Uhr verlässt sie mit Hans das Haus. Die beiden laufen die Franz-Joseph-Straße ein Stück hinunter und biegen rechts in die Leopoldstraße ab. Die Flugblätter holen sie dort wohl aus dem Versteck im Atelier eines befreundeten Architekten, wie der Historiker Hans Günter Hockerts vermutet, der den verhängnisvollen Tag minutiös rekonstruiert hat. Gegen 10.50 Uhr betreten die Geschwister Scholl mit einem schweren Koffer und einer Aktentasche in der Hand den Haupteingang der Ludwig-Maximilians-Universität. Sie haben wenige Minuten Zeit, bis die ersten Vorlesungen zu Ende gehen und die Studenten auf die Flure strömen.

In fliegender Hast beginnen Hans und Sophie, überall im mehrstöckigen Lichthof der Universität Flugblätter auszulegen. Kurz darauf erreichen sie den Hinterausgang des Gebäudes. Doch es sind längst nicht alle Exemplare verteilt. Spontan drehen sie noch einmal um und eilen die Treppen hoch. Und in einem Moment des „Übermutes" oder der „Dummheit", wie Sophie später zu Protokoll gibt, wischt sie einen ganzen Packen von der Brüstung im zweiten Stock. Die Zettel flattern hinunter: ein Fanal der Freiheit – und eines der Unvernunft.

Denn den Blätterregen beobachtet der Hörsaaldiener Jakob Schmid, der sofort die Treppen hinaufeilt und die beiden festhält. Hans und Sophie sind in diesem Moment die Einzigen weit und breit auf der Galerie. Den leeren Koffer hält Sophie noch in der Hand. Schmid führt die Geschwister, die zwar protestieren, sich aber nicht wehren, zunächst in ein Dienstzimmer im ersten Stock, von dort werden die beiden in verschiedene Räume gebracht. Sophie schafft es, den Atelierschlüssel zu ihrem Versteck in einem Polster zu verbergen. Doch Hans trägt in seiner Manteltasche noch immer einen handschriftlichen Entwurf für das nächste Flugblatt bei sich. Er stammt ausgerechnet von Christoph Probst, der erstmals, unter dem Eindruck von Stalingrad, an einer Widerstandsschrift mitgewirkt hat. Hans gelingt es nicht, das Papier loszuwerden.

Gegen 11.15 Uhr trifft die Gestapo ein und führt die Geschwister ab. Vier Stunden später sitzen Hans und Sophie in der Gestapo-Zentrale im Wittelsbacher Palais im getrennten Verhör. Sophie gibt ihre Abneigung gegen das NS-System preis. Doch beide leugnen zunächst, etwas mit den Flugblättern zu tun zu haben. Bis etwa vier Uhr früh halten sie durch, präsentieren eine ausgeklügelte Geschichte. Dann verwickelt sich Hans in Widersprüche. Sophie gibt die Aktion schließlich zu, als man sie mit der Aussage ihres Bruders konfrontiert. „Ich bin nach wie vor der Meinung, das Beste getan zu haben, was ich gerade jetzt für mein Volk tun konnte", sagt sie in ihrem Geständnis. „Ich bereue deshalb meine Handlungsweise nicht."

AM 22. FEBRUAR 1943 um zehn Uhr wird im Münchner Justizpalast der Prozess gegen Hans und Sophie Scholl und ihren inzwischen ebenfalls gefangen genommenen Freund Christoph Probst eröffnet. Die Angeklagten kommen kaum zu Wort – der berüchtigte Richter Roland Freisler, Präsident des Volksgerichtshofs, brüllt durchgehend. Nur Sophie gelingt es, etwas zu sagen: „Was wir schrieben und sagten, das denken Sie alle ja auch, nur haben Sie nicht den Mut, es auszusprechen." Nach dreieinhalb Stunden verkündet Freisler das Urteil: Todesstrafe wegen „landesverräterischer Feindbegünstigung, Vorbereitung zum Hochverrat und Wehrkraftzersetzung".

Ein letztes Mal sehen die Geschwister an diesem Nachmittag ihre Eltern im Gefängnis Stadelheim. Lina Scholl überreicht Sophie Kekse, die sie für sie gebacken hat. Die Gefängniswärter berichten später, sie hätten den drei zum Tode Verurteilten erlaubt, gemeinsam eine letzte Zigarette im Hof zu rauchen. Um 17 Uhr wird Sophie in den Hinrichtungsraum geführt. Um 18.50 Uhr meldet Reichsanwalt Albert Weyersberg in einem Telegramm nach Berlin: „Heute ohne Zwischenfall verlaufen".

Sophie habe einen richtigen „Glanz" in den Augen gehabt, schreibt ihre Mutter am Tag darauf an Fritz Hartnagel, der noch nichts von der Hinrichtung seiner Freundin weiß. „Sie ließ gar nichts mehr an sich herankommen, sie hatte wohl in diesen Tagen alles niedergekämpft."

DIE BEERDIGUNG VON SOPHIE Scholl, ihrem Bruder Hans und Christoph Probst findet nur mit den engsten Familienangehörigen am 24. Februar auf dem Friedhof am Perlacher Forst statt. Am selben Tag wird Alexander Schmorell gefasst, der am 19. April mit Kurt Huber und Willi Graf ebenfalls zum Tode verurteilt wird. Sophies Eltern sowie ihre Schwestern Inge und Elisabeth werden in Sippenhaft genommen, in Ulm inhaftiert und kommen erst nach Monaten, Robert Scholl erst nach über einem Jahr wieder frei; auch Freunde erhalten zum Teil hohe Haftstrafen.

Die Botschaft der Hingerichteten aber verbreitet sich weiter. Das sechste Flugblatt gelangt über den Widerstandskämpfer Helmuth James von Moltke nach Großbritannien und wird von der Royal Air Force zu Hunderttausenden über deutschen Städten abgeworfen. Der in die USA emigrierte Schriftsteller Thomas Mann erfährt aus einem schwedischen Bericht vom Tod der Studenten und erinnert im Juni 1943 an sie in einer seiner BBC-Ansprachen an die Deutschen: „Brave, herrliche junge Leute! Ihr sollt nicht umsonst gestorben, sollt nicht vergessen sein." Doch die von der Widerstandsbewegung erhoffte breite Opposition entsteht nicht. Es dauert noch fast zwei Jahre, bis der Krieg am 8. Mai 1945 zu Ende ist.

Vergessen ist die „Weiße Rose" bis heute nicht: Vor allem die Gestalt Sophie Scholls hat sich tief in die deutsche Erinnerungskultur eingeprägt. Die flatternden Blätter im Lichthof der Universität sind zum Symbol ihres gewaltfreien Widerstands geworden. Schulen und Straßen sind nach ihr benannt, Filme, Bücher, Comics verbreiten ihre Geschichte. Sie ist ein Vorbild, ein Popstar fast, wie #ichbinsophiescholl nahelegt, ein Instagram-Projekt, das ihre letzten Tage mit nachgestellten Fotos und Filmen erzählt. Ihr Widerstand erscheint dort als heroischer Akt einer starken Frau.

„Wir erinnern oft an Leute, die gut in unsere Zeit passen", sagt die Historikerin Charlotte Jahnz, die diese Art subjektiver Geschichtsvermittlung kritisch sieht.

„Doch wir tun das mit dem Blick von heute. Eine Heldengeschichte ist natürlich bewundernswert. Aber wir müssen immer den historischen Kontext sehen, in diesem Fall auch das Verdienst der anderen Mitglieder der Weißen Rose würdigen. Sophie Scholl – das ist auch nur ein Mensch."

Ende März 1943 öffnet Fritz Hartnagel in Ulm das Paket aus Stadelheim mit Sophies letzten Dingen. Darunter: die Plätzchen, die ihre Mutter ihr im Gefängnis zugesteckt hat – noch unberührt. Sophies letzte Botschaft aber wird erst viele Jahre später entdeckt. Auf der Rückseite des Begleitschreibens zur Anklageschrift hat sie einmal in Versalien und einmal in jugendlich geschwungener Schrift ein Wort hinterlassen: „Freiheit".

Sophie Scholl wird bis heute bewundert – doch werden ihre Aussagen auch missbraucht, wie hier 2021 durch eine Coronaleugnerin.

IM KAMPF GEGEN UNTERDRÜCKUNG

TEXTE: SIEBO HEINKEN

Maler überpinseln im April 2021 ein Plakat mit dem Konterfei von **Alexej Nawalny** in Sankt Petersburg: Der russische Oppositionelle soll im öffentlichen Raum nicht sichtbar sein. Im Jahr zuvor hat er einen Giftanschlag überlebt, wurde in Berlin behandelt, doch gleich nach seiner Rückkehr festgenommen. Seither sitzt er im Gefängnis. Mit der Begründung, eine „extremistische" Organisation gegründet zu haben, verurteilte ein Gericht ihn im August 2023 zu 19 Jahren Gefängnis. Obwohl Wladimir Putin ihn systematisch zu zerstören versucht, behält Nawalny seinen Mut. „Verliert nicht den Willen zum Widerstand", postete er nach dem Urteil.

Seit Jahrhunderten schon riskieren Menschen ihre Gesundheit und ihr Leben für die Freiheit oder um Grund- und Bürgerrechte zu erwirken. So ist es noch immer in autokratisch regierten Ländern wie Russland oder China. Manchen Helden wandelt seine Macht allerdings bald zum Despoten.

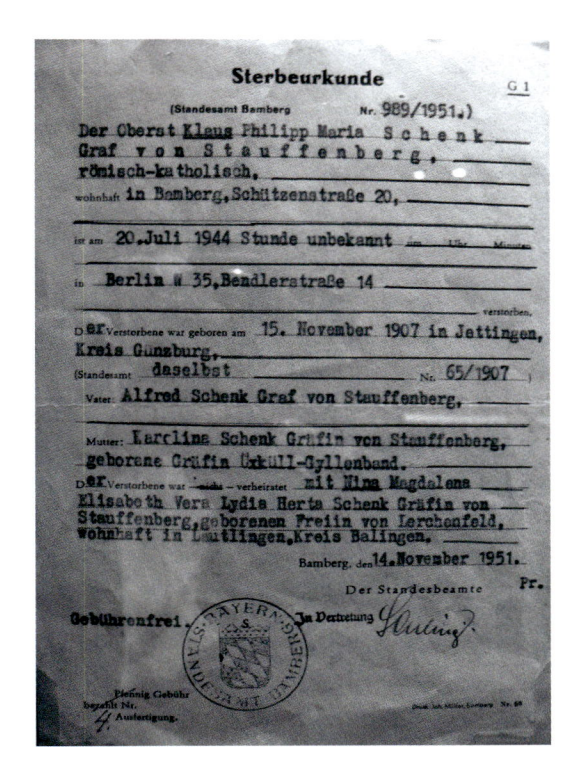

Die Aktenmappe mit der Bombe wurde gezielt platziert: an einem Sockel des Besprechungstisches in der Wolfsschanze, dem „Führerhauptquartier" in Ostpreußen. Dort stand Adolf Hitler am 20. Juli 1944 – doch das Attentat schlug fehl. Gegen Abend gab es die Meldung: „Der Führer lebt!" Noch in der Nacht wurden die Anführer des versuchten Staatsstreiches im Hof des Bendlerblocks in Berlin, dem Sitz des Allgemeinen Heeresamtes, standrechtlich erschossen. Unter ihnen **Claus Schenk Graf von Stauffenberg** (links seine „Sterbeurkunde"), der die Bombe hinterließ. Ein Offizier im Generalstab des Heeres. Kein Demokrat gewiss, sondern jemand, der den Krieg beenden, weitere Opfer verhindern, Deutschland retten wollte. Ein Held? In einer Umfrage 1951 gab nur ein Drittel der befragten Deutschen an, die Verschwörer vom 20. Juli positiv zu sehen. Wenig später wurde im Bendlerblock jedoch ein Mahnmal für sie errichtet (rechts). Heute sind Schulen nach Stauffenberg benannt, werden er und seine Mitstreiter allgemein in Ehren gehalten.

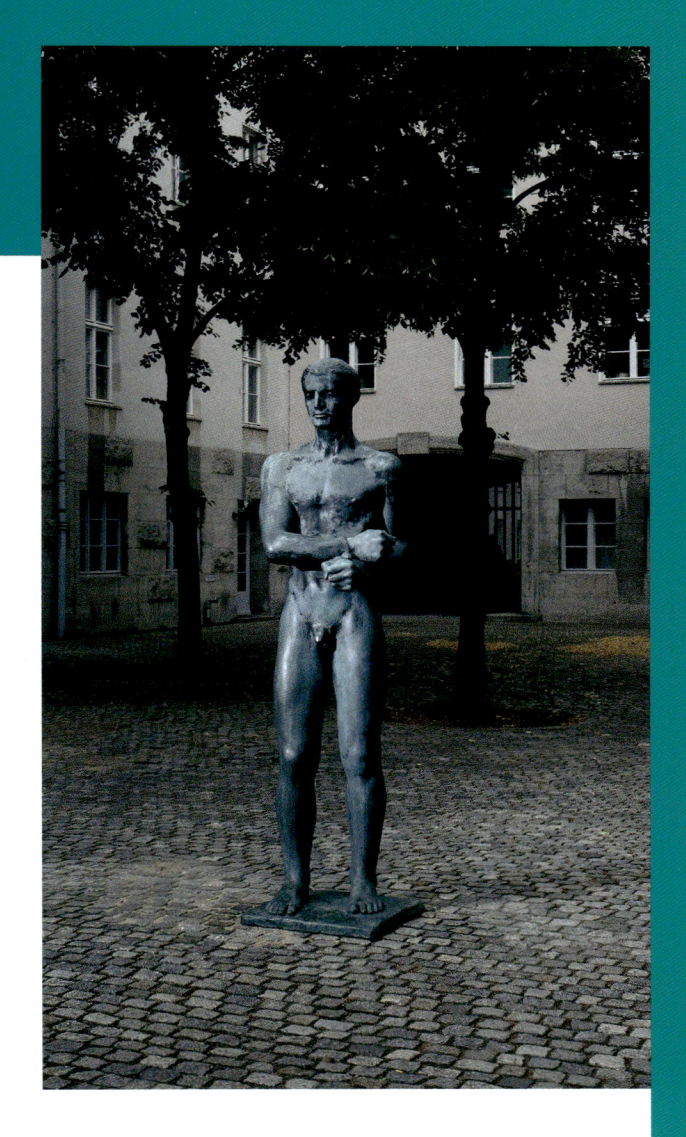

Marie Gouze war 17, als sie verheiratet wurde, doch sie verabscheute ihren Mann. Nach seinem frühen Tod zog die junge Witwe 1767 aus Südfrankreich nach Paris. **Olympe de Gouges** nannte sie sich jetzt, und sie wollte ein selbstbestimmtes Leben führen. In Frankreich gärte es. Beflügelt von den Ideen der Aufklärung, kritisierten viele Intellektuelle die Privilegien von König, Adel und Klerus. Auch Frauen forderten ihre Rechte ein. 1789 brach die Französische Revolution aus. Sie führte bald zur konstitutionellen Monarchie – aber Menschen- und Bürgerrechte galten längst nicht für alle. De Gouges veröffentlichte eine „Erklärung der Rechte der Frau und Bürgerin", verlangte zudem, dass Ehen geschieden werden können. Doch selbst viele Revolutionäre lehnten das ab. De Gouges geriet in die Wirren des neuen Regimes, wurde verhaftet und 1793 wegen „Verrats an der Volksherrschaft" hingerichtet. Knapp zwei Jahrhunderte besann sich die Frauenbewegung auf sie, die damals aufrief: „Frau, erwache! ... Fordere deine Rechte ein."

England hielt große Teile Frankreichs besetzt im Hundertjährigen Krieg, als **Jeanne d'Arc** aus Lothringen um 1425, mit etwa 13 Jahren, behauptete, himmlische Gesandte hätten ihr den Auftrag gegeben, ihr Land zu befreien. Wenig später belagerten die Engländer die strategisch wichtige Stadt Orléans – eine so heikle Situation, dass König Karl VII. tatsächlich erwog, auf die Hilfe der Jugendlichen zu setzen, von der ihm berichtet worden war. Wochenlang befragten Juristen und Kirchenmänner sie zu ihren Visionen, dann entschieden sie, eine von Gott Erleuchtete vor sich zu haben. In der ersten Reihe kämpfend, griff Jeanne mit Soldaten das Heer der Belagerer an – die nach vier Tagen zurückwichen. Nicht genug: Die französischen Truppen errangen weitere Siege, doch dann geriet die Kämpferin in die Hände des Feindes. Die Engländer wollten sie als Hexe und Ketzerin verurteilen lassen und so Karl VII. denunzieren als Komplizen einer – von der offiziellen Kirchenlehre abweichenden – Häretikerin. Das Urteil des Gerichts: Tod auf dem Scheiterhaufen. Es wurde im Mai 1431 vollstreckt. Hexe oder Heldin? 1456 rehabilitierten andere Glaubensrichter die „Jungfrau von Orléans", 1920 wurde sie heiliggesprochen. Heute gilt sie als Schutzpatronin Frankreichs.

Sie umjubelten ihn, den Helden der Freiheit. Wie Julius Nyerere in Tansania und Samuel „Sam" Nujoma in Namibia hatte er sein Land befreit und Rhodesien 1980 aus der britischen Kolonialherrschaft in die Unabhängigkeit geführt. Doch nach einiger Zeit begann **Robert Mugabe**, zunächst Premierminister, dann Staatspräsident von Simbabwe, ein anderes Gesicht zu zeigen. Zwar führten mehrere Programme zu Verbesserungen bei Gesundheit und Bildung, die Kindersterblichkeit sank und die Lebenserwartung stieg. Durch eine Verfassungsänderung konzentrierte Mugabe aber die politische Macht und war nun Präsident und Regierungschef in einer Person. Seine teils gewaltsam durchgesetzte Landreform vertrieb die meisten weißen Farmer und führte zu Hunger im einstigen „Brotkorb" Afrikas. Die politische Opposition wurde unterdrückt, Wahlen wurden manipuliert, Korruption war verbreitet. Als der Autokrat 2017 als über 90-Jähriger immer noch nicht abtreten wollte, wurde er vom Militär abgesetzt. Zwei Jahre später starb er. Sein Vermögen wurde auf viele Millionen Dollar geschätzt.

„Untergrabung der Staatsgewalt", so lautete der Vorwurf. Im April 2023 verurteilte ein chinesisches Volksgericht in einem geheimen Prozess den ehemaligen Menschenrechtsanwalt **Ding Jiaxi** zu zwölf Jahren und den Rechtswissenschaftler Xu Zhiyong zu 14 Jahren Haft. Sie gehören zu den prominentesten Bürgerrechtlern in China, denen jüngst der Prozess gemacht wurde. Beide sind seit Langem politisch aktiv, unter anderem in der Gruppe Neue Bürgerbewegung, und hatten schon zuvor jahrelang in Haft gesessen. Doch sie ließen sich nicht einschüchtern. So nahm Ding Jiaxi (links seine Frau mit einem Foto von ihm) Ende Dezember 2019 an einem Treffen von Rechtsbeiständen und Aktivistinnen in der Stadt Xiamen teil, wurde daraufhin inhaftiert und seither festgehalten. Zur jüngsten Verurteilung schreibt Human Rights Watch: „Die internationale Gemeinschaft muss denen beistehen, die den höchsten Preis zahlen, indem sie für die Rechte aller in China kämpfen."

Niemand wusste, was passieren würde auf den Straßen von Leipzig an diesem 9. Oktober 1989. In den Tagen zuvor waren bereits Zehntausende auf die Straße gegangen, um gegen das Regime der DDR zu demonstrieren. Viele Menschen hatten das Land verlassen, manche vorübergehend Zuflucht gefunden in den westdeutschen Botschaften in Prag, Warschau und Budapest. Groß war die Sorge, dass die Regierenden nun ein Exempel statuieren würden bei der **Montagsdemonstration**. Doch es blieb friedlich, selbst als die wohl 70 000 Teilnehmer die Stasizentrale passierten. Am Abend liefen heimlich gedrehte und außer Landes geschaffte Bilder in den „Tagesthemen". Es war der Turning Point. Eine gute Woche später trat Erich Honecker zurück, dann die Regierung, dann das Politbüro. Die Mauer wurde geöffnet – und Leipzig zur Heldenstadt: in Anlehnung an die einstige Auszeichnung der Sowjetunion für Städte, die sich im Kampf gegen den Nationalsozialismus hervorgetan hatten.

HELDEN VON RECHT UND FREIHEIT

Seit zwei Jahrtausenden opfern Menschen ihre Gesundheit oder ihr Leben einer höheren Sache – dem Glauben, der Anerkennung einer Gemeinschaft, der Wissenschaft. Was bringt sie dazu?

UND EWIG LEBT DER MÄRTYRER

TEXT: THOMAS FORSTNER

Feuer steigt hinter den Mauern von Antiochia auf, dessen muslimische Bewohner 1098 von christlichen Kreuzfahrern belagert wurden (Jean-Marie Oscar Gué, 1842). Neun Jahrhunderte später lenkten islamistische Attentäter zwei Flugzeuge in das World Trade Center in New York – ein Anschlag auch gegen die Lebensweise der westlichen Welt.

HELDENTUM IN DER RELIGION

A„Ahmt auch ihr mich nach, Brüder und Schwestern, und achtet auf jene, die nach dem Vorbild leben, das ihr an uns habt! […] Denn unsere Heimat ist im Himmel. Von dorther erwarten wir auch Jesus Christus, den Herrn, als Retter." (Philipper 3,17-20)

Als Paulus von Tarsus diese salbungsvollen Worte an die christliche Gemeinde in Philippi schreibt, hat er bereits drei strapaziöse Missionsreisen hinter sich und ist nun in einer unbequemen Situation. Er sitzt im Gefängnis und erwartet seinen Prozess. Der Ausgang ist ungewiss: Freispruch oder Tod, viele andere Möglichkeiten gibt es nicht.

Niemand weiß, was in ihm vorging, als er jene Zeilen verfasste. Deutlich wird jedoch ein Muster, das nicht nur für das frühe Christentum, sondern für die Idee des Martyriums an sich zu einem zentralen Motiv werden sollte: Die „Heimat ist im Himmel", das Diesseitige hingegen ist die gottesferne Fremde – eine Welt, die von Dekadenz und lasterhaftem Treiben geprägt und es nicht wert ist, allzu viel Zeit auf sie zu verschwenden. Nicht die vergängliche Krone der diesseitigen Welt, sondern die ewige Krone des Paradieses gilt es, für sich zu gewinnen.

Dass sich ausgerechnet im frühen Christentum der Märtyrer zu einer Zentralfigur entwickelt, ist vor dem Hintergrund der Theologie des Kreuzes wenig verwunderlich. Jesus ist kein Held im klassischen Sinn. Er vollbringt Wunder, errettet Menschen und legt sich mit den Obrigkeiten an, doch in den Augen seiner Umwelt scheint er zunächst zu scheitern. Er wird verspottet, gequält und getötet, nachdem er bekennt, der „König der Juden" zu sein (Markus 15,2). Die Heldenreise wird für ihn zur Passionsgeschichte. In dieser offenbart sich nach christlicher Vorstellung die wahre Erfüllung seiner Mission; er „ist für unsere Sünden gestorben", wie es im 1. Korintherbrief heißt, bevor er durch das Eingreifen Gottes auferstand und in den Himmel auffuhr.

Es ist die Zeit, in der die ersten Christen erbitterter Verfolgung ausgesetzt sind. Angesichts dieser Situation und im Bestreben, Jesu nachzufolgen und den himmlischen Lohn zu erhalten, entwickeln Theologen ein radikales Motiv: Indem sie selbst drangsaliert und getötet werden, sehen sie sich in der Nachfolge des Gottessohns.

Die Berliner Kulturwissenschaftlerin Sigrid Weigel sieht hierin ein Grundmuster der Märtyrerkulturen: Menschen, die ihre Situation als ausweglos erfahren und sich selbst in der Position der Erniedrigten und Ausgestoßenen wiederfinden, erhalten auf diese Weise die Möglichkeit, ihrem Schicksal einen höheren Sinn zu verleihen. Der Märtyrer entscheidet sich angesichts des äußeren Zwangs und der Unterdrückung zu einer letzten, für ihn tödlichen Auflehnung. Weigel beschreibt den Märtyrer daher als eine „negative Gegenfigur zum Souverän", die sich der Unfreiheit und Unterwerfung durch einen Akt tödlicher Gewalt gegen sich selbst – und bei Selbstmordattentätern zugleich gegen Dritte – entziehe. Es ist ein extremer „Versuch, Schwäche in Stärke, Ohnmacht in Macht zu konvertieren." Das irdische Leben wird abgewertet, der Tod als geheiligt interpretiert. Dadurch nimmt er den Charakter eines Bekenntnisses an, zur Wahrheit, zum rechten Glauben oder wozu auch immer. Das Grundmuster ist stabil; die Inhalte, mit denen es im Verlauf der Menschheitsgeschichte aufgefüllt wird, wandeln sich.

Nach allem, was wir wissen, ist das Märtyrertum damals ein neues Phänomen. Trotz mancher Beispiele für Selbstopferungen kann man vor dem Auftreten des Christentums nur sehr bedingt von solchem Verhalten sprechen. Der vorchristlichen Antike ist der Gedanke des Martyriums im Wesentlichen fremd. Sokrates, der durch den Giftbecher zum Tode verurteilt wird, ist kein Märtyrer der Philosophie.

Das Alte Testament enthält zahlreiche eher klassisch anmutende Heldengeschichten, die uns noch heute vertraut sind: Moses, der sein Volk aus Ägypten führt; David, der gegen die Philister und ihren riesenhaften Krieger Goliath antritt; oder der starke Simson, der ebenfalls gegen die Philister und – wie der antike Herkules – sogar gegen einen Löwen kämpft. Auch Heldinnen kennt das Alte Testament, etwa Judith, die das Volk Israel vor dem assyrischen Feldherrn Holofernes schützt, indem sie ihn zunächst mit den sprichwörtlichen Waffen einer Frau becirct, bevor sie ihm im Schlaf den Kopf abschlägt. Charakteristisch für diese Heldengeschichten ist, dass ihre Protagonistinnen und Protagonisten von Gott erwählt oder sich zumindest sicher sind, mit seiner Billigung zu handeln. Denn ihr heroisches Handeln dient vor allem einem Zweck: die Heilsgeschichte des von Gott auserwählten Volkes Israel in die Welt zu tragen.

Märtyrer sind sie nicht. Inwieweit es solche im Judentum gibt, ist umstritten. Oft werden die Ereignisse spektakulären kollektiven Sterbens des jüdischen Volkes in diesem Sinne gedeutet. Die alttestamentlichen Makkabäerbücher etwa berichten vom heldenhaften Kampf der Juden gegen die Fremdherrschaft der Make-

Eine Heldin des Alten Testaments: Judith schützt das Volk Israel, indem sie den Feldherrn Holofernes tötet.
Artemisia Gentileschi (1593–1654) verarbeitete mit dem Bild womöglich auch ihre eigene Vergewaltigung.

HELDENTUM IN DER RELIGION

„Das Martyrium der Makkabäer" von Antonio Ciseri (1821–1891) widmet sich sieben Brüdern und ihrer Mutter jüdischen Glaubens, die dem Alten Testament zufolge den Götzendienst ablehnten und dafür getötet wurden.

donier im 2. Jahrhundert v. Chr. Viele, die sich weigerten, der heidnischen Herrscherfamilie Opfer darzubringen, nahmen stattdessen lieber ihren eigenen Tod in Kauf; sie waren bereit, für ihre Sache – den Glauben an den einen Gott – zu sterben.

Zu Beginn des 7. Jahrhunderts formierte sich die islamische Religionsgemeinschaft. Sie hat ihren Ursprung in einer tribalen Gesellschaft, in der kriegerische Auseinandersetzungen den Alltag prägen und das Ideal kämpferischer Männlichkeit einen hohen Stellenwert genießt. In dieser Frühzeit war die noch junge islamische Gemeinschaft vielfachen Bedrohungen durch rivalisierende Gruppen ausgesetzt. Gewalt wird zwischen den Gruppen als unumgängliches Mittel betrachtet, um eigene Positionen durchzusetzen. So entwickelt sich gleich zu Beginn ein neuer Märtyrertypus. Nicht das passive Erleiden im Angesicht eines übermächtigen Gegners steht im Vordergrund, sondern der aktive Kampf. Die frühen islamischen Märtyrer sind allesamt Krieger, deshalb gibt es unter ihnen – anders als im Christentum – keine Frauen. In der islamischen Tradition gilt Hamza ibn Abd al-Muttalib als Prototyp des Märtyrers. Der Onkel des Propheten Mohammed fiel 625 n. Chr. in der Schlacht von Uhud, als es darum ging, die noch junge muslimische Gemeinschaft in Medina vor ihren Gegnern zu schützen.

Doch auch im Christentum bestand das Martyrium nicht immer nur im passiven Erleiden. Mit den Kreuzrittern des Mittelalters entwickelte sich hier die Figur des kriegerischen Märtyrers: des Soldaten Christi. Wenngleich im Hintergrund der Kreuzzüge nicht nur religiöse, sondern auch geostrategische, ökonomische und gesellschaftspolitische Überlegungen standen, war das religiös begründete Narrativ von der Befreiung des Heiligen Landes doch zentral. Kreuzritter, die ums Leben kamen, wurden zu Märtyrern. Konkret: Es wurden ihnen nicht nur die ansonsten zu erwartenden jenseitigen Sündenstrafen erlassen – auch der Einzug ins Paradies war ihnen sicher.

Das galt als ein sehr starkes Motiv in einer Welt, in der das diesseitige Leben mit all seinen Mühseligkeiten und Übeln nur die Vorbereitung auf das eigentliche, das jenseitige Leben war. Zumal die Kreuzzugsidee im nördlichen Frankreich entstand: In einer Region, in der das Erbrecht die nachgeborenen Söhne der führenden Gesellschaftsschichten stark benachteiligte, sodass sie auch aus ökonomischen Gründen gezwungen waren, ihre Heimat zu verlassen. Junge Männer ohne Zukunftsperspektiven mit einem gehörigen Überschuss an Testosteron und Abenteuerlust: eine toxische Mischung. Und es fanden sich stets Anführer, die diesen Aggressionsüberschuss für sich zu nutzen wussten.

Im konkreten Fall war es Papst Urban II., der zur Vertreibung der Ungläubigen aus dem Heiligen Land aufrief. „Deos lo vult" – „Gott will es", soll ihm die begeisterte Menge entgegnet haben, nachdem er 1095 bei einer Predigt während der Synode von Clermont für die Befreiung Jerusalems mobilisierte. Schreckliche Massaker waren die Folge, nicht nur im Nahen Osten, sondern auch in Europa, wo man parallel zu den Kreuzzügen die Juden als „Mörder Christi" in Pogromen verfolgte und zu vernichten suchte.

Wie das Christentum, findet auch der Islam Strategien, um zu legitimieren, weshalb der Tod für seine Sache für den Einzelnen sinnvoll sein kann: Er wird durch jenseitigen Lohn abgegolten. „Und wer auf Gottes Weg kämpft, ob er nun fällt oder siegt, wahrlich, dem geben Wir gewaltigen Lohn", heißt es in der 4. Sure des Koran. Das noble Opfer des Kämpfers für die gerechte Sache, also für das Anliegen der eigenen Gruppe, ist seit der vorchristlichen Antike und bis in die unmittelbare Gegenwart in vielen Kulturen präsent. In unserem christlich geprägten Kulturkreis findet sich noch im 20. Jahrhundert ein Abglanz davon, etwa auf den zahlreichen Gedenkblättern und Kriegsmälern für die Soldaten beider Weltkriege, in denen ihr Sterben als „Heldentod" für das Vaterland interpretiert wird.

Das eigene Leben zu einer Waffe gegen den Feind zu machen, ist hingegen ein weitgehend neues Phänomen. Zwar hat die Figur des Selbstmordattentäters in den Assassinen – schiitischen Ismaeliten des Mittelalters – gewisse Vorläufer, an politischer Relevanz gewann sie jedoch erst in der Neuzeit. Sie entwickelte sich in der europäischen kolonialen Expansion im 18. Jahrhundert aus einer Konstellation machtpolitischer und militärischer Asymmetrie, blieb jedoch bis in die zweite Hälfte des 20. Jahrhunderts hinein ein Randphänomen.

Ähnlich wie das frühe Christentum, übt auch der politische Islam auf Erniedrigte und Ausgestoßene eine besondere Anziehungskraft aus. Wer nichts zu verlieren und seine soziale Stellung bereits eingebüßt hat, für den ist – unabhängig von den Hoffnungen auf ein besseres Leben im Paradies – die Vorstellung besonders attraktiv, sich durch eine radikale Tat die postmortale Anerkennung der eigenen Gruppe zu sichern.

Wasifiyeh Idris hält das Foto ihrer Tochter Wafa Idris, die sich 2002 in Jerusalem in die Luft sprengte:
die erste palästinensische Selbstmordattentäterin. Politische Gruppen machten sie sogleich zur Märtyrerin.

Ein Märtyrer für die extreme politische Linke in Deutschland war der RAF-Terrorist Holger Meins, der 1974
an den Folgen eines Hungerstreiks starb. Seine Beerdigung in Hamburg-Stellingen wurde zur Demonstration.

Wafa Idris, eine junge Frau aus Ramallah, hatte nicht mehr viel zu verlieren. Die 28-jährige konnte nach einer erlittenen Fehlgeburt keine Kinder mehr bekommen und wurde daraufhin von ihrem Ehemann verstoßen und in die Herkunftsfamilie zurückgeschickt. Ihre Zukunftsperspektiven waren damit überschaubar. Am 28. Januar 2002 jagte sie sich mit einem Rucksack voller Sprengstoff im Zentrum von Jerusalem in die Luft. Sie war damit die erste weibliche Selbstmordattentäterin in der Geschichte Palästinas.

Die säkular orientierte Fatah-Bewegung und die islamistische Hamas rangen unmittelbar nach dem Anschlag um die Deutungshoheit. Beide Bewegungen nahmen Idris für sich in Anspruch und schafften es, sie zu einer nationalen Heiligen zu stilisieren. Bald tauchten retuschierte Plakate auf, die sie mit religiösen Attributen und einer Kalaschnikow zeigten. Eine neue Märtyrerin war geboren.

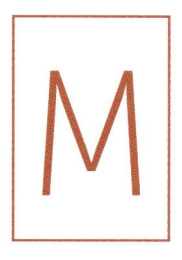

M

Moderne politische Märtyrer mit einer religiösen Konnotation produzierte jedoch auch der säkulare Westen. Nachdem der RAF-Terrorist Holger Meins im November 1974 an den Folgen seines Hungerstreiks (sein Anwalt Otto Schily sprach von einer „Hinrichtung auf Raten") in der JVA Wittlich verstorben war, verbreiteten Sympathisanten und Anhänger ein Foto des Toten, das bald zu einer Ikone der linken Szene wurde. Es zeigt den toten Meins, christusgleich, das ausgemergelte Gesicht von langem dunklem Haar und wild wucherndem Anarchistenbart umrahmt. Auf politischen Demonstrationen wurde es in der zweiten Hälfte der 1970er-Jahre häufig wie eine Monstranz vorneweg getragen. Neben der Gleichsetzung des Hungertodes Meins' mit dem Opfertod Christi wurden damit zugleich ikonografische Verbindungslinien zu den Bildern verhungerter KZ-Häftlinge und den Toten der NS-Vernichtungslager gezogen. Die radikale Linke stellte die Bundesrepublik damit bewusst in eine Kontinuität mit dem mörderischen NS-Regime.

Für den sich aufgeklärt verstehenden Westen sind inzwischen vorwiegend jene politischen Märtyrer prägend geworden, die ihr Leben dem Kampf gegen politische Unfreiheit und für die liberale Demokratie sowie ein westliches Freiheitsverständnis gewidmet haben und noch widmen. Die Heimat ist in diesem Verständnis nicht mehr im Himmel; vielmehr gilt es, eine ideale Gesellschaft im Hier und Jetzt zu errichten, und auch hierfür sind mitunter Opfer erforderlich. Hierzu gehören Namen wie Hans und Sophie Scholl, Martin Luther King, Salvador Allende, Alexej Nawalny oder der chinesische Bürgerrechtler Ding Jiaxi, oft aber auch westliche Dissidenten wie Julian Assange sowie die Whistleblower Edward Snowden und Chelsea Manning. Das religiöse Bekenntnis spielt bei diesen Märtyrern keine Rolle, es tritt – sofern überhaupt vorhanden – vollkommen hinter das säkulare Bekenntnis für Frieden, Freiheit und Demokratie zurück. Zwar aktualisieren auch Religionsgemeinschaften wie der Katholizismus ihre Martyrologien und reichern diese stets um neue Opfer an. Diese sind aber außerhalb des eigenen, in einem fortwährenden Schrumpfungsprozess befindlichen Milieus kaum bekannt und entfalten mithin keine gesamtgesellschaftliche Integrationskraft.

Zum grundlegenden Selbstverständnis der wesentlichen Kultur zählt die Idee des wissenschaftlich-technischen Fortschritts, und so werden neben den politischen Märtyrern der Gegenwart auch diejenigen, die ihr Leben zugunsten revolutionärer Beiträge für Wissenschaft und Fortschritt opferten oder aufs Spiel setzten, als Märtyrer wahrgenommen. Wie der Dominikanermönch Giordano Bruno, der 1600 in Rom auf dem Scheiterhaufen endete, weil er aus Sicht der römischen Kirche eine Reihe von Irrlehren verbreitete. In der jüngeren Vergangenheit wurde er wiederholt zu einem „Märtyrer der Geistesfreiheit" stilisiert.

Der neuzeitliche Wissenschaftsmärtyrer stirbt im Gegensatz zu Bruno jedoch zumeist nicht von fremder Hand, sondern wird Opfer seines eigenen Forscherdrangs. Der Selbstversuch ist dabei die extremste Form des Fortschrittsmartyriums: Wissenschaftler stellen ihren eigenen Körper zur Verfügung, weil das Experimentieren an anderen Personen zu gefährlich und daher ethisch nicht vertretbar erscheint. Gedacht wird hier freilich vor allem derjenigen, deren Versuche erfolgreich waren und damit tatsächlich einen Fortschritt markieren. Prototypisch hierfür steht die zweifache Nobelpreisträgerin Marie Curie, die sich und andere bei ihren Forschungen in rücksichtsloser Weise radioaktiver Strahlung aussetzte – die schließlich ihren frühen Tod zur Folge hatte.

Die Figur des Märtyrers, die vor knapp 2000 Jahren die Weltbühne betrat, scheint aktuell kein Auslaufmodell zu sein. Vielmehr handelt es sich um einen Wiedergänger, der in stets wechselnder und sich fortwährend aktualisierender Gestalt immer wieder von Neuem zurückkehrt.

Ernest Shackleton gilt als einer der großen Polarforscher. Nicht, weil er als Erster den Nord- oder Südpol erreicht hätte – sondern weil es ihm vor gut einem Jahrhundert gelang, seine Mannschaft aus höchster Not zu retten. Wie schaffte er das? Ein Gespräch mit dem Expeditionsleiter Arved Fuchs über Heldentum und Führungsstärke in der Krise.

GEFANGEN IM EIS

INTERVIEW: SIEBO HEINKEN

Januar 1915: Mit Schlagseite steckt die „Endurance" im Eis fest. Das Schiff war für die Jagd auf Robben und Eisbären gebaut – nicht dafür, dem Druck standzuhalten, der nun auf den Rumpf einwirkte. Die Besatzung geriet in höchste Not.

Unter dem Bugspriet ist die Besatzung angetreten, um sich vom Bordfotografen Frank Hurley verewigen zu lassen. Ihm ist es zu verdanken, dass wir heute einen Eindruck von den Strapazen und Qualen haben, denen die Männer ausgeliefert waren. Schon bald nach der Havarie versprach Ernest Shackleton jedem Einzelnen, ihn wieder nach Hause zu bringen.

A

AM 5. DEZEMBER 1914 brach der britische Offizier Sir Ernest Shackleton mit 27 Gefährten in Südgeorgien zu einer Reise auf, die damals als letzte große Herausforderung der Polarforschung galt. Nord- und Südpol waren markiert. Doch noch nie hatte jemand die Antarktis durchquert: 2900 Kilometer zu Fuß durch weglose Eiswüste.

Shackleton sollte das Ziel seiner „British Imperial Trans-Antarctic Expedition" nie erreichen: Im Januar 1915 fror sein Schiff, die „Endurance", im Weddellmeer fest – nur zwei Tagesreisen von dem geplanten Startpunkt an der Küste des Kontinents entfernt. Zehn Monate später konnte es den Pressungen der Eisschollen nicht mehr standhalten und sank bald darauf. Monatelang driftete die Besatzung mit dem Eis, dann rettete sie sich mit drei Booten zunächst 280 Kilometer weit auf die unbewohnte Elephant Island.

Ihr Leben verdankt die Besatzung ihrem Expeditionsleiter, der alles auf eine Karte setzte: Begleitet von fünf Mann, brach Shackleton mit dem Rettungsboot „James Caird" auf, um Hilfe zu holen: fast 1500 Kilometer über den Südlichen Ozean nach Südgeorgien. Und er kehrte zurück: Neun Monate nachdem die „Endurance" gesunken war, holte er seine Männer von Elephant Island ab.

Der deutsche Polarforscher Arved Fuchs, selbst ein sehr erfahrener Expeditionsleiter, hat die Rettungsmission bis nach Südgeorgien in einem originalgetreuen Nachbau der „James Caird" mit einer dreiköpfigen Mannschaft nachvollzogen, unter ähnlich furchterregenden Bedingungen. Er weiß, was es bedeutet, extreme Bedingungen zu überleben.

Herr Fuchs, Ernest Shackleton war keineswegs der einzige Polarforscher seiner Zeit, dem Übergang vom 19. zum 20. Jahrhundert. Auch Robert Scott und Roald Amundsen, Fridtjof Nansen, Robert Peary und viele andere zog es zu den Polen. Wie kam es dazu?

Arved Fuchs: Es ging damals um geografische Eroberung, und da spielte nationales Prestige eine große Rolle. Welches Land setzt als Erstes die Flagge am Nordpol und am Südpol? Diese Männer hatten natürlich Lust am Abenteuer und wurden von ihrem Forscherdrang angetrieben. Sie kannten sich untereinander und waren zugleich Konkurrenten. Ganz wichtig waren neben der Exploration aber König und Vaterland. Scott, Amundsen oder Nansen waren die Megastars ihrer Zeit. Die öffentliche Wahrnehmung sah sie als Helden des Eises.

Auch eine Frage der Vermarktung?
Marketing spielte eine zentrale Rolle. Die Pole sind ausgesprochen lebensfeindliche Regionen. Wer es auf sich nahm, dorthin zu reisen, musste wirklich leidensfähig sein und zugleich eine sehr große Härte beweisen. Diese Haltung sollte auf die Länder abfärben, aus denen die Forscher kamen. Allerdings, ihre Abenteuer und ihre Leistung wurden vermarktet und medial ausgeschlachtet.

Eines der großen Dramen war das Wettrennen zum geografischen Südpol zwischen dem Engländer Robert Scott und dem Norweger Roald Amundsen. Wer würde als Erster den südlichsten Punkt der Erde erreichen? Scott bezahlte den Wettbewerb mit dem Leben, er starb wohl Ende März 1912 in der Antarktis an extremer Kälte, Hunger und Erschöpfung ...

Zur Person
SIR ERNEST SHACKLETON

Am 15. Februar 1874 im irischen Kilkea geboren, nahm Ernest Henry Shackleton mit Mitte 20 erstmals an einer Antarktis-Expedition unter der Leitung von Robert Scott teil. Er erkrankte unterwegs unter anderem am Skorbut und wurde von Scott mit einem Schiff nach Hause geschickt – eine Entscheidung, die das Verhältnis beider Männer zueinander dauerhaft belastete. Drei weitere Expeditionen standen später unter der Leitung Shackletons: die Nimrod-Expedition 1907 bis 1909 mit dem Ziel, den geografischen Südpol zu erreichen; die gescheiterte Endurance-Expedition 1914 bis 1917 und die Quest-Expedition 1920 bis 1922, während der Shackleton einen tödlichen Herzinfarkt erlitt. Vor allem nach der Nimrod-Expedition erlebte der Polarforscher eine große öffentliche Wertschätzung und wurde von König Edward VII. zum Ritter geschlagen. Die Rettung seiner Männer während der Endurance-Expedition machte ihn zum Helden. Seine Führungsqualitäten in scheinbar ausweglosen Situation sind in jüngerer Zeit auch Gegenstand betriebswirtschaftlicher Seminare und von Ratgebern für Manager.

Zur Person
ARVED FUCHS

Der bekannteste deutsche Expeditionsleiter ist ein ausgesprochener Kenner der Polarforschung. Nach der Ausbildung bei der Handelsmarine und dem Studium der Schiffsbetriebstechnik unternahm Fuchs 1977 seine erste Expedition nach Québec. Die folgenden Jahrzehnte führten ihn in die unwirtlichsten, für ihn zugleich interessantesten Regionen der Erde: mit dem Faltboot im Winter ans Kap Hoorn, auf das grönländische Inlandeis, erneut mit dem Faltboot auf die Aleuten, 1989 war er der einzige Mensch, der innerhalb eines Jahres den Nordpol wie auch den Südpol zu Fuß erreichte. Mit seinem Expeditionsschiff „Dagmar Aaen", einem ehemaligen dänischen Haikutter, haben er und eine Mannschaft von Enthusiasten unter anderem die Nordostpassage und die Nordwestpassage erkundet. Seit einigen Jahren engagiert sich Fuchs verstärkt gegen den Klimawandel, etwa durch Jugendcamps und Vorträge über seine Beobachtungen im Eis.

Nur Eis, so weit das Auge reicht. Die Schlittenhunde, mit denen die Männer zunächst noch in der Umgebung des Schiffs unterwegs waren, wurden später nach und nach geschlachtet.

Mit Stangen und anderem Werkzeug versuchte die Besatzung eine Zeit lang, die „Endurance" vom Eisdruck freizuhalten.

Für Shackleton und seine Männer konnte es keinen einsameren Ort gegeben haben als die Weite des Weddellmeers. Mit dem Schiff hatten sie alles verloren: ihr Zuhause, die Wärme und die Sicherheit.

Er ging als tragischer Held in die Polargeschichte ein. Als Forscher auch, der zum Opfer seiner Zeit wurde – nämlich der damaligen englischen Attitüde, dass eine Expedition wehtun muss, um eine richtige Expedition zu sein. Neben Hunden hatte er Ponys dabei, die sich als ungeeignet erwiesen. Amundsen wusste genau, dass eine solche Herausforderung allein mithilfe von Hunden zu bewältigen sein würde. Er wurde in Norwegen als Held gefeiert für den Triumph, als Erster den Südpol erreicht zu haben. Zugleich hing ihm der Ruf an, indirekt für Scotts Tod verantwortlich zu sein, weil er den Wettlauf zum Pol eingeleitet habe. Ich finde, dass man ihm damit unrecht tut.

Dann kam Ernest Shackleton. Er war als Offizier zuvor mit Scott in der Antarktis unterwegs gewesen, hatte 1909 mit seiner Nimrod-Expedition den Südpol bis auf etwa 180 Kilometer erreicht, musste mangels Proviants aber aufgeben. Nach Amundsens Erfolg 1911 gab es für ihn nun nur die letzte Herausforderung: die Antarktis zu durchqueren. Doch auch dieser Erfolg blieb ihm dann verwehrt.
Er erreichte nicht einmal Land und geriet mit seinen Männern bald in höchste Not. Sein Schiff, die „Endurance", war für die Jagd auf Robben und Eisbären gebaut, also für die Fahrt durch das Eis. Dann blieb sie stecken, und es wurde schnell klar: Für das, was nun kam, war sie nicht gemacht. Das sich auftürmende Eis begann, das Schiff zu zerquetschen.

Haben Sie solche Eispressungen auch schon erlebt?
Ja, in der Arktis. Du hörst am Anfang nur eine Art helles Singen, ein ganz subtiles Geräusch. Jemand, der es nicht kennt, nimmt es kaum wahr. Wenn du es kennst, bist du alarmiert. Das ist die Ouvertüre. Der Druck des Eises nimmt immer mehr zu, bis es plötzlich aufplatzt. Du fühlst dich wie in einem leichten Erdbeben. Und dann nehmen die Eisschollen dich in die Zange.

Was bedeutet das?
Du hörst, wie das Schiff arbeitet, als sei es ein lebender Organismus. Es vibriert. Das Holz knackt und kracht, weil dieser wahnsinnige Druck auf ihm lastet. Zum Glück hat uns das Eis wieder freigegeben.

Fotos von Shackletons Expeditionsfotografen Frank Hurley zeigen die schweren Schäden der „Endurance". Schließlich sank sie. Und die Mannschaft war auf sich gestellt in der Weite des Weddellmeers.
Es konnte keinen einsameren Ort geben. In dieser Situation verlierst du alles: dein Zuhause, die Wärme, die Sicherheit. Das Schiff gab nicht nur Geborgenheit, sondern es sollte die Männer auch wieder nach Hause bringen. Sie konnten keinen Kontakt zur Außenwelt aufnehmen. Es war spät im Jahr, und sie wussten, dass die Schiffe der Walfänger im Südatlantik, die ihnen vielleicht hätten helfen können, wahrscheinlich schon wieder nach Norden abgezogen waren.

Die Männer müssen in Panik gewesen sein.
Manche waren aufgebracht und gaben ihrem Expeditionsleiter die Schuld dafür, dass sie zugrunde gehen würden. Und was tat Shackleton? Er stellte sich in ihre Mitte und versprach jedem, der sich ihm anschlösse, dass er ihn heil nach Hause bringen würde. Sie haben ihm das geglaubt, und das ist wirklich bemerkenswert. Shackleton ist authentisch geblieben, das hat mich immer beeindruckt.

Welche Rolle hat der Expeditionsleiter in einer solchen Situation?
Du musst die Rolle eines Beobachters einnehmen. Zum einen, um dich selbst beurteilen zu können: Ist es sinnvoll, was du da machst? Zum anderen, um die Mannschaft im Blick zu behalten: Wer ist das schwächste Glied in der Kette? Wie kannst du die Leute aufbauen? Wen musst du ein bisschen maßregeln? Du musst Führung zeigen und darüber hinaus eine Idee entwickeln, wie du aus der Situation wieder herauskommst. Genau das hat Shackleton geschafft.

Wie konnte Shackleton sich so sicher sein, alle seine Leute nach Hause zu bringen?
Gar nicht. Das war sein Instrumentarium, um die Moral aufrechtzuerhalten. Seine Botschaft lautete: Ich glaube daran, also glaubt gefälligst auch daran! Pessimismus und Fatalismus wären in dieser Lage ausgesprochen gefährlich gewesen. Gib niemals auf – das ist die Lebensversicherung auf solchen Expeditionen.

Dem erfahrenen Shackleton war klar, dass Langeweile zur Gefahr werden könnte in der fast ausweglosen Lage, und er regte seine Leute an, sich zu beschäftigen – etwa beim Fußball im Schnee.

Neben seinem Optimismus hatte Shackleton offenbar einen Plan. Jedenfalls wusste er, wie die endlosen Tage im Eis auf seine Männer wirken würden.

Ihm war klar, dass Langeweile, Untätigkeit und Perspektivlosigkeit in einer solchen Situation tödlich sein können. Deshalb hat er die Männer die schweren Beiboote übers Eis ziehen lassen, auch wenn das nichts brachte. Sie waren danach müde und abgearbeitet und hatten keine Zeit zum Grübeln. Aus eigener Erfahrung kenne ich das gut von Überwinterungen. Fehlende Aufgaben lassen den Tag unendlich lang erscheinen, die Stille und die Einsamkeit schlagen aufs Gemüt.

Shackleton ging dann ein großes Wagnis ein, um seine Leute zu retten. Gab es keine andere Möglichkeit, als die meisten Männer auf Elephant Island zurückzulassen und nur mit einem einzigen Boot zu versuchen, die große Distanz nach Südgeorgien zu bezwingen?

Auch das wollte ich herausfinden. Warum ist Shackleton nicht mit allen gemeinsam nach Paulet Island gesegelt, eine Tagesreise entfernt? Dort hätte es eine voll ausgestattete Hütte gegeben. Oder nach Deception Island, vielleicht zwei Tage entfernt, mit mehreren Basen von Walfängern? Oder zu den Falklandinseln? Stattdessen hat er Südgeorgien versucht – trotz der großen Gefahr, an der Insel vorbeizusegeln. Dann wären sie alle verloren gewesen.

Warum hat er das Risiko doch auf sich genommen?

Das ist mir bei unserer eigenen Fahrt klar geworden. Die meisten seiner Männer waren offensichtlich nicht bereit, die vermeintlich sichere Elephant Island zu verlassen, noch einmal in die Boote zu gehen und bei dem schlechten Wetter auch nur eine kurze Strecke von ein oder zwei Tagen zu segeln. Die waren fertig. Shackleton muss nur eine Möglichkeit gesehen haben: auf eigene Faust die gefahrvolle Reise mit der „James Caird" nach Südgeorgien in Kauf zu nehmen und bei der dortigen Walfangstation Hilfe zu holen.

Südgeorgien ist 170 Kilometer lang, aber kaum mehr als ein Fleck im Südlichen Ozean. Wie haben Shackleton und die anderen es dorthin geschafft?

Um die Position zu bestimmen, hatten sie einen Kompass, einen Sextanten, ein Chronometer sowie nautische Tafeln dabei. Ob die Uhr noch genau ging, wissen wir nicht. Wenn du keine Sonne und kein anderes Gestirn siehst, kannst du mit dem Sextanten keine Breite nehmen – und sie hatten mit Orkanstürmen zu kämpfen, der Himmel war oft bewölkt. Die nautischen Tafeln waren zudem vom Seewasser völlig durchweicht. Es ist ein Wunder, dass sie die Insel getroffen haben.

Sie sind seine Rettungsmission mit einem exakten Nachbau des nur sieben Meter langen Beiboots „James Caird" nachgereist, durch eines der gefährlichsten Seegebiete überhaupt. Warum?

Auf einem Ofen schmelzen Shackleton (rechts) und Fotograf Hurley einen Klumpen Eis. Ihr Lager während der Eisdrift nannten sie passend „Patience Camp": Lager der Geduld.

Die Nachtaufnahme der „Endurance" mit den Hunden vermittelt ein Gefühl für die eisige Kälte, der die Besatzung über Wochen und Monate ausgesetzt war.

Ende Oktober 1915 ist das Expeditionsschiff vom Eis zerdrückt, die Masten sind wie Streichhölzer geknickt. Bald darauf sank es auf den Meeresgrund.

> **Für Shackleton war es eine riesige Herausforderung. Er musste Führung zeigen und eine Idee entwickeln, wie sie aus der Lage herauskommen könnten.**

Mich hat geärgert, dass die Menschen, die damals Bücher über Ernest Shackleton schrieben, überhaupt keine Ahnung von der Antarktis und ihren Bedingungen hatten. Wenn du jemanden wie Shackleton und seine Entscheidungen in einer extremen Situation wirklich verstehen willst, musst du dich einigermaßen auf Augenhöhe mit ihm begeben.

Wie haben Sie Ihre Mannschaft ausgesucht für diese extreme Reise? Sie konnten ja nicht wissen, wie sie ausgehen würde.
Wen sprichst du an? Das war eine große Frage, denn du trägst ja die Verantwortung für das Unternehmen. Letztlich waren es drei Menschen, von denen ich wusste, dass sie die Erfahrung sowie die physische und mentale Stärke hatten. Alles Vollblutsegler, bei denen ich mir sicher war, dass sie sich ergänzten und wir uns aufeinander verlassen konnten.

Shackleton wird es ähnlich gemacht haben, als er die Mannschaft für die „James Caird" auswählte, eine Handvoll Männer.
Ganz klar. Das waren seine Kumpels, etwa der Navigator Frank Worsley und der Ire Thomas Crean, der kräftigste Mann des Teams. Aber auch zwei Männer, die er als Querulanten erlebt hatte. Er wollte sie unter Kontrolle haben, damit sie die auf Elephant Island zurückgebliebene Gruppe nicht aufmischten.

Shackleton und seine Leute waren zu sechst auf der winzigen „James Caird". Wie muss es ihnen ergangen sein?
Sie saßen immer zu zweit in der Plicht, weil unten im Boot so wenig Platz war. Aus damaligen Berichten wissen wir, dass das Boot an allen Ecken und Enden leckte und die erschöpften Männer ständig Wasser schöpfen mussten. Sie lagen auf Felsbrocken und Sandsäcken, die sie als Ballast geladen hatten. Sie müssen furchtbar gefroren haben in ihren zerschlissenen Burberry-Overalls und in den stinkenden Schlafsäcken aus Rentierfell. Es war ja April und Mai, also schon Winter auf der Südhalbkugel.

Wie konnten Sie auf Ihrer eigenen Tour deren Lage nachempfinden?
Unsere Boote waren identisch, Sorgen und Müdigkeit ähnlich. Bei uns saß stets einer in der Plicht und hatte die Pinne in der Hand. Du durftest sie nicht eine Sekunde loslassen, sonst wäre das Boot sofort quergeschlagen. So ging es drei Stunden lang in der Kälte, und dann warst du weitere drei Stunden lang auf Stand-by, um Segel umzusetzen oder den Wachgänger mit Tee und Keksen zu versorgen.
Nach diesen sechs Stunden konntest du versuchen, unter Deck etwas zu schlafen. Dort war es entsetzlich eng. Alles war feucht. Lüften ging nicht. Es stank nach nassen Klamotten. Du hattest zwar deinen Schlafsack, aber irgendwann war auch der ganz klamm. Die Toilette war nicht mehr als ein verzinkter Eimer, und die große Kunst bestand darin, ihn bei dem Seegang über Bord zu entleeren.

Was haben Sie gegessen und getrunken?
Vor allem wenig, allein schon wegen der hygienischen Situation an Bord. Du hast den Gang auf die Toilette gescheut. Wir haben uns meist von Nahrungsergänzungsmitteln ernährt, aber sehr von unserer Substanz gelebt.

Ihre erste Etappe führte von der Esperanza-Bucht auf der Antarktischen Halbinsel nach Elephant Island, rund 280 Kilometer. Sie war härter und hat viel länger gedauert als gedacht. Haben Sie überlegt, aufzugeben?
Ja. Wir waren ausgeruht gestartet, trainiert und gut ernährt. Drei bis vier Tage sollte diese Etappe dauern, und dann wurden es zehn Tage – drei mehr, als Shackleton und seine gesamte Mannschaft gebraucht hatten. Wir waren demoralisiert, und der längere Teil der Route lag noch vor uns. Es war letztlich eine kollektive Entscheidung, wieder Segel zu setzen.

Hatten Sie ein Begleitboot, das Sie im Notfall gerettet hätte?
Unser Expeditionsschiff, die „Dagmar Aaen", war zwar auch in diesem Seegebiet unterwegs, aber sie hätte ebenso gut in der Nordsee sein können. Hilfe war nicht zu erwarten. Wenn uns etwas passiert wäre, dann hätte sich das innerhalb von Minuten abgespielt. Eine Havarie hätten wir nicht überlebt. Wir hatten zum Glück ein GPS-Gerät dabei. Sonst wären wir 80 Kilometer an Südgeorgien vorbeigesegelt.

Sie zogen ihr Beiboot „James Caird" über das Eis, schließlich erreichten sie Elephant Island. Dort sah Shackleton nur eine Möglichkeit der Rettung: mit dieser Nussschale die gefährliche Reise über das stürmische Meer nach Südgeorgien zu versuchen.

SIR ERNEST SHACKLETON

Von der trostlosen Elephant Island macht Shackleton sich mit einer Handvoll Männer auf, um Hilfe zu holen. Den anderen blieb nichts als Hoffnung.

30. August 1916. Am Horizont vor Elephant Island taucht das Dampfboot „Yelcho" auf. Shackleton löst sein Versprechen ein, jeden seiner Männer zurück zur Familie zu bringen.

Der British Antarctic Survey gibt an, dass 70 Prozent aller Wellen in diesem Gebiet höher als vier Meter sind. Wie erträgt man das in so einer Nussschale, vor allem, wenn sich die Wellen zehn Meter hoch auftürmen?

Das Boot hat uns alles abverlangt, aber auch bei Windstärke 10 noch viel Sicherheit vermittelt. Das war extrem wichtig. Bei langen Wellen ging es nur gleichmäßig hoch und runter. Wir hatten dann aber Sturm. Die Gischt flog waagerecht, immer wieder donnerten Brecher heran. Besonders nachts war das ausgesprochen unangenehm. Du hast Wache, sitzt allein in der Plicht, hältst die Pinne, und rundherum bauen sich diese enormen Seen auf. Du siehst nichts, sondern hörst nur die Wellen von achtern anrauschen. Du spürst diese Urgewalt, und irgendwann läuft der Wellenkamm über dich hinweg. Es wird eisig kalt, und dann geht es runter ins Tal.

Wie groß war die Angst an Bord?

Zum Glück mussten wir keinen schweren Orkan überstehen wie Shackleton und seine Leute, aber natürlich war uns mulmig. Wir haben allerdings nicht darüber gesprochen. Überhaupt haben wir wenig gesprochen. Auch mental zehrten wir von unserer Substanz. Verarbeitet haben wir die Fahrt erst, als wir schließlich Südgeorgien zu Fuß überquerten.

Das war die Route, die Shackleton und seine Leute nahmen?

Auch sie mussten die Insel überqueren, um die Walfangstation zu erreichen. 36 Stunden hat das gedauert. Sie hatten riesiges Glück, weil das Wetter mitspielte. Es ist ein sehr schwieriges hochalpines Gelände, und die Männer waren keine Alpinisten. Sie hatten – anders als wir – auch keine Ausrüstung wie etwa Steigeisen. Wenn sie es nicht geschafft hätten, dann wäre das auch das Ende der Zurückgebliebenen auf Elephant Island gewesen. Niemand sonst wusste ja, wo sie waren.

Wie mag es gewesen sein, als Shackleton die Walfangstation erreichte?

Wenn du auf der anderen Seite der Insel absteigst, siehst du eine riesige Kolonie von Königspinguinen. Plötzlich ist da Leben, überall. Und irgendwann erkennst du in der Ferne die Walfangstation, die vor gut 100 Jahren voll in Betrieb war. Es gibt eine Beschreibung, wie der abgerissene Shackleton einen Vorarbeiter ansprach und sich zum Leiter der Station bringen ließ, den er von früher kannte. Auf den Stufen von dessen Haus endete auch unsere eigene Tour.

Für Shackleton muss es eine riesige Erleichterung gewesen sein, endlich dort anzukommen.

Mit einem exakten Nachbau der „James Caird" vollzogen Arved Fuchs und eine kleine Mannschaft Shackletons Rettungsmission nach.

Kein Zweifel! Wir waren freiwillig und gut vorbereitet dort. Er hat vollkommen andere Strapazen erlebt, und er musste noch die 22 Männer von Elephant Island retten. Auch wegen des andauernden Ersten Weltkriegs war die britische Admiralität zunächst nicht bereit, ihm Unterstützung zu gewähren. Erst nach Monaten gelang es dem Polarforscher, sein Versprechen einzulösen und seine Männer mit einem Dampfer zu retten.

Wurde Shackleton zu Recht als Held gefeiert?

Ja, weil er die Energie fand, die Strapazen durchzustehen und seine Leute zu retten. Sein Ziel, die Antarktis zu durchqueren, hat Shackleton nie erreicht. Was das betrifft, war er nach heutigen Maßstäben ein Loser. Dabei war er ein grandioser Krisenmanager, der im Scheitern über sich selbst hinausgewachsen ist. Das hat eine wunderbare menschliche Dimension.

Im März 2022 gelang es Forschern auf dem südafrikanischen Forschungseisbrecher „Agulhas II", das Wrack der „Endurance" im Weddellmeer zu orten und in 3000 Metern Tiefe zu filmen. Auch nach mehr als einem Jahrhundert ist Shackletons Schiff erstaunlich gut erhalten. Wie empfinden Sie diese Entdeckung?

Als Reinhold Messner und ich 1989/90 als erste Menschen überhaupt die Antarktis zu Fuß durchquerten, folgten wir Shackletons Idee. Ich habe dessen Geburtshaus in Irland besucht und auch sein Grab in Südgeorgien. Der Fund der „Endurance" war das letzte Steinchen in meinem großen Puzzle dieses Forschers. Wracks sind ja Zeitkapseln. Als ich die Fotos des Schiffs sah, hatte ich Shackleton und seine Männer direkt vor meinem geistigen Auge, wie sie segelten und später mit dem Eis kämpften. Für mich war das sehr berührend.

DIE MAGIE FERNER WELTEN

Wie kommen Menschen dazu, sich in ganz und gar unerkundete Regionen zu wagen? Die Sicherheit des Vertrauten zu verlassen. Das Risiko einzugehen, nie zurückzukehren? Was sie eint, ist ein ungeheurer Mut, der allein sie zu Helden und Heldinnen macht.

TEXTE: SIEBO HEINKEN

Die Fliegerei steckte noch in den Kinderschuhen, als die 24-jährige **Amelia Earhart** 1921 ihren Traum wahrmachte und die Fluglizenz erwarb. Bald begann sie, sich zudem für die Gleichberechtigung von Frauen zu engagieren: „Wenn wir beginnen, als fähige menschliche Wesen zu denken (…), dann haben wir mit Sicherheit mehr in die Ehe einzubringen als bloß unseren Körper", sagte sie. Und so handelte sie. Flog als erste Frau solo über den Atlantik, von der West- zur Ostküste der USA, von Hawaii nach Kalifornien. Doch das genügte ihr nicht. 1937 startete sie mit einem Begleiter zur Umrundung der Erde entlang des Äquators. Mehr als drei Viertel der Strecke lagen schon hinter ihnen, als ihr Flugzeug irgendwo über dem Pazifik verloren ging. Die Flugpionierin ist bis heute verschollen.

Jahrelang reiste **Gustav Nachtigal** durch Afrika, sammelte wissenschaftliche Daten, lernte Sprachen. Das führte ihn nicht nur in geografische Gesellschaften, sondern prädestinierte ihn für höhere Aufgaben: 1884 berief ihn Kanzler Otto von Bismarck zum Reichskommissar für Westafrika. Nachtigal trieb die Kolonisierung in Togo, Kamerun und dem heutigen Namibia voran. Nach seinem Tod 1885 wurde er zum Kolonialhelden stilisiert, Straßen trugen nun seinen Namen. Heute sieht man ihn eher kritisch. In Berlin heißt der Nachtigalplatz jetzt Manga-Bell-Platz: zu Ehren von Kämpfern gegen die deutsche Kolonialherrschaft in Kamerun.

Spanien und Portugal lieferten sich vor 500 Jahren ein Wettrennen um Überseegebiete und Rohstoffe. In dieser Situation erhielt der Seefahrer **Ferdinand Magellan** vom spanischen König den Auftrag, nach Westen zu segeln und jenseits von Amerika den Fernen Osten zu finden. Jene Länder mit Gewürzvorkommen also, die auch portugiesische Seefahrer ins Visier genommen hatten, jedoch auf der Route rund um Afrika. 1519 brach Magellan mit fünf Schiffen und 237 Mann auf, passierte den Äquator – und fand nahe der Südspitze Südamerikas tatsächlich eine Passage zum Pazifik. Nach qualvollen Monaten in unbekannten Gewässern erreichte er die Philippinen, wo er von Einheimischen getötet wurde. Doch die kaum 20 seiner Männer, die es zurückschafften nach Europa, hatten erstmals die Welt umsegelt. Und bewiesen: Die Erde ist keine Scheibe.

Es war eine der großen Fragen der Migration: Kamen die ersten Bewohner des Pazifik aus Asien oder aus Südamerika? Diese Frage trieb auch den norwegischen Naturforscher **Thor Heyerdal** um. Im Jahr 1947 startete er ein lebensgefährliches Experiment – und stach mit fünf Gefährten auf dem Holzfloß „Kon-Tiki" von Peru aus in See. Ihr Ziel: der polynesische Tuamotu-Archipel, etwa 7000 Kilometer entfernt. Kein Motor, nur der Wind und die Strömung trieben sie gen Westen. Am 85. Tag gerieten sie in einen Sturm, der ihr Gefährt wie einen Korken auf den Wellen tanzen ließ. Kein Schiff in Sicht, Hilfe ausgeschlossen. Doch dann, nach 101 Tagen, lag das Raroia-Atoll vor ihnen. Hatte Heyerdahl also recht? Heute weiß die Forschung durch Genanalysen: Der Pazifik wurde von Asien aus besiedelt, aber schon vor Jahrhunderten gab es auch Kontakt mit Menschen aus Amerika.

HELDEN DER EXPLORATION

Niemand weiß, ob es sie wirklich gegeben hat – doch die Forschung ist sicher, dass eine wie **Gudríd Thorbjarnardóttir**, von der die Sagas berichten, um das Jahr 1000 an Entdeckungen der Wikinger teilnahm. Eine Frau so heldenhaft mutig wie stark. Kaum 20, war sie schon zweimal Witwe. Mit ihrem dritten Mann segelte sie nach Neufundland und brachte in einer Wikingerkolonie ihren Sohn Snorri zur Welt: den ersten Europäer auf amerikanischem Boden. Erneut Witwe mit knapp 30, zog sie ihn und seinen Bruder allein auf. Wohl achtmal überquerte sie den Atlantik und pilgerte als Christin von ihrer Heimat Island nach Rom. Sie zeigt: Ohne die Frauen als Entdeckerinnen, Handwerkerinnen oder Herrscherinnen wäre die Seefahrerkultur der Wikinger gewiss nicht so bedeutend geworden (Foto: Denkmal auf Island).

Das Nordpolarmeer war noch Terra incognita, als **Fridtjof Nansen** im Juni 1893 mit 13 Männern in die Arktis aufbrach. Sie wollten sich mit dem Forschungsschiff „Fram" einfrieren und von Sibirien nach Grönland tragen lassen – mit einer Drift, für die es nur vage Hinweise gab. Im Winter 1883 steckten sie im Eis fest. Sie nahmen Messungen vor. 1894 kam und ging. Im März 1895 versuchte Nansen mit einem Begleiter, zu Fuß den Nordpol zu erreichen. Sie scheiterten, mussten überwintern und kehrten im August 1896 mit einem anderen Schiff nach Norwegen zurück – zufällig eine Woche, bevor auch die „Fram" wieder eintraf. Seither weiß man: Es gibt die Drift, und um den Nordpol ist nichts als Meer. Nansen wurde in Norwegen zum Star. Für die Arktisforschung ist er ein Held.

Es war wohl einer der angenehmeren Momente in der skandalreichen Amtszeit von US-Präsident Richard Nixon, als er im Juli 1969 die **Astronauten der Apollo 11** besuchte: Neil Armstrong, Michael Collins und Edwin „Buzz" Aldrin (von links). Ihnen die Hand zu schütteln, blieb Nixon verwehrt, denn sie waren in Quarantäne – nachdem sie als erste Menschen überhaupt den Mond betreten hatten. Armstrongs Satz ist Legende: „Ein kleiner Schritt für einen Menschen, ein Riesensprung für die Menschheit." Mehr als eine halbe Milliarde Zuschauer verfolgte die Mondlandung vor dem Fernseher. Mit ihr erreichte die NASA tatsächlich das 1961 von Präsident John F. Kennedy vorgegebene Ziel, bis Ende der Sechzigerjahre einen Menschen zum Trabanten und sicher wieder zurückzubringen. Die Apollo-Crew wurde zu nationalen Helden.

Sie war 30 Jahre alt und ledig, als sie nach dem Tod ihrer Eltern beschloss, die Enge der viktorianischen Gesellschaft hinter sich zu lassen. Ausgestattet mit einem Seesack, Wäsche, Büchern und einem Revolver, zudem Angelhaken und Tabak als Tauschwaren, schiffte **Mary Kingsley** sich 1893 nach Westafrika ein. Die erste ihrer Forschungsreisen führte sie unter anderem ins heutige Sierra Leone und nach Äquatorialguinea, eine zweite nach Gabun und Kamerun – zu dieser Zeit europäische Kolonien. Doch Kingsley wollte nicht unterdrücken und missionieren, sondern die Menschen und ihre Gebräuche verstehen, etwa Opferritiale und Geisterverehrung. Immer tadellos gekleidet, schlug sie sich in Kanus und zu Fuß durch den Regenwald und andere Wildnis. Strapazen begegnete sie mit Humor. Ihre Toleranz war untypisch für ihre Zeit, und mit ihrem Wagemut wurde sie zum Vorbild.

HELDEN DER EXPLORATION

Hoch zu Ross und in Eisen gekleidet, entschieden Ritter allerlei Schlachten und zogen gen Jerusalem, im Kampf für das Christentum. Wie entstand dieses Bild vom heroischen Krieger, und entsprach es der Realität?

DIE HERREN DES MITTELALTERS

TEXT: KLAUS-DIETER LINSMEIER

Ein wildes Gemetzel: Auf dem Dritten Kreuzzug führte Richard I., wegen seines Mutes auch „Löwenherz" benannt, die Kreuzritter in die Schlacht bei Arsuf. Sie besiegten dort am 7. September 1191 ein Heer unter Führung von Sultan Saladin.

R

„Ritter gesucht. Ihre Aufgaben: Drachen töten, Witwen und Waisen beschützen, das Christentum verteidigen, an Turnieren und Schlachten teilnehmen. Wir bieten: eine Burg nebst Land und einem Dorf als Lehen. Adelige Abstammung und Ritterschlag sind von Vorteil. Edelmut, körperliche Fitness und Kenntnisse in der Kunst des Minneliedes werden vorausgesetzt. Schlachtross und Ausrüstung sind mitzubringen."

So etwa könnte ein Jobangebot des 13. Jahrhunderts gelautet haben, glaubt man den Geschichten und Liedern jener Zeit. Doch was ist dran an der Vorstellung vom edlen Ritter, dem Helden des Mittelalters?

Es waren Historiker des 19. Jahrhunderts, die allzu wörtlich nahmen, was Dichter bei Hofe über die Taten berühmter Ritter zum Besten gaben. So widmete sich beispielsweise ein Hartmann von Aue bevorzugt der Tafelrunde des Königs Artus, der laut Legende nur die Besten und Edelsten um sich scharte. Wohl um das Jahr 1200 verfasste er seinen Roman über die „Aventiuren" des Iwein. Der Edelmann bestritt nicht nur Turnier um Turnier, er rettete auch eine Gräfin, die ein böser Ritter zur Heirat zwingen wollte.

Auch der Kampf gegen monströse Bestien gehörte in die Arbeitsplatzbeschreibung. Gut drei Jahrhunderte nach Hartmann rühmte ein Heldenlied den Mut Maximilians I. Der Kaiser liebte es, sich als Ritter in Szene zu setzen; vermutlich hatte er das Lied selbst in Auftrag gegeben. Es erzählte von der todesmutigen Jagd auf einen riesigen Bären, der etliche Bauern getötet hatte. Der Ritter trieb das Untier in eine Höhle und spaltete ihm nach erbittertem Kampf den Schädel.

In all diesen Erzählungen finden sich immer ähnliche Leitmotive: Ein Ritter kämpft unerschrocken, sucht den Kampf Mann gegen Mann, steht fest im christlichen Glauben, schützt die Schwachen und folgt seinem Herrn loyal bis in den Tod. Das machte ihn den Helden der antiken Mythen ebenbürtig, Herkules wie auch Achilles und Aeneas. Die Ideale des Ritterstandes prägen die Vorstellung heroischer Taten bis in die Erzählungen unserer Zeit, etwa über den edlen Ivanhoe, Prinz Eisenherz, den Jedi Obi-Wan Kenobi aus dem Star-Wars-Universum oder Jon Arry, Hüter des Grünen Tals aus „Game of Thrones".

Spannung entsteht in Ritterromanen nicht allein durch die Auseinandersetzungen mit mächtigen Gegnern, sondern mitunter auch aus der Kollision von edlen Grundsätzen mit eigenen Bedürfnissen: Lancelot, Ritter der Tafelrunde, verliebt sich in seine Königin, der Loyalitätsbruch droht die Gemeinschaft zu sprengen. Anakin Skywalker lässt sich aus Sorge um seine große Liebe von der „dunklen Seite der Macht" verführen und mutiert zu Darth Vader. Dass auch im Mittelalter nicht alles Glanz und Gloria war, dokumentieren überdies die Berichte von Schlachten. Für einen Ritter gehörte es sich dem Kodex nach, einen bereits besiegten Gegner zu verschonen; man zollte einander Respekt. Das galt jedoch nicht für Söldner und das einfache Fußvolk: Sie wurden gnadenlos niedergemetzelt.

Das Rittertum ist seit langer Zeit schon Thema der Geschichtsforschung. In der modernen Auseinander-

Bei einem Star-Wars-Festival im irischen Portmagee spielen zwei Mitglieder der 501st Garrison Ireland Legion die Figuren der verfeindeten Obi-Wan Kenobi und Darth Vader auf eine Weise, die an mittelalterliche Kämpfe erinnert – mit Ausnahme der effektvollen Lichtschwerter. Die irische „Legion" besteht aus weltweit rund 13000 Fans des „Kriegs der Sterne".

setzung mit den Thema geht es um solche Fragestellungen: Aus welcher Perspektive schrieb der Autor? Was trieb ihn an? Und: Wer war sein Publikum?

Im Rahmen des Sonderforschungsbereichs „Helden – Heroisierungen – Heroismen" an der Universität Freiburg haben Historiker und Historikerinnen etwa die „Gesta Friderici Imperatoris" unter die Lupe genommen: die „Taten Kaiser Friedrichs". Darin schildern Bischof Otto von Freising und sein Kaplan Rahewin zwei Feldzüge Friedrich Barbarossas. Der Adlige aus dem Geschlecht der Staufer war von den deutschen Fürsten zum König und 1155 vom Papst zum Kaiser des Heiligen Römischen Reichs gekrönt worden. Damit waren ihm auch die Langobardenreiche in Italien tributpflichtig, doch einige verweigerten den Gehorsam. Also zog Barbarossa in den Krieg.

Immer wieder ist in den „Gesta Friderici Imperatoris" von adeligen Reiterkriegern die Rede. Mit Helm, Harnisch, Lanze und Schwert ausgestattet, zogen die „milites" dem Heer voran, gewannen Zweikämpfe, bewiesen Tapferkeit, Kühnheit, Todesmut. Nicht verwunderlich, urteilen die Historiker: Vermutlich entstand das Werk auf Anregung und im Austausch mit dem kaiserlichen Hof. Das Publikum, dem das Werk vorgetragen wurde, gehörte zur Führungsschicht, und die begeisterte sich vor allem für die Aktionen der Ihren.

Umso erstaunlicher erscheint, dass die beiden Geistlichen ausführlich darlegten, wer noch an den Kriegszügen teilnahm und für ihren Erfolg sorgte. Auf die „milites" folgten die „Straßenmeister", eine Art Pioniere, die Hindernisse aus dem Weg räumten und vom Feind zerstörte Brücken wieder aufbauten. Hinter ihnen liefen die Knechte und Fußsoldaten, dann diejenigen, die Belagerungsmaschinen transportierten. Den Abschluss des Heerzugs formte die Masse der Söldner, auch die kampferprobten Berufssoldaten. Kurz: Die Ritter hatten sich in ein größeres Ganzes einzufügen. Der Mittelalterhistoriker Jürgen Dendorfer sieht die überlieferte Bedeutung der gepanzerten Reiterkrieger im 12. Jahrhundert daher kritisch, zu wichtig waren Söldner und Gerät bei der Belagerung von Städten.

Mehr noch: Wen die ritterlichen Tugenden Kühnheit und Wagemut in die Bredouille brachten, dem drohte ein Rüffel des Kaisers. Auch das lasen die Freiburger in den „Gesta Friderici Imperatoris". Gut 1000 Ritter hätten auf eigene Faust Mailand angegriffen, während Barbarossa die Belagerung organisierte, heißt es darin. Angeführt vom Grafen Ekbert von Pitten, stürmten sie bis fast vor die Tore der Stadt – und in eine Falle. Die Angreifer gerieten bereits ins Hintertreffen, als Ekbert plötzlich vom Pferd sprang, um einem anderen Ritter zu Hilfe zu eilen. Fast im Alleingang, so

HELDENTUM IM MITTELALTER

schilderte es der Kaplan Rahewin, habe der Graf die Feinde zurückgedrängt, sei aber dann mit einer Lanze niedergestochen worden.

Was dem Historiker Dendorfer auffiel: Rahewin zufolge fanden Ekberts Tapferkeit und sein Einsatz für einen Kameraden bei Hofe durchaus Beifall, sein Tod aber war unrühmlich. Daher wurde die ganze Aktion als militärisches Desaster gesehen. Die Überlebenden empfing Barbarossa voller Zorn. Sie hatten ihm nicht gehorcht, sich nicht in seine Organisation des Heerzugs eingefügt.

D

DABEI WAR DER HELDENHAFTE Ritter mit seinen Idealen von Anfang an ein Konstrukt, um diese Krieger unter Kontrolle zu bekommen. Die Methode war so erfolgreich, dass sie Teil des Selbstbildes wurde.

Die Wurzeln dieses Berufsstandes reichen weit zurück. Den entscheidenden Impuls gaben die Kriegszüge der Mauren, der im Mittelalter in Spanien regierenden Araber. Als sie im 8. Jahrhundert mit einem Reiterheer ins Frankenreich einfielen, hatten die vor allem zu Fuß kämpfenden Verteidiger einen schweren Stand. Im Jahre 732 obsiegten die Franken zwar in der entscheidenden Schlacht von Tours und Poitiers; anschließend begründete ihr Heerführer Karl Martell jedoch eine neue Truppengattung: die Panzerreiter. Sie hatten als Schutz Kettenhemd, Helm und Schild, für den Angriff das Langschwert und die Lanze.

Als Martells Enkel Karl der Große im Herbst 773 einem Ersuchen des Papstes nachgab und gegen die Langobarden in Ober- und Mittelitalien zog, kam den fränkischen Panzerreitern wohl eine gehörige psychologische Wirkung zu. Karls Biograf, der Mönch Notker, berichtete von der Belagerung der Stadt Pavia: „Überall sah man Eisen, und wegen dieses Eisens erzitterten die Mauern und der Mut der Jungen." Gewiss eine Menge Propaganda, denn tatsächlich widerstand Pavia neun Monate lang. Am Ende ernannte Karl sich selbst zum König der Franken und der Langobarden.

Ein Panzerreiter zu sein war ehrenvoll, hatte aber erhebliche Nachteile. Die Schutzkleidung, die Waffen und das Pferd waren teuer. Hinzu kamen Knechte und Knappen. Nur wer über viel Besitz und Einnahmen verfügte, konnte sich Ausrüstung und Gefolgsleute leisten. Deshalb liehen die fränkischen Könige und Fürsten den weniger betuchten, aber kampfestüchtigen Männern fruchtbares Land und Arbeitskräfte. Diese Ritter dienten nun ihrem „Lehnsherrn" als Vasall. Auch nicht adelige „Ministerialen", Mitarbeiter eines vermögenden Adligen in leitenden Positionen wie etwa Burgvögte, konnten als Ritter die gesellschaftliche Leiter emporsteigen.

Was aber, wenn der König oder der Lehnsherr nicht zu den Waffen rief? Wozu dann all das Trainieren und die Investitionen? Offenbar führte solcher Leerlauf zu Privatkriegen, doch die schwächten die Landesverteidigung und kosteten Leben unter der einfachen Bevölkerung. Bischöfe in der Auvergne hatten im 10. Jahrhundert genug davon. Unterstützt von der weltlichen Macht, forderten sie die Ritter auf, Zivilpersonen nicht länger zu befehden, Kirchen und öffentliche Plätze nicht mehr anzugreifen. Bei Zuwiderhandlung drohte Verfolgung durch die weltliche Macht, vor allem aber die schlimmste Strafe, die ein Christ zu fürchten hatte: die Exkommunikation, der Ausschluss aus der Gemeinschaft der Gläubigen mit allen Konsequenzen für das Seelenheil.

AUS DEM REGELWERK DIESES sogenannten Gottesfriedens entwickelte sich der Ehrenkodex des Ritterstandes. Johannes Roth, ein in Eisenach wirkender Geistlicher, fasste ihn Anfang des 15. Jahrhunderts in seinem Lehrgedicht „Der Ritterspiegel" so zusammen: „Der Eid wurde von ihm geschworen,/dass er für die heilige Christenheit/allezeit kämpfen wolle/und der Schaden des Reiches ihm verhasst sei,/nach den aufgeschriebenen Kaiserrechten,/auch dass er Witwen und Waisen/allezeit verteidigen wolle/und sie vor Gefahr schützen/und dem frevelhaften Unrecht Einhalt gebieten,/dass er den Ketzern und ungläubigen Heiden/und den anderen schlechten Christen/Leid zufügen/und keinen von ihnen gerne schonen wolle."

Im Jahr 1095 gingen erstmals Truppen aus Europa auf Kreuzzug ins Heilige Land. Der französische Geistliche und Schriftsteller Sébastien Mamerot verfasste im 15. Jahrhundert eine Chronik der Feldzüge, die der Buchmaler Jean Colombe mit teils drastischen Bildern illustrierte.

Diese Selbstverpflichtung war der Nährboden für eine höfische Kultur, für Tischsitten, Minnelieder und Ritterromane. Für Turniere, auf denen man die Kräfte mit Lanze und Schwert maß, ohne einander umzubringen. Auch für Rituale wie die Schwertleite, bei der ein Hochrangiger den Bewerber zum Ritter erklärt, indem er ihm den Schwertgurt umlegt.

Leicht fiel es den Kriegern allerdings nicht, sich mit den Regeln des Kodex anzufreunden. Papst Urban II. bot den Rittern daher im Jahr 1095 eine Alternative: Er rief die Christen zu den Waffen, um die heiligen Stätten der Bibel von den Muslimen zurückzuerobern. Der Heilige Stuhl folgte damit einem Hilferuf Konstantinopels, der letzten christlichen Bastion vor der muslimischen Grenze, die immer wieder angegriffen wurde.

M

MIT DIESEM AUFRUF BEGANN die Ära der Kreuzzüge und mit ihnen die Blütezeit des Rittertums. Auf den effektiven Einsatz von Gewalt getrimmt, durften die Krieger im Namen Gottes und der Kirche ungestraft Gewalt ausüben. Das Unternehmen war zunächst ein großer Erfolg. Jerusalem wurde erobert, ebenso andere Städte im Heiligen Land, die einige Jahre lang unter der Herrschaft von Kreuzrittern blieben, bevor sie wieder unter muslimische Kontrolle gerieten. Dass die „dunkle Seite der Macht" nie weit entfernt lag, zeigte der Vierte Kreuzzug: Um den Truppentransport über das Mittelmeer zu finanzieren, ließen sich die Ritter auf einen abgefeimten Handel mit dem Dogen von Venedig ein. Der stellte die Transportschiffe zur Verfügung, dafür machte die Flotte 1202 einen Abstecher nach Dalmatien, um die mit Venedig konkurrierende Handelsstadt Zadar zu vernichten. Und weil die Hemmungen schon gefallen waren, wurde nicht viel später auch Konstantinopel erobert, geplündert und für fast 60 Jahre zum „Lateinischen Kaiserreich", einem fränkisch-venezianischen Joint Venture.

Enthüllten solche moralischen Verwerfungen bereits, wie instabil das Konstrukt des Ritterkodex war, veränderte sich darüber hinaus das Militärwesen zum Nachteil der gepanzerten Reiter. Das verraten nicht allein die „Gesta Friderici lmperatoris" aus dem 12. Jahrhundert. Wozu brauchte man beispielsweise einen hochgerüsteten Adelsmann, wenn ihn ein gut trainierter Schütze mit einem Langbogen leicht vom Ross holen konnte?

Als Kaiser Maximilian I. den Riesenbären erlegte, spielten die Ritter militärisch schon keine große Rolle mehr. Ihre Aufgabe beschränkte sich darauf, im Umland einer belagerten Stadt den gegnerischen Nachschub abzuschneiden und ein wenig Schrecken zu verbreiten. Derweil beschossen Kanonen die Mauern, stürmten Söldner durch die Breschen. Maximilian wusste all das sehr gut, er führte erfolgreich Kriege. Dennoch inszenierte er sich gern selbst als edler Ritter, der um Ehre und Gerechtigkeit willen den Kampf sucht, Mann gegen Mann, Mann gegen Riesenbär. Das entsprang wohl realpolitischem Kalkül: Ritter zu sein gehörte zum Selbstverständnis des Adels.

War die ganze Konstruktion vom edlen Ritter von Anfang an nur Selbsttäuschung und Imagepflege? Zum Teil mag das so gewesen sein, doch auch die Selbstinszenierung hatte eine gesellschaftliche Funktion; sie half zum Beispiel, bestimmte Rollenbilder zu erproben. Der Ritterkodex vermittelte überdies Identität und bot Orientierung.

Das erweisen gerade die Ritterromane des 12. Jahrhunderts. Der Heidelberger Germanist Ludger Lieb liest aus ihnen, was die Menschen beschäftigte und mit welchen Fragen und inneren Konflikten sie zu kämpfen hatten. Manches davon ist uns vertraut, anderes fremd. Wenn ein Ritter zu einer Reise, einer „aventiure", aufbrach, war das in diesen Erzählungen immer auch eine Reise zum Selbst. Ausgerichtet am Kodex, zeigten Autoren wie Hartmann von Aue die Wege für ein gutes Leben auf, als Ritter und Burgherr, Lehnsmann, Ehegatte und Freund, und vor allem als Christ. Oft mussten die Helden dazu die vertraute soziale Gruppe verlassen und gegen Normen verstoßen, gar dem Wahnsinn anheimfallen, um am Ende und mit Gottes Hilfe ihren Platz in der Welt zu finden. Sie gingen auf eine Heldenreise.

Kaiser Maximilian I. (1459–1519) in voller Rüstung. Als der Habsburger Herrscher zunächst Herzog von Burgund, dann König und schließlich römisch-deutscher Kaiser wurde, war die Zeit der mittelalterlichen Ritter längst abgelaufen. Noch immer präsentierte er sich aber gern als Edelmann, der um Ehre und Gerechtigkeit willen zur Not den Kampf suchte.

ALLEIN FÜR

Wenn Donald Staniford auftaucht, klingeln bei Lachsfarmern die Alarmglocken. Der Umweltschützer kämpft heldenhaft gegen einen übermächtigen Gegner: die Aquakultur, eine Millionenindustrie.

Auf dem Weg zum nächsten Einsatz gegen die Fischfarmen an der schottischen Westküste: Donald Staniford mit seinem Kajak nahe einer Brücke zur Isle of Skye. Sein Ziel: eine neue Futterfabrik der Lachsindustrie.

DEN LACHS

TEXT: JÖRN AUF DEM KAMPE
FOTOS: ANASTASIA TAYLOR-LIND

Der Umweltwissenschaftler ringt seit mehr als zwei Jahrzehnten mit der Aquakultur, die er als „Krebs an den Küsten" bezeichnet. Für seinen Kampf reist er aus England um die Welt, nach Chile, Neuseeland oder Kanada.

In jedem dieser ringförmigen Netzkäfige leben bis zu 100 000 Lachse, und auf der Isle of Skye gibt es Hunderte davon.

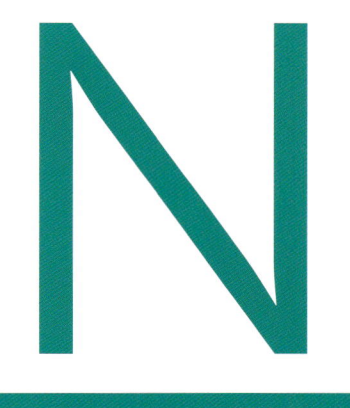

N

Noch ruht die Welt am Loch Alsh, sogar der Feind scheint zu schlafen. Don Staniford paddelt in seinem wackeligen Kajak schon über die Meerenge und ist hellwach. Während im Dämmerlicht die Berge der Isle of Skye an Kontur gewinnen, steuert er auf die Ringe des Feindes zu, rund einen halben Kilometer voraus: zwölf kreisförmige Schwimmkörper, unter denen die Netze hängen. Lachse kreisen darin, bis zu 100 000 in jedem Käfig.

Die Fischfarm gehört einem Großkonzern. Um sich mit ihm zu messen, hat Staniford seine kleine, würfelförmige Kamera an Bord und eine ausziehbare Stange, an die er sie schraubt; auf dem Heck fährt sein Stofflachs mit. Bislang schlägt niemand Alarm.

Der Brite Donald Staniford kämpft schon sein halbes Leben lang gegen die Lachszucht, als Umweltwissenschaftler und Aktivist. An diesem Novembermorgen führt ihn seine Mission ins schottische Hochland.

Staniford will einen der Ringe entern, die Kamera ins Wasser halten und dokumentieren, was aus seiner Sicht hier schiefläuft: Parasiten, kranke Tiere, Massen davon auf kleinstem Raum. Die dunkle Seite der Aquakultur. Nur ein paar Mal hat er es in seiner Karriere auf eine Fischfarm geschafft, aber er hält den Gegner auch so ständig unter Beschuss. Fast täglich kommentiert er die Zustände auf Twitter, Facebook und seiner Website, und er postet Videos.

Staniford hat weder ein Millionenbudget noch Schiffe wie Greenpeace zur Verfügung. Seine wichtigste Waffe ist er selbst: Don Staniford spielt Don Staniford, wenn er sich in Aktion filmt: Staniford im Kajak in der Nähe eines Käfigs, Staniford vor einer Fischmehlfabrik, Staniford vor einem Container voller toter Lachse. Fast im Alleingang versucht er so, eine Milliardenindustrie ins Wanken zu bringen. Und seine One-Man-Show ist gefragt. Netflix hat schon mit ihm gedreht. Die BBC mehrmals. Der Aktivist braucht jeden Kanal, auf dem er seine Geschichte erzählen kann. Für diesen Angriff hat er gleich einen ganzen Medientross organisiert.

Staniford hält im Loch Alsh auf die Ringe zu. Noch etwa 300 Meter. Eine Kameradrohne surrt durch die Luft. Ein Dokumentarfilmer von der Meeresschutztruppe Sea Shepherd lenkt sie. Noch gut 100 Meter. Der Feind ist auf dem Weg.

Don Stanifords Nemesis heisst John Fredriksen. Einer der wohlhabendsten Männer der Erde, gebürtig aus Norwegen. Der weltgrößte Fischfarmer. Fredriksens Konzern Mowi beschäftigt ungefähr 15 000 Angestellte, Ingenieurinnen, Logistiker, PR-Spezialisten und

Ein Arme-Leute-Essen war der Lachs nie. Bis der Mensch lernte, ihn zu züchten und in Massenhaltung zu vervielfältigen. So sieht Don Staniford es.

Biologen. Er besitzt eine Flotte aus Schiffen und hat hier im Loch Alsh die zwölf Fischkäfige verankern lassen. Mowi unterhält Tausende solcher Anlagen in den Ozeanen, vor den Küsten von sechs Ländern. Schottland aber ist neben Norwegen und Chile der bedeutendste Standort des Konzerns. Wenn es nach Don Staniford ginge, würden sie alle verschwinden. Wie die der gesamten Lachsindustrie.

DER FISCH, DER IN der Wildnis Tausende von Kilometern durch Meere und Flüsse wandert, war noch nie ein Arme-Leute-Essen, wie manche behaupten. Er galt lange als Delikatesse, war keine Kost für jeden Tag. Bis ihn der Mensch in Käfige sperrte und lernte, ihn zu züchten und zu vervielfältigen. Ein Norweger kam in den 1960er-Jahren zuerst auf die Idee; seinen Betrieb hat sich später John Fredriksens Imperium einverleibt. Heute ist der Lachs ein globales Produkt der Massenfertigung, wie andere Massentierhaltung.

So sieht es Staniford. Schon während seines Studiums der Umweltwissenschaften begann er, sich mit den Folgen zu beschäftigen. Für seine Promotion wendete er sich der Kehrseite zu, die sich hinter der Industrialisierung eines Lebewesens verbirgt.

Da ist vor allem das Parasitenproblem. Die Fische leben zu Hunderttausenden zusammengepfercht in Käfigen, deshalb können Seeläuse leicht ein Tier nach dem anderen attackieren. Die winzigen Ruderfußkrebse fressen die Haut ab, saugen Blut. Und sie legen Eier, die von der Strömung fortgetragen werden. „Weil die Farmen oft an den Wanderrouten wilder Lachse liegen, infizieren sich auch vorbeiziehende Artgenossen", sagt Staniford.

Die Fischzüchter schlagen mit Chemiekeulen zurück. Staniford zählt sie auf: Zur Desinfektion der Käfige nutzen sie Wasserstoffperoxid, das ätzend wirkt. Zur Beseitigung des Hauptproblems setzen sie Azamethiphos, Emamectin-Benzoat oder Deltamethrin

---

Zur Person
DONALD STANIFORD

Der Naturschützer, 1971 geboren, lebt mit seiner Familie in der Nähe von Liverpool in England. Schon im Studium beschäftigt er sich mit grundlegenden Umweltproblemen, zum Beispiel der Aquakultur – und den falschen Hoffnungen, die darauf ruhen. Staniford analysiert seither die Kehrseite der Fischzucht und versucht als Aktivist, bei jeder Gelegenheit auf Missstände aufmerksam zu machen. Beispielsweise auf das Problem, dass Aquakulturen zur Überfischung beitragen. Raubfische wie der bei europäischen Konsumenten besonders beliebte Zuchtlachs etwa fressen selber Fisch. In Aquakulturen meist in Form von Fischmehl, das Soja beigemengt wird. Bis heute wird Staniford nicht müde, für sein Anliegen zu kämpfen, auch im Freundeskreis. Und kann auch dort fundamentalistisch werden. Kritisch werden würde es beispielsweise, wenn einer seiner Freunde in seinem Beisein ein Lachsfilet aus der Aquakultur bestellen würde, sagt Staniford. Er sei schon mal aus einem Restaurant geflogen, weil er den Wirt auf dessen Zuchtlachs angesprochen und einen Streit angezettelt habe. Wenn er eins nicht könne, dann dies: sich einfach mal zurückhalten.

Mit seinem winzigen Boot erkundet Staniford die Fischfutterfabrik. Sie steht nach Ansicht des Aktivisten für das Problem, dass Lachse zu viel fressen und Ressourcen verschwenden.

Medien spielen bei Stanifords Aktionen eine zentrale Rolle. Wie diese beiden Dokumentarfilmer der Meeresschutzorganisation Sea Shepherd im Regen.

Der Aktivist lässt eine Stange mit einer Kamera in den Käfig hinab. Er sieht Lachse mit Parasitenbefall. Plötzlich ertönt ein Schiffshorn.

ein, also Insektizide, die das Nervensystem der Krebse lähmen. Nach jeder Anwendung schwemmen die giftigen Substanzen ins Meer. „Sie töten nicht nur die Parasiten sie töten auch die Hummer in der Nachbarschaft", sagt der Aktivist.

Um die Schmarotzer einzudämmen, setzt die Lachsindustrie darüber hinaus „Thermolicer" ein, also Schiffe mit einer Art Waschmaschine an Bord. Die Fische werden über ein Rohr eingesaugt und geraten in Kammern, wo sie auf 30 bis 40 Grad Celsius erhitzt und gebürstet werden, damit die kleinen Krebse abfallen. Staniford kennt dafür nur ein Wort: „Folter". Und er sagt: „Bis heute kriegen sie die Sache nicht in den Griff."

Don Staniford erreicht schnaufend einen der Käfige, macht das Kajak daran fest. Greift dann mit beiden Händen nach dem Schwimmkörper, der die Anlage über Wasser hält: einem Ring, vielleicht anderthalb Meter breit, oben mit Gummimatten bedeckt, über die man laufen kann. An seiner Unterseite ist das Netz befestigt. Fast unsichtbar strebt es in die Tiefe, gut 15 Meter im Durchmesser, in Form gehalten durch Ankerseile oder Gewichte.

Der Aktivist wuchtet sich auf die Matten. Er steckt in einem Neoprenanzug, der über dem kräftigen Bauch spannt. Fragt man ihn nach seiner aktuellen Verfassung, sagt er in heiterem Tonfall: „Eigentlich bin ich zu alt und zu dick für diese Nummer." Aber einer müsse es ja tun.

Er hört jetzt ein Klick-Klick-Klick. Es ist der Sound eines Apparats, der Seehunde abschrecken soll. Gegen Attacken durch Vögel schützt eine Konstruktion aus Netzen, die sich im Zentrum des Rings erhebt.

Staniford lehnt sich an deren äußere Begrenzung, eine Art Reling. Er schaltet seine Minikamera ein und senkt sie an der Stange hinab zu den Fischen. Hin und wieder springt ein Lachs aus dem Wasser. Don Staniford sieht Tiere mit weißen Köpfen; für ihn ein Zeichen von Parasitenbefall.

Plötzlich ertönt ein Schiffshorn. Zwei Boote nähern sich. Das eine, groß wie ein Reisebus, schiebt sich zuerst heran, ein Trumm aus Metall mit schwarzem Rumpf und einer Kommandobrücke, die eine Rundumsicht gestattet. Auf der Seite ist eine Aufschrift zu lesen: Safety first.

„Welche Krankheiten haben diese Lachse?", ruft Staniford zweimal in die Richtung des Schiffs, als wolle er die Schlacht eröffnen. Der Aktivist stützt sich auf die Reling, seine Beine über Kreuz, den Hintern rausgestreckt. Was aussieht, als würde er gerade in einem Pub ein Bier ordern.

„Verlassen Sie unseren Besitz, Sie befinden sich auf Privatgelände", scheppert die Antwort aus einem Lautsprecher des Schiffs. Dessen rechteckige Bugklappe ragt nun neben Staniford auf wie die Zugbrücke einer Burg. Das zweite, kleinere Boot naht von der anderen Seite zum Zangenangriff. Es wälzt eine Bugwelle vor sich her.

Der Umweltschützer hat seine Mission vorbereitet wie der Chefstratege einer Truppe von Guerilleros. Er hat ein 55 Seiten langes Dossier ausgearbeitet, das den Titel „Dreharbeiten Skye 1.–3. November" trägt. Darin sind Fischfarmen verzeichnet, die er „inspizieren" will. Wie die im Loch Alsh. Landkarten weisen Zufahrten über einsame Forstwege aus. Tabellen veranschaulichen Biomasse und Mortalität in den Käfigen. Staniford führt außerdem Protokolle von Gesprächen mit Whistleblowern auf, die ihm Informationen gesteckt haben. Anwohner haben ihm berichtet, dass Lachszüchter Seehunde erschießen, wenn die sich an die Käfige heranmachen.

Das Ganze erinnert an eine geheime militärische Kommandoaktion, nur mit der Geheimhaltung ist es nicht sonderlich weit her. Und mit dem Militärischen eigentlich auch nicht. In einer Lokalzeitung der Isle of Skye hat Staniford vor seiner Abreise eine Annonce schalten lassen, die aussieht, als hätte sie ein Sechsjähriger gestaltet. Darauf sind ein Kajak, ein Seehund mit Paddel und Begriffe wie „Halloween" und „Frankenfisch" zu sehen. Den meisten Platz beansprucht ein Lachs, der an ein Monster erinnert.

Die Anzeige trommelt in Stanifords Namen für eine Demo vor einer Futterfabrik der ortsansässigen Lachsindustrie – und erscheint zwischen deren Stellenangeboten. „Kleine Provokation", kommentiert der Aktivist das munter. „Sie wissen, dass ich komme. Sie wissen nicht, wo ich zuschlage."

Don Staniford ist ein gestandener Mann von etwa 50 Jahren, aber sein wahres Alter lässt sich nur schwer einschätzen. Mit den breiten Schultern und seiner

Staniford ist ein Medienprofi. Das Geschehen in Schottland kommentiert er im wackeligen Paddelboot und zeichnet sich dabei auf. Das Ergebnis wird er bald darauf veröffentlichen.

Den Großteil seines Kampfes erledigt der Aktivist allerdings zu Hause am Laptop (unten): Bilder prüfen, Daten checken, Behörden anschreiben und Tweets posten.

Stanifords Protestaktionen sind oft ein Familienausflug, wie hier auf der Isle of Skye. Meist mit dabei: seine Frau Elena (links), sein Sohn Fionn und seine Tochter Elseanne.

Sein Vater wollte ihn als Nachfolger seiner Firma. Eine sichere Bank. Doch Don sah die Umweltschäden und beschloss, alles anders zu machen.

Lockenmähne wirkt er wie ein stolzer Krieger aus einem Fantasyfilm, der weiß, dass er für das Gute kämpft. Rhetorisch könnte er mit jedem Redner im Unterhaus mithalten. Staniford schreibt geschliffene Mails an Behörden, von denen er Informationen will.

Doch seine Zeilen enden oft mit dem Gruß „best fishes", beste Fische. Anstelle von besten Wünschen, „best wishes". Ein Jungs-Wortwitz, der zu seinen Kostümauftritten passt: Manchmal nähert er sich als Hummer oder Seehund verkleidet einer Fischfarm. Von Tieren also, denen der Betrieb nach Stanifords Erkenntnissen schadet.

Wahrscheinlich hat diese Mischung aus Slapstick, Anarchie und Beharrlichkeit ihm dabei geholfen, zum Erzfeind der Aquakultur aufzusteigen. Don Staniford bleibt unberechenbar. Und was ihn noch gefährlicher macht: Der Übermacht des Feindes setzt er Leidenschaft entgegen für ein Lebewesen, das den meisten nur als Filet in der Fischtheke begegnet.

Staniford ist vermutlich der einzige Berufsdemonstrant der Welt, der sich allein dem Lachs verschrieben hat. Seine Frau nennt ihn deshalb ein „one-trick pony", was grob übersetzt einen Fachidioten bezeichnet: einen Menschen, der nur einen Trick beherrscht.

VIER TAGE VOR DER Attacke auf die Lachsfarm fährt er nahe Liverpool los. Mit im Auto sitzen seine Frau Elena, die Kinder Elseanne und Fionn, beide in der Grundschule, sowie die Hündin „Daisy". Die Familie begleitet ihn fast immer, wenn er für den Lachs unterwegs ist. Der zweite Vorname seiner Tochter lautet River, Fluss. Der zweite Vorname seines Sohnes Bradan, gälisch für Lachs. Von Geburt an sind sie Teil des Projekts. Seine Frau hat Staniford bei einer Lachsaktion in Kanada kennengelernt. Für ihn ist das Berufliche stets das Private und umgekehrt.

Am Loch Alsh mäht Arbeitsboot Nr. 2 fast das Dingi über, in dem zwei Dokumentarfilmer von Sea Shepherd hocken, und quetscht Stanifords Kajak gegen den Schwimmring. Ein Schlauchboot prescht heran. Drei Männer in neongelben Overalls springen auf den Ring des Käfigs. Einer tritt Don Staniford in die Hacken. Nennt ihn „cunt", Fotze. Ein anderer klippt das Kajak ab. Ein dritter wirft das Paddel ins Wasser. Dicht neben ihm bauen sich die Arbeiter auf. Einer sagt, Staniford begehe Hausfriedensbruch.

Der Aktivist klammert sich an die Reling und hält stoisch seine Kamera unter Wasser. Das Meer ist still, das Gehege ruht wie einzementiert, doch bei Staniford weiß man nie, was passiert. Die Stange könnte ihm entgleiten, er könnte einfach so in die See stürzen, wie am Vortag, als er sich aufs Kajak setzen wollte, eine Stufe übersah und vor laufender Kamera ins Wasser fiel. Wer ihn in seiner bärigen Tapsigkeit beobachtet, ist auf alles gefasst. „Ich bin der Typ, der Sachen kaputt macht", sagt er. Aber davon lässt er sich nicht entmutigen. Als herausragende Eigenschaften erwähnt er seine Sturheit und sein dickes Fell. Seine Frau sagt, er habe Probleme damit, ein „Lass das!" zu akzeptieren. Was anstrengend sei für ihre Ehe. Aber vorteilhaft für den Kampf gegen die Lachsindustrie.

WAS IST BLOSS SCHIEFGEGANGEN mit dir? Das fragt sein Vater ihn immer noch, wenn sie zusammensitzen beim Bier, zwei Stanifords am Tisch, Donald und Donald. Dass sie den gleichen Vornamen tragen, erzählt etwas von Hoffnung und Erwartung.

Der Vater wünschte sich einen Nachfolger, der das mittelständische Unternehmen in die Zukunft führen würde: Transport hochgiftiger Stoffe. Ungefähr 30 Angestellte, eine sichere Bank. Staniford junior kann heute nicht mehr genau sagen, warum er sich damals auflehnte.

Aber irgendwann wuchs in ihm der Wille, alles anders zu machen. Sein Vater war ein famoser Rugbyspieler, also spielte der Sohn Fußball. Er besuchte eine erstklassige Privatschule in Liverpool, überragte die anderen, gewann den Latein-Preis. Er hätte Chemie studieren können wie sein Vater. Doch es war auch die Zeit der Anti-Atomkraft-Bewegung, des sauren Regens und der Friedensdemos. Der Atommeiler in Tschernobyl ging hoch. Don Staniford las Rachel Carsons Klassiker „Silent Spring", „Der stumme Frühling", über die verheerende Wirkung von Pestiziden.

Er beschloss, ein Zeichen zu setzen, und entschied sich für ein Studium der Umweltwissenschaften. Seine Diplomarbeit schrieb er über exotische Muscheln, die sich in Schottland bedrohlich ausbreiteten. Während der Recherche stieß er auf Arbeiten zum Zuchtlachs. Alle schlussfolgerten, dass die Aquakultur von Lachs heikel ist. In Don Stanifords Kopf reifte eine Erkenntnis, die ihn seitdem nicht mehr loslässt.

Staniford ist gern Einzelkämpfer. Seine Feinde nennen ihn einen Fanatiker und Propheten des Untergangs. Für ihn sind das Komplimente.

Seine Doktorarbeit hat er zwar nie vollendet, aber Staniford wird zu einem Experten für Lachszucht. Bei der EU-Kommission arbeitet er anfangs als Sachverständiger im Auftrag einer Umweltorganisation. Der junge Wissenschaftler berichtet über tödlichen Virenbefall. Über zu viele Missbildungen, Antibiotika-Überdosen und die Gefahr, dass genetisch minderwertige Zuchttiere ausbrechen und ihr Erbgut an die Verwandten draußen weitergeben. Er referiert über das Problem, dass fünf Kilogramm Fischmehl nötig sind, um ein Kilogramm Lachs zu erzeugen.

UND STANIFORD MACHT EINE einschneidende Erfahrung. Zum ersten Mal trifft er in Brüssel auf die Gegenseite, auf Vertreter der Aquakulturindustrie. Nach einer Konferenz beleidigen ihn ein paar Lobbyisten, einer spuckt Staniford an: „Da wusste ich einmal mehr, dass ich recht habe", sagt er. Die Einsicht verdichtet sich zur Überzeugung, das Richtige zu tun. Seit der Konferenz in Brüssel dreht sich bei ihm alles um Lachs, seit mehr als 20 Jahren.

Don Staniford arbeitet immer wieder als Campaigner für große Organisationen, reist nach Chile, Norwegen, Kanada, in die USA, nach Australien oder Neuseeland. Am liebsten wirkt er allerdings als Solist. Weil ihm dann niemand reinredet. Und weil er die Leichtfüßigkeit des Einzelkämpfers schätzt. „Ich bin wie der Vietcong", sagt er gern, „Ich bin viel schneller und kleiner als mein Gegner."

Vor Supermärkten hält er Plakate mit seinen Botschaften hoch, er postet Tweets und gibt Interviews. Die Medien lieben ihn dafür, wenn er über den „bösartigen Krebs an der Küste" spricht und über eine „Massentierhaltung wie bei Hühnchen". Vor allem aber sammelt er Informationen und analysiert sie.

Feinde nennen ihn bald einen Fanatiker, einen Propheten des Untergangs, einen Ökoterroristen. „Für mich sind es Komplimente", sagt Staniford. Zusammen mit anderen Umweltschützern erwirbt er für ein paar Hundert Dollar Aktien von Mowi, bindet sich die Haare, zieht seinen Anzug an und erscheint als Anteilseigner bei Aktionärstreffen, wo er kritische Fragen stellt.

Oft wird er von Lachsfarmern auf der Straße erkannt. Er ist ihr Gegner. Einmal steckt ein Nagel in seinem Autoreifen. Ein Mann bedroht ihn gar mit dem Tod, erzählt Staniford.

FÜR DEN TRIP NACH Schottland hat er sich zur Tarnung einen Bart stehen lassen, obwohl er ahnt, dass der nichts bringt. Er sagt, dass er mit der Angst umgehen könne. Aber er war auch schon beim Arzt wegen der hektischen Flecken, die er manchmal bekommt. Und er weiß, wie sich der Adrenalinstoß anfühlt, wenn er wieder mal den Brief einer teuren Anwaltskanzlei öffnen muss.

Dreimal wird Don Staniford angeklagt, wegen Verleumdung. Zwei Verfahren gewinnt er. „Weil ich niemals etwas Unwahres verbreite", sagt er. „Die goldene Regel eines jeden Aktivisten lautet: Du musst dich an die Fakten halten, dann kann dir nichts passieren!"

Warum er trotzdem in Kanada den Prozess gegen ein Großunternehmen der Lachsbranche verliert, weiß er bis heute nicht. Während des Verfahrens haust

Als Staniford in Schottland seine Protestplakate auslegt, ruft das eine Anwohnerin auf den Plan. Sie schreit ihn an, dann filmen sie einander.

Staniford gibt seine Weltsicht auf sanfte Weise weiter. An der Fridays-for-Future-Demo in Liverpool nehmen seine Kinder aber auch teil, weil es anschließend Pizza gibt.

Beim Protest vor der Futterfabrik soll ein gelber Overall signalisieren: Vorsicht, giftig! Bei anderer Gelegenheit schlüpft Staniford aber schon mal in ein Hummerkostüm.

Don Staniford zitiert Gandhi: „Erst ignorieren sie dich, dann lachen sie über dich, schließlich bekriegen sie dich. Und am Ende gewinnst du."

Staniford im Souterrain unter der Anwaltskanzlei. Das Fernsehen kommt und filmt sein Nachtlager, das er auf einer schäbigen Matratze aufgeschlagen hat. Die Hauskatze pinkelt auf das Bettzeug.

Ein besseres David-gegen-Goliath-Szenario hätten sich die Journalisten nicht erträumen können. Am Ende soll David 500 000 Dollar zahlen. Doch David zahlt nicht. „Als ich danach mal wieder in Kanada einreiste, bekam ich eine Vorladung", sagt Staniford. „Aber ich konnte nachweisen, dass mein Kontostand zwischen plus 500 und minus 250 Pfund schwankt."

Vor zehn Jahren starb seine Mutter. Von der Erbschaft leistet sich Staniford ein Haus, legt ein paar Reserven an. Seine Frau arbeitet ein paar Stunden pro Woche in der Essensausgabe der Schule. Die Familie lebt knapp, kauft im Second-Hand-Laden ein, und Staniford weiß, dass er keine Rente bekommen wird. Er existiere nur im Hier und Jetzt, „in einem Leben ohne Sorgen". Missionen finanziert er durch Spenden von Menschen, die den Umweltschützer für genau diese Arbeit schätzen.

Sein rechtes Auge ist wegen eines Glaukoms fast blind. Damit er das andere behält, nimmt er täglich Tropfen, die den Druck im Auge mindern.

Wahrscheinlich ist es genau diese Gelassenheit, die ihm Sympathien einbringt und auch Respekt. Eine Lobbyzeitschrift habe ihn vor ein paar Jahren zu den 100 wichtigsten Persönlichkeiten der Aquakultur erklärt, sagt er.

Staniford lässt sich selten aus der Ruhe bringen. Er hat nichts zu verlieren, nichts zu verbergen. Er ist authentisch, eine Marke, das Gesicht des Kampfes gegen die Lachszucht. In einer großen Organisation, als einer von vielen, wäre er das nie geworden.

Auf der Mowi-Fischfarm im Loch Alsh hält der Aktivist die Teleskopstange seiner Kamera die ganze Zeit eisern fest, aber die Gelassenheit – das wird er später erzählen – geht ihm dann doch kurz verloren. Er fühlt die Angst aufsteigen, während ihn die Arbeiter weiter bedrängen.

Jetzt stehen sie neben ihm, einer filmt die Szene mit seinem Handy. Einer der Farmer spricht ganz ruhig mit Staniford, sagt, sie hätten die Polizei gerufen. Und dass sein Boss ihn bitte, zu gehen. Staniford antwortet höflich wie immer. Irgendwann ziehen sie ab. Die Polizei wird nie erscheinen.

Die Leute von Sea Shepherd kriegen den Motor wieder in Gang. Sie reichen Don Staniford das Paddel, das im Wasser treibt. Bald setzt er sich wieder in sein Kajak und paddelt zum Strand, zu seinem Auto. Er wird Post von den Mowi-Anwälten bekommen. Sie fordern ihn auf, die Namen seiner „Komplizen" zu nennen. Er wird gegen den Konzern eine Beschwerde bei der zuständigen Maritime and Coastguard Agency einlegen, wegen eines „Verstoßes gegen Sicherheitsbestimmungen zur See". Weil er das Vorgehen unverantwortlich findet. Und weil das die Öffentlichkeit aufrütteln könnte. Die Mowi-Leute hätten aus seiner Sicht niemals das Kajak abklippen und das Paddel ins Wasser werfen dürfen. Und das kleinere Arbeitsboot sei dem Dingi von Sea Shepherd bedrohlich nahe gekommen.

Der Medientross und Staniford fahren zurück über die holprige Piste, über die sie in der Dunkelheit gekommen waren. „Fuck off", sagt Staniford, wenn sein Auto aufsetzt. Die Stoßdämpfer sind hinüber. Der Rückspiegel ist neulich abgefallen. Auf der Anzeige blinkt das Werkstatt-Symbol. Außerdem geht jetzt das Benzin zur Neige.

Im Radio läuft ein Rugby-Spiel, England gegen Südafrika. Staniford drückt an den Knöpfen herum. Im atmosphärischen Rauschen sind entfernt die erregten Stimmen der Kommentatoren zu vernehmen. Es scheint nicht gut zu stehen für sein Team. Doch Don Staniford ist glücklich. Er hat es auf eine Lachsfarm geschafft. „Das ist für mich ein Erfolg", sagt er. Vielleicht wird er niemals mehr erreichen als die ewige Fortsetzung seines Protests. Denn der größte Gegner heißt nicht Mowi. Der härteste Widersacher ist der Verbraucher, der nicht auf Lachs verzichten will.

Die kanadische Regierung aber hat bereits verkündet, die Aquakultur von Lachs im Pazifik zu untersagen. Und zusammen mit anderen hat Staniford 44 000 Schotten dafür gewonnen, eine Petition gegen Fischfarmen zu unterzeichnen.

„Du musst immer kämpfen, darfst niemals nachlassen", sagt Staniford. Fragt man ihn, wie lange noch, dann zitiert er Mahatma Gandhi. „Erst ignorieren sie dich, dann lachen sie über dich, schließlich bekriegen sie dich. Und am Ende gewinnst du. Wir haben Phase drei erreicht."

Staniford ist ein Familienmensch, der so viel Zeit wie möglich mit seinen Kindern verbringt: beim Vorlesen und gelegentlichen Fernsehabenden mit Familienhund „Daisy" – und Popcorn.

In der Natur findet Staniford Kraft, wie hier nahe Liverpool, wo er lebt. Seine Hoffnung: „Der Allgemeinheit wird immer immer stärker bewusst, wie wir die Erde zerstören, und mehr und mehr Menschen engagieren sich."

HELDEN FÜR NATUR UND UMWELT

Diese Männer und Frauen forschen, erkunden und bewahren. Sie setzen ihre Ideen durch und manchmal auch ihr Leben aufs Spiel, um Landschaften vor der Ausbeutung, Tiere vor dem Tod und die Menschheit vor dem weiteren Klimawandel zu bewahren.

TEXTE: SIEBO HEINKEN

Er war ein Liebhaber der Natur, und seine besondere Leidenschaft galt den mehr als 80 Meter hohen Mammutbäumen im Westen der USA, die zu seiner Zeit schon gefällt und verarbeitet wurden. „Wenn einer dieser Sequoia-Könige in seiner ganzen göttlichen Majestät in die Stadt käme, um für seine eigene Sache zu plädieren, würde es nie wieder an Verteidigern fehlen. Das Gleiche gilt für alle anderen Sequoia-Wälder der Sierra, für den edlen Sequoia sempervirens oder die Redwoods der Küstengebirge", schrieb **John Muir**. 1838 in Schottland geboren, war er als Kind nach Nordamerika gekommen und hatte sich in Botanik und anderen Naturwissenschaften fortgebildet. Mit 30 Jahren reiste er ins Yosemite-Tal in der kalifornischen Sierra Nevada und begann, in Vorträgen für den Schutz der dortigen Wälder zu werben. Er gründete den Sierra Club, noch heute eine der einflussreichsten Naturschutzorganisationen Nordamerikas, und lud Präsident Theodore Roosevelt ins Yosemite-Gebiet ein (Foto). Sein Werben führte dazu, dass 1906 hier ein Nationalpark ausgewiesen wurde. Muir gilt in den USA als Begründer des Naturschutzes. Wildnisgebiete, ein Gletscher und sogar ein Asteroid tragen seinen Namen.

In Zaire bewacht ein Naturschützer zwei festgesetzte Wilderer (rechts), und im Nairobi-Nationalpark in Kenia beaufsichtigt ein Kollege, wie Hunderte Stoßzähne von Elefanten verbrannt werden (unten), damit sie nicht auf den Markt gelangen. Solche Arbeit von **Park Rangern** ist immens wichtig in einer Situation, in der Wilderei in vielen Ländern Afrikas eine wichtige Einnahmequelle ist und Teile von Elefanten, Nashörnern oder Großkatzen vor allem in asiatischen Ländern noch immer nachgefragt werden als Heilmittel oder Aphrodisiakum. Doch viele der Angestellten in Nationalparks bezahlen ihre Arbeit und ihr Engagement mit ihrer Gesundheit oder dem Leben. So starben 2020 allein im Virunga-Nationalpark in der Demokratischen Republik Kongo zwölf Ranger und ein Fahrer beim Angriff einer Miliz. Insgesamt wurden der Nichtregierungsorganisation Global Witness zufolge in jenem Jahr weltweit 227 Umweltschützer ermordet, möglicherweise mehr. Drei Viertel der tödlichen Angriffe passierten in Lateinamerika. Hinter den Anschlägen stecken zumeist Unternehmen, Bauern, kriminelle Banden, aber auch staatliche Akteure. Überwiegend geht es um Forst- und Landwirtschaft sowie um Wasserbauprojekte.

HELDEN DES NATURSCHUTZES

"Eine schlanke Blonde mit mehr Zeit für Affen als für Männer berichtete heute, wie sie zwölf Monate im Dschungel verbrachte, um das Leben von Menschenaffen zu studieren", berichtete die Nachrichtenagentur AP im Jahr 1962 über einen Vortrag von **Jane Goodall**. Doch die englische Forscherin ließ sich nicht beeindrucken, auch nicht von anderer Polemik oder Kritik. Wochen, Monate, viele Jahre begleitete sie Schimpansen im Gombe-Nationalpark in Tansania und beobachtete Erstaunliches: Dass die Tiere Fleisch fressen. Vor allem, dass sie Werkzeuge verwenden, um etwa Termiten zu fangen. Goodall, 1934 geboren, revolutionierte unser Wissen über die Affen. Und noch immer engagiert sie sich für den Naturschutz: Ihr Jane Goodall Institute ist in mehr als 100 Ländern aktiv.

Der Mekong fließt rund 4500 Kilometer durch China, Vietnam, Laos, Thailand und Kambodscha und versorgt mehr als 65 Millionen Menschen mit Nahrung und Trinkwasser. Doch Anfang der 2000er-Jahre kündigte China gemeinsame Pläne mit Thailand an, felsige Abschnitte des Flusses nahe der Grenze zu Laos zu sprengen, um Platz für chinesische Frachtschiffe zu schaffen. **Niwat Roykaew** wollte das nicht hinnehmen. Der pensionierte Lehrer, geboren und aufgewachsen am Ufer des Mekong, gründete die Chiang Kong Conservation Group, ein Netzwerk aus 30 thailändischen Dörfern, das sich mit ökologischen und sozialen Problemen befasst. Er organisierte Proteste, gab Interviews, band Forscher ein. Mit Erfolg: 2020 sagte die thailändische Regierung das Projekt aufgrund seiner potenziell verheerenden Auswirkungen ab. Roykaew wurde als Umweltheld mit dem renommierten Goldman-Umweltpreis ausgezeichnet.

Sie wirkte unscheinbar, wie sie 2018 als 16-Jährige vor dem schwedischen Parlament saß, vor sich ein handgemaltes Schild: „Schulstreik für das Klima". Doch **Greta Thunbergs** Protest entfaltete eine enorme Wirkung. „Warum sollte ich für eine Zukunft lernen, die es vielleicht bald nicht mehr gibt, wenn niemand etwas tut, um diese Zukunft zu retten? Und was nützt es, Fakten zu lernen, wenn die wichtigsten Fakten in unserer Gesellschaft offensichtlich nichts bedeuten?", mit diesen Worten sprach die Klimaaktivistin jungen Menschen weltweit aus dem Herzen und wurde zur Heldin einer neuen Bewegung: Fridays for Future. Von Norwegen bis Neuseeland gehen sie seither auf die Straße und fordern mehr Engagement gegen den Klimawandel. Im September 2019 hielt Thunberg dann eine Wutrede beim UN-Klimagipfel in New York: „Wie konntet ihr es wagen, meine Träume und meine Kindheit zu stehlen mit euren leeren Worten? Wir stehen am Anfang eines Massenaussterbens und alles, worüber ihr reden könnt, ist Geld und die Märchen von einem für immer anhaltenden wirtschaftlichen Wachstum. Wie könnt ihr es wagen?"

Das Logo zieren ein Totenkopf, auf dessen Stirn ein Delfin und ein Wal schwimmen, sowie der gekreuzte Hirtenstab und Neptuns Dreizack. Wo die Schiffe von **Sea Shepherd** – Hirten der Meere – auftauchen, kommt es oft zu Ärger. Mehr noch als bei vielen anderen Umweltschutzorganisationen sind die Mitglieder dieser 1977 vom Kanadier Paul Watson gegründeten Bewegung bereit, große Risiken einzugehen, um illegale Fischerei und den Walfang zu stoppen. Lange Zeit machten sich die Aktivisten einen Ruf als „Ökopiraten" und zogen viel Kritik auf sich, weil sie bei ihrem Einsatz gegen Walfangschiffe mit waghalsigen Manövern die Grenzen des Legalen überschritten, etwa Schiffsschrauben blockierten. Inzwischen ist Sea Shepherd anders aktiv: birgt sogenannte Geisternetze und arbeitet oft mit lokalen Behörden zusammen, um unrechtmäßigen Fischfang zu unterbinden und zum Beispiel Fischerei-Inspektoren an Bord von Trawlern zu bringen.

Bei ihrer Arbeit für die US-Fischereibehörde erfuhr **Rachel Carson** Mitte des vergangenen Jahrhunderts von brisanten Pestiziden, die damals vollkommen üblich waren, vor allem DDT. Das Gift wurde oft von Flugzeugen ausgebracht, um Steckmücken und eingeführte Insekten wie etwa Schwammspinner zu bekämpfen – doch schon bald zeigte sich seine verheerende Wirkung auf Ökosysteme und besonders auf Vögel. Carson, eine Biologin und Wissenschaftsjournalistin, ging dem Thema nach. Schon während der Recherchen erlebte sie viel Gegenwind, wurde vom Innenministerium als subversive Person eingestuft. 1962 erschien ihr Buch „Silent Spring". Es führte dazu, dass DDT ein Jahrzehnt später verboten wurde. Vor allem markierte es den Beginn der Umweltschutzbewegung in den USA und eine Politisierung des Naturschutzes: Carsons Vermächtnis.

HELDEN DES NATURSCHUTZES

Welche Rolle spielen Helden und Heldinnen für die Jüngeren? Eine Kinderbuchautorin über Prinz Eisenherz, Winnetou und Pippi Langstrumpf – und über Wege, die Idole von einst in die heutige Zeit zu retten.

MUTMACHER DER

TEXT: NINA WEGER

Noah Hathaway spielte 1984 den Atréju in der Erstverfilmung von Michael Endes Roman „Die unendliche Geschichte": eine so spannende wie zauberhafte Fantasyreise, um die „Kindliche Kaiserin" und ihr Reich Phantásien zu retten.

IN KINDHEIT

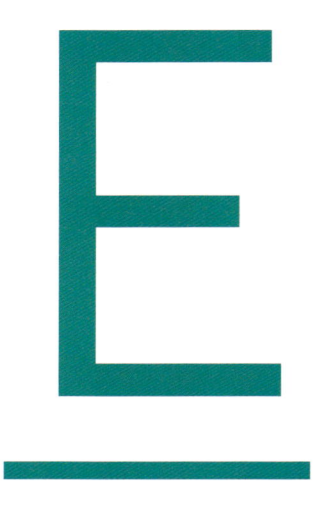

Er war mutig und klug. Nicht der Stärkste, sondern eher schmal, den meisten seiner Feinde körperlich unterlegen. Aber geschickt. Und er traf schnelle, kluge Entscheidungen. Unvergessen, wie er sich vor seinen Feinden in den Sumpf rettete, ein Schilfrohr schnitt und unter Wasser durch den Halm atmete. So blieb er untergetaucht, bis seine Verfolger ihn für ertrunken hielten und abzogen.

Mit klopfendem Herzen fieberte ich bis spät nachts unter der Bettdecke mit bei seinen Abenteuern. Ich übersah seinen eigenartigen Haarschnitt, den blauen, an ein Kleidchen erinnernden Wams. Bis heute könnte ich im Schlaf sein auf die Brust gesticktes Wappen malen: ein roter Pferdekopf mit stehender Mähne auf weißem Grund. Der Prinz von Thule – Prinz Eisenherz – war mein Inbegriff eines Helden.

Der junge Edelmann wollte Ritter der Tafelrunde werden. Unbeirrt verfolgte er sein Ziel. Zunächst Knappe von Ritter Gawain, lernte er von dessen Erfahrung und wurde schließlich am Hofe von König Artus eingeführt. Dort gab es gute Ritter, aber auch Schurken und Bösewichte.

Ich hatte die Bücher von meinem Vater bekommen, teilweise Comics (ohne Sprechblasen), manchmal lange Texte. Was liebte ich nur so sehr an diesem jungen Eisenherz?

Ich war immer das jüngste und lange Zeit auch das kleinste Kind in meiner Klasse. Es ging mir wie Eisenherz. Ich war der schmale, etwas weltfremde Prinz von Thule. In den Siebzigern, den Jahren meiner Kindheit, forderten aufgeklärte Eltern von ihren Kindern, ihre Probleme erst einmal allein zu lösen. Und so orientierte ich mich an meinem Helden, der mutig für seine Ideale einstand, selbst in ausweglosen Situationen nicht aufgab und flexibel einen neuen Weg suchte, wenn es auf dem alten nicht weiterging. Ich folgte auch seinen Überlebensstrategien, wenn es brenzlig wurde: besser schnell weg oder ausweichen. Wer nicht stark war, aber wie ich – und Prinz Eisenherz – eine große Klappe hatte, musste im richtigen Moment das Weite suchen. Das weibliche Personal in dieser Geschichte interessierte mich übrigens wenig. Es war hübsch, aber langweilig. Echte Abenteuer, die erlebten nur die Jungs.

Natürlich gab es im Laufe der Zeit auch andere Helden in meinem Leben. Ich vergötterte Winnetou. Las die „Odyssee" und auch Pferdebücher. Ich kannte alle Figuren von Astrid Lindgren und Erich Kästner. Auch tierische Helden waren dabei: „Wolfsblut" von Jack London und „Buck" aus „Der Ruf der Wildnis", „Lassie" und „Black Beauty". Sie waren meine Begleiter, Ratgeber, Vorbilder, Tröster und Mutmacher.

Helden stecken meist in schrecklichen Situationen. Sie sind auf sich allein zurückgeworfen, und alles scheint ausweglos. Aber sie geben nicht auf, kämpfen, werfen alles in die Waagschale. Sie machen das Unmögliche möglich.

Darum brauchen Kinder Helden. Sie sind der Welt der Erwachsenen ausgeliefert und haben wenig Gestaltungsmöglichkeiten. Sie müssen sich mit den Entscheidungen der Großen arrangieren oder rebellieren. Fast alle Probleme, mit denen Kinder konfrontiert sind, tauchen für sie zum ersten Mal auf. Die Helden, die gegen das übermächtige Böse kämpfen, zeigen ihnen: Du bist nicht allein. Und wenn sie es schaffen, schaffst du es auch.

Basierend auf dem Buch „Der Heros in tausend Gestalten" von Joseph Campbell, das angeblich den Bausatz für George Lucas' „Star Wars"-Imperium lieferte, entwickelte Christopher Vogler, ein Drehbuchautor und Dozent für die Entwicklung von Filmstoffen, eine Art Handbuch für Heldengeschichten. Während Campbell Mythen, Sagen und Märchen aus aller Welt untersucht hatte, um eine Grundstruktur der Heldengeschichte zu destillieren, lieferte Vogler in seiner „Odysee des Drehbuchschreibens" das Kochrezept. In

Prinz Eisenherz, 1954 gespielt von Robert Wagner, beruht auf einer US-amerikanischen Comicserie: Der junge Wikingerherrscher kommt an den Hof von König Artus, bereist die Welt von Germanien über Russland bis nach Jerusalem und muss überall aufregende Abenteuer bestehen.

zehn Schritten müssen der Held oder die Heldin demnach von der Startposition „Begrenztes Bewusstsein" über „Widerwille gegen Veränderung" und „Überschreiten der ersten Schwelle" schließlich das „endgültige Meistern des Problems" erreichen. Dabei durchlaufen sie in allen Heldengeschichten wiederkehrende Stationen. Immer treffen sie auf Archefiguren wie den Mentor, den Verbündeten, die Feinde.

Dieses Modell trifft auch auf die meisten Helden in Kinder- und Jugendbüchern zu: auf „Winnetou", „Heidi", „Sindbad", „Ronja Räubertochter", „Das kleine Gespenst". Die Geschwister in den „Chroniken von Narnia" gehorchen dem Prinzip ebenso wie Atréju aus „Die unendliche Geschichte", Meggie aus der „Tintenherz"-Trilogie und „Harry Potter". Sie alle folgen mehr oder weniger diesem vorgeschriebenen Weg des Helden, der aus seiner behüteten Welt gerissen wird, sich mit seinen Ängsten und Feinden konfrontieren muss, über sich hinauswächst und schließlich brilliert.

Nur eine scheint sich diesem Prinzip standhaft zu verweigern und hat trotzdem Heldenstatus erreicht. Pippi Langstrumpf entwickelt sich nicht. Sie muss nicht in dunkle Abgründe hinabsteigen, um nach bestandenem Abenteuer gewachsen zurückzukehren. Pippi ist Pippi. Und so stellt sie auch gleich zu Beginn klar: Sie will sich nicht ändern.

Pippilotta Viktualia Rollgardina Pfefferminz Efraimstochter Langstrumpf will ihre Sommersprossen behalten, mit den Füßen auf dem Kissen schlafen und auf gar keinen Fall „Plutomikation" lernen. Sie macht sich die Welt „widewide – wie sie mir gefällt". Pippis Heldenhaftigkeit liegt im Anderssein und dem ungebrochenen Glauben an die eigene Stärke. Längst ist es kein Drama mehr, rote Haare und Sommersprossen zu haben – und doch identifizieren sich Kinder noch immer damit, wie Pippi nicht in die Norm passt und gegen die Welt der Erwachsenen rebelliert.

Mit dem stärksten Mädchen der Welt schuf Astrid Lindgren in den 1940er-Jahren eine ganz neue weibliche Heldenfigur. Natürlich hatte es schon immer Frauen mit Wunderkräften gegeben wie Brunhilde, die nur von einem Siegfried mit Tarnkappe besiegt werden konnte. Aber ihr wurde gleichzeitig auch sagenhafte Schönheit zugeschrieben. Pippi entsagt jedem Schönheitsideal mit ihren zu großen Schuhen und den abstehenden Zöpfen. Sie lebt allein und gehorcht nur sich selbst. Erschaffen in einer Zeit, als Frauen ihren Ehepartner noch um Erlaubnis bitten mussten, arbeiten zu dürfen, und in der Mädchen sittsam und gehorsam zu sein hatten, schlug Pippi ein wie eine Bombe. Sie war nie programmatisch oder warb für ihre Ideale. Sie lebte sie einfach – und wurde so auch zu einer heimlichen Ikone der sich allmählich emanzipierenden Frauen.

Doch mit ihrem Lebensmodell steht Pippi immer noch ziemlich allein da. Bei den weiblichen Helden im Kinderbuch ist viel Platz nach oben – und in letzter Zeit gibt es zudem eine Rückwärtsbewegung. Stöbert man in Buchhandlungen bei den Büchern „für Mädchen", findet man jede Menge Prinzessinnen, Feen und Models. Gibt man hingegen „Heldinnen" als Suchanfrage bei Kinderbüchern ein, ist das Ergebnis übersichtlich. Doch immer wieder stößt man glücklicherweise aber auch auf neue Heldinnen, wie in der Reihe „Maulina Schmitt" von Finn-Ole Heinrich. Die Hauptfigur Maulina heißt eigentlich Paulina, aber ihr Maulen ist Programm. Das verletzte, empfindsame Mädchen, das nach der Trennung seiner Eltern die geliebte Wohnung verlassen muss und deren Mutter dann auch noch schwer krank wird, ist eine echte Herausforderung. Trotzig stemmt Maulina sich gegen alle Widrigkeiten, sucht Verbündete und nimmt es heldenhaft mit den Zumutungen des Lebens auf.

Oder man erlebt Katniss aus „Die Tribute von Panem", die eine Schlacht um Leben und Tod kämpfen muss und den männlichen Helden an Mut und Geschicklichkeit im Umgang mit Waffen sowie Solidarität in nichts nachsteht. Die Trilogie um die „Hungerspiele" verkaufte sich weltweit mehr als 100 Millionen Mal.

Insgesamt haben es die Kinderbuchhelden und -heldinnen heute aber schwer. Sie sind in eine Krise geraten, werden hinterfragt. Manche Kritik ist berechtigt, andere fraglich.

In der ersten Reihe steht Pippi Langstrumpf. Ihr Satz über den Vater als „N"-König in Taka-Tuka-Land wurde zum Synonym für Rassismus in Kinderbüchern. In neueren Übersetzungen bezeichnet Pippi ihren Vater zwar als „Südsee-König"; geblieben ist, dass er über die Eingeborenen herrscht und Pippi taschenweise Gold aus den fernen Kolonien schickt. Auch ohne „N-Wort" wird ein schwieriges Bild transportiert.

Sollte Pippi darum aus den Kinderzimmern verschwinden? Als die Diskussion um die Lindgren-Bücher laut wurde, habe ich Freunde meiner Kinder befragt, die oder deren Eltern aus Ghana, Nigeria und der Elfenbeinküste stammen. Einer sagte: „Ich habe mich daran gewöhnt, aber meine Schwester leidet jedes Mal sehr. Und wenn etwas in der Schule vorgelesen wird und das N-Wort genannt wird, werden wir auch in der Pause so genannt." Deshalb: Solange ein Kind leidet, ist etwas falsch. Herabsetzende Worte müssen aus Kinderbüchern gestrichen oder ersetzt werden.

Aber was tun mit einem als politisch nicht korrekt empfundenen Kontext? 2022 stoppte der Verlag Ravensburger die Auslieferung der Bücher zum gleichnamigen Film „Der junge Häuptling Winnetou". Er reagierte damit auf Vorwürfe von Rassismus und „kul-

Pippi Langstrumpf will mit den Füßen auf dem Kissen schlafen und auf keinen Fall „Plutomikation" lernen. Noch immer identifizieren sich Kinder damit, wie sie nicht in die Norm passt.

tureller Aneignung". Es ging nicht um ein Wort, sondern ums Ganze.

Ich habe Karl Mays Winnetou-Bücher mehrmals gelesen. Durch die (romantisierenden) Geschichten um den Häuptling der Apachen begann ich mich für die Geschichte und Kultur der amerikanischen Ureinwohner zu interessieren. Deswegen las ich Dee Browns Werk „Begrabt mein Herz an der Biegung des Flusses" über das Massaker an den Lakota 1890 am Wounded Knee und sah mit Entsetzen die Dokumentation „Die Geschichte der Indianer – 500 Nations". Hätte ich mich ohne Winnetou damit beschäftigt? Vielleicht, wenn man mir eine andere Geschichte eines *Native American* gegeben hätte? Winnetou ist eine Märchenfigur. Nicht anders als der Magier Harry Potter. Bei beiden gibt es die Guten und die Bösen, die Trickser und Gestaltwandler. Trotzdem bleibt ein Unterschied: Das eine Buch spielt in der Realität, das andere ist Fantasy.

IN MEINEM ERSTEN KINDERBUCH „Helden wie Opa und ich" hält Josephine, die jüngste Schwester meines Helden, sich für eine „Indianerin" vom Stamm der Dakota-Sioux. Sie schläft in einem Tipi und will nur essen, was sie selbst gefangen oder gefunden hat. Sie verehrt die Haltung der amerikanischen Ureinwohner zur Natur. So möchte sie auch sein und handeln. Das Buch sollte verfilmt werden, doch dann zog der niederländische Co-Produzent zurück. Eine Begründung: „kulturelle Aneignung" wegen der Figur der Josephine.

Sollte eine weiße, europäische Autorin wie ich nicht mehr über Menschen mit einem anderen kulturellen Hintergrund schreiben? Müssten wir nicht vielmehr die Perspektive und das transportierte Weltbild kritisch betrachten? Die Weltgeschichte ist eine einzige kulturelle Aneignung, und das ist in den meisten Fällen gut, denn es heißt, dass wir Positives voneinander lernen, manchmal leider auch Schlechtes übernehmen.

Wir sollten die Heldengeschichten überprüfen. Fragliches oder mangelndes Bewusstsein für Rassismus und Ungerechtigkeiten ist nicht akzeptabel. Es gibt viele Dinge, die kann man auch nicht schönreden, wenn man den historischen Kontext erklärt. Bei anderen helfen ein Prolog oder eine Erklärung. In Pippi steckt so viel Gutes, und es wäre schade, wenn all das verloren ginge.

Noch etwas macht es heute schwer, literarische Helden in Kinderbüchern zu erschaffen: die allgemeine Empfindlichkeit. Nichts darf irritieren, verletzen, böse sein. Doch Geschichten, und ganz besonders Heldengeschichten, leben von der Auseinandersetzung. Ohne Bösewichte, Schweinehunde, Fieslinge gibt es keinen Konflikt. Und ohne Konflikt kein Drama.

Winnetous Schwester wird erschossen? Könnte traumatisieren. Die Wikinger, gegen die sich Prinz Eisenherz stellt, sind eine Bande grober Schurken? Sollte man nicht verallgemeinern. Lord Voldemort, der Harry Potter nach dem Leben trachtet, hat in seiner Kindheit Schreckliches erlebt? Muss man viel reflektierter sehen. Alkohol, Unfälle, Krankheiten, Bösartigkeiten oder Dinge, die Grenzen überschreiten? Bitte vermeiden. Und keine Schimpfwörter verwenden! Zu groß ist bei den Verlagen und ihren Lektoren die Angst, falsche Aufmerksamkeit im Netz zu bekommen. Oder gar einem Shitstorm ausgesetzt zu sein.

Doch gegen wen oder was soll der Held dann noch kämpfen? Natürlich, gegen sich selbst. Aber auch dafür bedarf es einer dunklen Seite oder eines bösen Fehlers, der korrigiert werden muss.

Es gibt eine einfache Regel beim Schreiben: Der Held kann nur so stark sein wie sein Gegner. Ist der Kontrahent schwach, ohnmächtig oder unwissend – wozu muss der Held dann über sich hinauswachsen und den sprichwörtlichen Heldenmut gegen das übermächtige Böse aufbringen?

Wir sollten nicht zu verzagt sein. In einer zunehmend komplizierten Welt suchen Kinder Klarheit, eine Leitplanke. Es gibt das Dunkle. Und man darf Wut haben. Man muss sich wehren dürfen. Wie sollen Kinder zu anständigen Menschen werden, wenn das Böse immer gleich relativiert wird? Wenn von vornherein stets eine Entschuldigung mitgeliefert wird für falsches Verhalten? Um Graustufen zu entwickeln, braucht man erst einmal Schwarz und Weiß.

Ohne blutrünstige Raubritter hätte mein Prinz Eisenherz niemals in den Sümpfen Zuflucht suchen und durch ein Schilfrohr atmen müssen. An wen hätte ich mich dann angelehnt? Wer hätte mir in kritischen Momenten die Hand gereicht und mich bestärkt, dass es da draußen in der Wildnis meines Helden und auch in meiner Wildnis doch eine Lösung gibt?

Drei Freunde, mit denen Millionen Kinder seit Jahrzehnten durch dick und dünn gehen (Filmszene aus den 1960er-Jahren): die lustige und immer zu einer kleinen Unwahrheit bereite Pippi Langstrumpf (Inger Nilsson), Tommy (Pär Sundberg) und Annika Settergren (Maria Persson).

Eliza Bennett spielte in der Verfilmung des Fantasyromans „Tintenherz" von Cornelia Funke die zwölfjährige Meggie Folchart, die magische Gaben hat.

Der zwölfjährige Emil Tischbein wird im Zug bestohlen und macht sich in Berlin mit Freunden auf, den Dieb zu verfolgen. Erich Kästner schrieb den Roman „Emil und die Detektive", hier die Verfilmung von 1931.

Karl Mays Winnetou bei den Freilichtspielen 2023 in Bad Segeberg. Der „Indianer" machte viele Kinder erstmals mit den Bewohnern Nordamerikas bekannt. Heute wird die Figur vielfach kritisch gesehen.

HELDENFIGUREN IN KINDERBÜCHERN

Der Wal als archaisches Wesen, die trauernde Geliebte, der planlose Neu-Berliner: Die Literatur ist seit je getragen von Helden und Heldinnen, die der Handlung eine Richtung und ihren Halt geben. Ein Streifzug durch die Jahrhunderte, ein Blick in Klassiker von Weltrang.

TIERE, HERRSCHER, LOSER

TEXT: STEPHAN DRAF

Eine Orgie von Schaum und Blut: Das Hamburger Thalia Theater nahm 2013 in einer großartigen Inszenierung mit auf die Jagd auf „Moby Dick", in den Kampf von Mensch und Tier, zu Kapitän Ahabs Ringen um die eigene Würde.

WAS FÜR EIN AUFTRITT, welch literarische Visitenkarte: Dieser Held hält sich nicht nur „an mehreren Stellen zugleich" auf, nein, er ist auch „unsterblich", so behaupten es jene an Bord der „Pequod", die ihn kennengelernt haben als unerbittlichen Gegner. „Ungewöhnlich groß" sei er, so raunen sie, von „durchtriebener Bosheit" und getrieben von einer „vorsätzlichen, teuflischen Wildheit". Was für ein Wesen! Ein Wal, allerdings ein Riese seiner Art. Und: weiß.

Können Tiere die Helden einer Geschichte sein? Sie können – in Fabeln tauchen sie ganz natürlich auf, als kluge Füchse, starke, mitunter tumbe Löwen-Könige, auch Mäuse können als schlaue Schwächlinge Heroisches vollbringen. Aber Hermann Melvilles Moby Dick agiert nicht in einer Fabel, er schwimmt durch eines der großen Werke der Literaturgeschichte – auch wenn der Roman genauso ein großes Sachbuch über die Kunst des Walfangs ist, samt genauer Beschreibungen der Jagd, des Tötens, der Trangewinnung. Aber wenn man weiß, dass in Melvilles ersten Entwürfen zu „Moby Dick" seine Nemesis Käpt'n Ahab gar nicht vorgesehen war, darf man sich dem weißen Wal so nähern wie die Walfänger auf ihrem Dreimaster: als sei er ein menschliches Wesen.

Was ist ein Held, wie definiert man ihn oder sie oder es? Warum gibt es Heroen in der Literatur überhaupt? Letzteres ist leicht zu beantworten: Sie sollen Lesern und Leserinnen Halt geben und uns das Aufnehmen der erzählten Geschichte leichter machen. Wenn wir quasi wie in einem Zug nolens volens durch die Landschaften der Erzählung rasen, sind die Helden die Halteschlaufen, die verhindern, dass wir während des Lesens aus der Senkrechten kippen.

WER ABER TAUGT ZUM Helden? Natürlich gibt es mannigfaltig Regeln und Definitionen; in der Literaturwissenschaft wendet man sich oft den griechischen Altmeistern zu, ihre Heldencharakteristika sind sehr gut gealtert: Ihr epischer Held zeichnete sich zunächst durch übermenschliche Stärke aus, in „Odysee" und „Ilias" qualifizieren sich große, starke, tödliche Krieger für diese Rolle. Die griechischen Helden waren immer auch große Reisende (Odysseus beispielsweise ein begnadeter Seefahrer), üblicherweise, um es an exotischen Orten mit bösartigen, übernatürlichen Wesen aufzunehmen (bei Odysseus: Zyklopen und Sirenen). Neben aller – meist männlichen – Überlegenheit und Stärke gilt auch immer: Ein Held soll demütig sein. Er darf, ja, er soll Fehler haben, und manchmal ist er auch einer von uns. Aber die Besonderheit, sie ist des Helden Zier.

In diese Schemata passt, obgleich Tier, auch Moby Dick. Seine Farbe Weiß (der Melville ein eigenes, berühmtes Kapitel widmet) und seine schiere Größe erheben ihn über die anderen Pottwale der Weltmeere, mit seiner Unsterblichkeit und Allgegenwärtigkeit erfüllt er die altgriechische Forderung nach besonderen Fähigkeiten, die gern auch göttlich sein dürfen. Und gefährlich, tödlich kann er sein, davon erzählt sein Antagonist, der menschliche Held in Melvilles Roman: Ahab, der einbeinige Kapitän.

Er ist nicht zufällig nach jenem biblischen König benannt, der sich vom Gott Israels abwandte und den Götzen Baal anbetete. Ein dem Größenwahn verfallener Seemann jagt ein unschuldiges Tier, eine dämonische Figur, die der viel belesene Melville mit Zügen des Shakespeare'schen König Lear, des deutschen Faust und des altgriechischen Feuerentdeckers Prometheus ausstattete. Und der einen – tragischen – Fehler in sich trägt, den Aristoteles als „Hamartia" bezeichnet: Bei Ahab ist das seine krankhafte Besessenheit vom weißen Wal, dessen Tod er alles opfert, das Schicksal seiner Crew und schließlich auch sein eigenes.

Ahabs Hybris, auch das eine Eigenschaft des tragischen Helden, ist unverkennbar. Gottgleich schickt er, von Moby Dick zum Krüppel gemacht, seine Truppen in die Schlacht: „Ihr sollt den weißen Wal zu beiden Seiten des Landes und auf der ganzen Erde jagen, bis er schwarzes Blut spuckt." Ahabs Tun und Streben entspricht nicht dem kapitalistischen, neuzeitlichen Geist der Gegenwart seines Schöpfers Melville, sein unbedingtes Streben nach Rache ist fast alttestamentlich,

„Herr Lehmann" kam 2020 im Staatstheater Mainz auf die Bühne: Die Geschichte eines jungen Mannes im Berlin der Achtzigerjahre, der erleben muss, wie die Ereignisse sich überstürzen.

und so wird Ahab zum tragischen Helden, einer Schwellenfigur. Er verkörpert noch einmal die archaische Vorzeit, muss aber auf heroische Weise sterben, weil diese dem Zeitgeist nicht mehr entspricht.

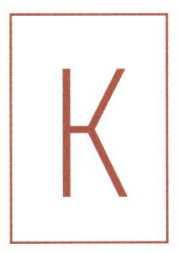

K

KLASSISCHE HELDEN LASSEN SICH in der Literatur durch alle Zeiten finden und ihre Eigenschaften gleichen sich: Lancelot, der berühmte Ritter aus Artus' Tafelrunde, zeigt seine außergewöhnlichen Fähigkeiten schnell, als er in einem Turnier den Schwarzen Ritter, sonst allen anderen turmhoch überlegen, aus dem Sattel hebt. Auch Lancelot ist ein großer Reisender, den es an unerhörte Orte verschlägt, wo er bösen Rittern und schließlich auch dem Heiligen Gral begegnet. Aber er hat einen Fehler, der ihn bei aller heldischen Größe menschlich macht: Seine Geliebte Guinevere ist gleichzeitig die Frau seines Lehnsherrn König Artus. Verzweifelt und meist vergebens versucht Lancelot, sich ihrer Versuchung und seiner Liebe zu entziehen. Er hasst sich selbst ob seiner Schwäche, seine vielen guten Taten begeht er auch, um – im übertragenen Sinne – Wiedergutmachung zu leisten.

Von Statur her komplett anders und doch ähnlich gebaut ist ein Held der modernen Zeit: Harry Potter, der Zauberlehrling aus dem Magier-Internat Hogwarts. Auch er trägt einen Fehler in sich, der ihm oft ganz körperlich zu schaffen macht. Schon als kleines Kind trifft er auf Lord Voldemort, seinen Widersacher in allen Potter-Romanen, den schrecklichsten Magier aller Zeiten. Voldemort erkennt bereits im Säugling Harry einen Gegenspieler und belegt ihn sogleich mit einem Todesfluch. Von diesem bleibt Harry eine gezackte Narbe auf der Stirn; sie schmerzt, sie glüht durch alle sieben Bände der Potter-Saga.

Auch die aristotelische Forderung nach „edler Geburt" erfüllt Potter locker: Seine Eltern sind berühmte Magier. Weil sie aber früh von Voldemort ermordet werden, wächst Harry bei seiner bösen Tante und ihrem Mann in kleinen Verhältnissen auf. Er ist also auch ein demütiger Held, und deshalb, nach antiker Sichtweise, umso mehr geeignet, große Taten zu vollbringen und erstaunliche Fähigkeiten zu entwickeln, um die Menschheit zu retten.

Die Literaturgeschichte besteht aber keinesfalls nur aus Übermenschen. Autoren und Autorinnen haben auch immer schwache Charaktere zum Träger ihrer

„Effi Briest" wird mit 17 Jahren verheiratet. Als auffliegt, dass sie sich in eine Affäre stürzte, verstößt ihr Mann sie: 2015 im Hamburger Schauspielhaus, „allerdings mit anderem Text und auch anderer Melodie".

Geschichten erkoren, die Antihelden. Diese Männer haben kaum heldische Attribute. Meist sind sie körperlich schwach, jedenfalls verfügen sie nicht über atemraubende Fähigkeiten.

Und doch tragen sie etwas durchaus Aktives in sich: Viele brechen mit Männlichkeitsidealen und zeitgenössischen Gesellschaftsnormen, oft entziehen sie sich sogar der sie umgebenden Welt.

Ein gutes, berühmtes Beispiel: Hans Castorp aus Thomas Manns berauschendem Roman „Zauberberg". Eigentlich soll der junge Herr aus einer Hamburger Kaufmannsfamilie als Ingenieur ins Arbeitsleben eintreten, dann reist er zum Kurzbesuch ins Lungensanatorium Berghof nach Davos. Dort lässt er sich bereitwillig für krank erklären, bleibt schließlich sieben lange Jahre – und vollzieht so vollständig den Bruch mit dem soldatischen Männerideal seiner Zeit.

Bereits nach wenigen Tagen erliegt Castorp der Faszination für eine rätselhaft sinnliche Mitpatientin mit Kirgisenaugen und geht sodann dem tüchtig-bürgerlichen Leben im Flachland für immer verloren. Lustvoll überlässt er sich der Sphäre des Zweifelhaften, Unverantwortlichen, der süßen Todessehnsucht – dem vollkommenen Ausdruck jener Künstlerwelt, der die damalige bürgerliche Gesellschaft enorm skeptisch gegenüberstand. Auch Thomas Mann litt an diesem Zwiespalt; sein Antiheld Castorp ist Ausdruck dieses Konfliktes.

GANZ ANDERS UND DOCH sehr ähnlich: Frank Lehmann aus Sven Regeners 2001 erschienenem Bestsellerroman „Herr Lehmann". Auch er entspricht so gar nicht dem Zeitgeist, der Aufbruch- und Macherstimmung im Kapitalismus der späten 1980er-Jahre. Als junge Menschen in Deutschland – vermeintlich – von New York und Wall Street träumten, vom großen Geld und noch mehr Glück, jedenfalls von der weiten Welt, schafft es der hinreißend ambitions- und planlose Frank Lehmann gerade mal von Bremen-Nord nach Westberlin. Dort zapft er in einer Kreuzberger Kneipe.

Ein komischer Kauz, der sein ereignisloses Leben im Schatten der Mauer liebt und seine beschauliche Existenz als Gelegenheitsjobber gegen jegliche Veränderungen zu verteidigen sucht: gegen einen vermeintlichen Killerhund auf dem Lausitzer Platz, gegen anrückende Eltern aus der Provinz, gegen die Liebe einer begehrenswerten Köchin und schließlich sogar gegen die Weltgeschichte. Den Fall der Berliner Mauer am 9. November 1989 verpasst er am Ende des Romans, dann ignoriert er ihn. Der Erfolg und die Millionen Leser dieses Romans zeigen auch eine Funktion der Antihelden: Viele Männer hatten als Gleichaltrige ebenso wie Lehmann die sich immer schneller drehende Welt überhaupt nicht als grenzenlose Möglichkeit empfunden. Sondern als überwältigend und bedrohlich. Lehmann sprach ihnen aus tiefster Seele.

U

UND WAS IST MIT den Frauen? Wo sind die Heldinnen? Es gibt sie, oft sind sie mutig und sehr stark. Und doch ergeht es ihnen am Ende ihrer Geschichten in der Regel nicht gut.

Nehmen wir William Shakespeares Lady Macbeth, eine der beeindruckendsten Frauenfiguren der Literaturgeschichte. Im Königsmörder-Drama „Macbeth" ist sie diejenige, die ihren Mann zum Mord an Duncan treibt, während er bis zum letzten Moment zaudert. Sie betäubt die Wachen des Königs mit einem Schlafmittel, während er, völlig überwältigt von der eigenen Tat, vergisst, den Dolch zu beseitigen. Das übernimmt schließlich seine Frau, nicht ohne ihn als Feigling zu beschimpfen. In einer klassischen Heldengeschichte wäre die Lady vermutlich verdientermaßen zur Königin gekrönt worden.

Stattdessen beginnt sie am Ende des Dramas, im fünften Akt, zunächst zu schlafwandeln. Dann halluzi-

Das Düsseldorfer Schauspielhaus inszenierte 2022 Thomas Manns Roman „Der Zauberberg": Hans Castorp aus einer Hamburger Kaufmannsfamilie kommt in ein Schweizer Sanatorium. Er dehnt den Aufenthalt weit aus und bricht – ganz Antiheld – mit dem Männerideal seiner Zeit.

niert sie, gequält von einer Schuld, die sie zuvor im Stück nie empfunden hat. Schließlich tötet sie selbst. Shakespeare bereitet diese Wendung dramaturgisch kaum vor; es hat fast den Anschein, als wolle er diese zu stark gewordene Heldin schnell wieder loswerden.

Auch Ophelia, eine andere Shakespeare-Frau, ist an sich die starke Figur im „Hamlet". Immerhin hilft sie ihrem ewig zweifelnden Prinzen, den Mord an seinem Vater in einem eigens geschriebenen Theaterstück vor aller Welt zu entlarven. Aber auch sie verfällt am Ende, reichlich überraschend, dem Wahnsinn. Am Ende ertrinkt sie in einem Fluss, blumenpflückend für einen Kranz, wie passend.

Gut 250 Jahre später, ein anderer Autor (Theodor Fontane), eine andere Heldin: Effi Briest. Ihr sehr zeittypisches Schicksal: Die im Roman kaum volljährige Effi wird an einen fast 40 Jahre alten Mann verheiratet. Sie versucht tapfer, die brave Gemahlin zu spielen. Erträgt seine Gefühlskälte, seine Ablehnung der eigenen Tochter und die dringende Forderung nach einem Sohn; dafür begibt sie sich sogar in eine Schwangerschaftskur. Irgendwann aber beginnt sie, zunächst zögerlich, eine Affäre mit einem schneidigen Major. Für diese Zuwiderhandlung gegen die Gesellschaftsnorm wird sie bitter bestraft. Ihr Mann verstößt sie und tötet in einem Duell ihren Geliebten. Effi verliert, so grausam war die Zeit, das Sorgerecht über ihre Tochter Annie. Am Ende wird sie, nun nicht mehr überraschend, „schwermütig" und stirbt schließlich.

Effi Briest, Ophelia, und Lady Macbeth sind nicht allein. Auch die antike Griechin und Gerechtigkeitsfanatikerin Antigone oder die russische Normenbekämpferin Anna Karenina teilen ein ähnliches Schicksal – auch das gewiss ein Ausdruck des Zeitgeistes. Die männlichen Autoren stellen die Frauen zunächst ins Zentrum ihrer Geschichten, ihre Heldinnen dürfen stark, mutig, widerspenstig sein. Aber die Zeiten, in denen sie auftraten, erlaubten Frauen kein eigenständiges Leben und keine triumphalen Heldinnensiege. Bis ins frühe 20. Jahrhundert war praktisch keine Frau in der Lage, sich selbst zu ernähren; immer waren Frauen auf Gedeih und Verderb an die männlichen Ernährer gekettet.

Starke Heldinnen finden sich lange Zeit nur in Märchen: Dort können sie Stroh zu Gold spinnen („Rumpelstilzchen") oder es vom Himmel regnen lassen („Frau Holle"), sie zähmen Bären („Der Bärenhäuter"), sie verhandeln mit Zauberern und Hexen. Und mit einem Frosch, den die Königstochter im „Froschkönig" mal eben so zum Prinzen macht, indem sie ihn, gar nicht ladylike, gegen eine Wand schleudert. Für starke Heldinnen in realistischen Romanen entsteht dagegen erst viel später Raum, als Autorinnen wie Astrid Lindgren, Doris Lessing oder die fabelhafte Toni Morrison Frauen in den Mittelpunkt ihrer Geschichten stellen.

Und dann gibt es eine literaturwissenschaftlich noch nicht kategorisierte Gattung der Haltgeber, nennen wir sie die „Körperhelden". Diese Männer sind körperlich mit ihrer Geschichte, auch mit Zeitläufen, verbunden. Was um sie herum geschieht, hinterlässt physische Spuren, auch an ihnen.

Saleem Sinai, der Held in Salman Rushdies bestem, preisüberhäuftem Roman „Midnights Children", wird Schlag null Uhr geboren, am 15. August 1947, dem exakten Datum von Indiens Unabhängigkeit: „Uhrzeiger neigten sich einander zu, um mein Kommen zu begrüßen." Er sei mit Handschellen an die Geschichte seines Landes gefesselt, berichtet Saleem, und das spürt er schnell: Risse tun sich an seinem Körper auf, frühe Vorboten der Abspaltung Bangladeschs und Pakistans. Diese Metapher zieht Rushdie durch den gesamten Roman, an einem Punkt zersplittert der Held sogar in 1000 Teile.

Rushdies Roman hat, vom Schriftsteller nie bestritten, ein großes, deutsches Vorbild: die „Blechtrommel" von Günter Grass. Auch Oskar Matzerath ist ein Körperheld. Er verweigert sich früh der Erwachsenenwelt und der aufkeimenden Naziherrschaft und beschließt im Alter von drei Jahren, mit dem Wachsen aufzuhören. Er bleibt ein Zwerg, bis sein nationalsozialistischer Vater bei der Erstürmung Danzigs von russischen Soldaten aus einem Keller getrieben wird. Alfred Matzerath verschluckt hastig sein Parteiabzeichen (sein Sohn hat es ihm nur Minuten vorher arglistig zugesteckt) und erstickt daran. Bei seiner Beerdigung entscheidet sich Oskar, zum normalen Menschen zu werden – und beginnt nun rasend schnell zu wachsen.

Ohne all diese Helden und Heldinnen wäre das Lesen eine ziemlich ermüdende Angelegenheit, Geschichten zerfasern dann schnell. Solche wie sie braucht die Literatur. Sie geben wirklich alles. Wir sollten ihnen dankbar sein.

„Macbeth" 2015 im Deutschen Theater Berlin (oben): das Drama um einen Königsmord, im Zentrum eine tragische Heldin. „Die Blechtrommel" gab es zeitgleich im Berliner Ensemble: Oskar Matzerath beschließt an seinem dritten Geburtstag, aus Protest nicht mehr zu wachsen.

HELDENTUM IN DER LITERATUR

EIN GERMANE GEGEN ROM

Der Cheruskerfürst Arminius brachte dem Römischen Reich seine wohl größte Niederlage. In der deutschen Geschichte wurde er dafür immer wieder als Held dargestellt und missbraucht. Wie kam es dazu?

TEXT: JENNIFER MORSCHEISER

Das Hermannsdenkmal bei Detmold ist Arminius gewidmet, der in fast 50 Metern Höhe sein Schwert reckt. Es wurde 1875 als deutsches Nationaldenkmal eingeweiht.

Nahe Kalkriese fanden Archäologen diese sogenannte Varusmaske, die in der Varusschlacht zwischen Römern und Germanen 9 n. Chr. zum Einsatz kam.

N

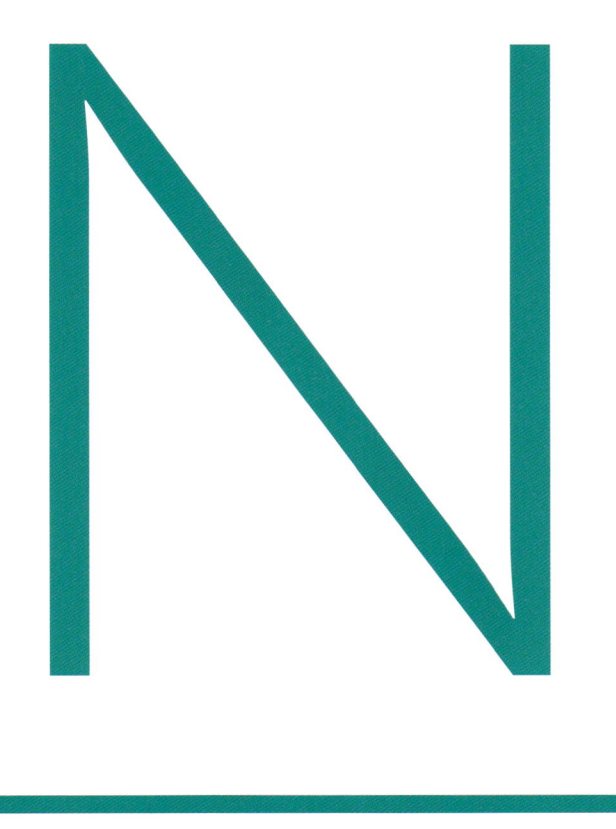

Nicht einmal seinen germanischen Namen kennen wir. Die wenigen bekannten Dinge über Arminius berichten römische Autoren, darunter Publius Cornelius Tacitus in seinen „Annalen" und Cassius Dio. Die Informationen zu seiner Person und besonders zu seinen frühen Jahren sind spärlich. Berichte über das folgenreiche Geschehen im Jahr 9 n. Chr. entstanden oftmals Jahrzehnte, sogar Jahrhunderte später. Zudem vermitteln viele Quellen eine ausschließlich römische Perspektive, sind oft politisch motiviert und voreingenommen. Und doch ging er als bedeutende Person der Antike in die Geschichte ein, wurde später zum Helden der Deutschen.

Geboren im späten 1. Jahrhundert v. Chr. in der Germania Magna, dem Großen und freien Germanien, wuchs Arminius in einer Umgebung auf, in der der Einfluss des Römischen Reiches zunehmend spürbar war. Sein Vater Segimer, ein Stammesfürst der Cherusker, und sein Onkel Inguiomer waren der Großmacht gegenüber freundlich gesinnt. Arminius kam als Kind nach Rom und erhielt eine militärische Ausbildung. Im Prozess der Romanisierung dieser Zeit war es durchaus üblich, Fürstensöhne prorömisch eingestellter Stämme in Rom auszubilden und zu integrieren.

Von verschiedenen Historikern wurde die Vermutung aufgestellt, er könnte auch als Geisel dorthin gelangt sein. Die Quellen schweigen hierzu. Gesichert dagegen ist, dass Arminius – wohl als Offizier – in der Armee diente und eine Zeit lang innerhalb der römischen Gesellschaft lebte. Diese Ausbildung und Erfahrungen vermittelten ihm unschätzbare Einblicke in Taktiken, Strategien und das Innenleben der Armee, die er später nutzen sollte. Er selbst bekam das römische Bürgerrecht.

Wie viele andere Heldenfiguren ist auch Arminius komplex, seine Geschichte kompliziert. Als germanischer Stammesführer kam er zu Ruhm, die sogenannte Varusschlacht zwischen der Großmacht Rom und den germanischen Stämmen kurz nach der Zeitenwende ließ ihn unsterblich werden. Sie trug wesentlich dazu bei, dass Rom schließlich seine Pläne aufgab, Germanien zu erobern.

Arminus wuchs im Stamm der Cherusker auf, doch militärisch ausgebildet wurde er von den Römern. Er wusste genau, wie sie dachten und handelten.

Römische Quellen bezeichnen Arminius als strategisch und listig, klug wie auch brutal. Viel später, vom 16. Jahrhundert an, wurde er als „Hermann der Cherusker" instrumentalisiert und zum urgermanischen Vorbild stilisiert. Für das im Entstehen begriffene Deutschland stand er als historische Symbolfigur gegen äußere Bedrohungen.

Arminius wuchs irgendwo im heutigen Niedersachsen oder Westfalen-Lippe auf, dem Stammesgebiet der Cherusker. Germanien erstreckte sich damals zwischen Rhein und Elbe, Nordsee und Donau. Eine Vielzahl bäuerlich lebender Stämme siedelte in dieser schwer zugänglichen Landschaft, die durch Wälder, Moore und ausgedehnte Ebenen gekennzeichnet war. Sie hatten jeweils eigene kulturelle Praktiken, sprachen verschiedene Dialekte. Ihre sozialen Strukturen unterschieden sich ebenso wie ihre Interessen. Interne Konflikte waren im 1. Jahrhundert n. Chr. an der Tagesordnung, Rivalitäten um Ressourcen, Territorium und Prestige führten oft zu bewaffneten Auseinandersetzungen. Gelegentlich wurden aber Bündnisse geschlossen, um gemeinsamen Bedrohungen zu begegnen.

Bereits vor der Zeitenwende hatte Julius Cäsar das Römische Reich in Gallien, dem heutigen Frankreich, expandiert. Er kam mit seinen Truppen bis an den Rhein. In den folgenden Jahrzehnten wurde die Infrastruktur in diesem Gebiet immer weiter ausgebaut. So ließ der Statthalter Marcus Vipsanius Agrippa das Fernstraßennetz erweitern. Lager entstanden, wirtschaftliche Beziehungen bildeten sich, und erste zivile Strukturen begannen zu wachsen.

Als der Einfluss Roms auf die Grenzen Germaniens übergriff, kam es zu sporadischen Konflikten mit den dortigen Stämmen. Sie waren gezwungen, sich mit der wachsenden Macht aus dem Süden auseinanderzusetzen, was zu einer komplexen Dynamik von Widerstand, Diplomatie und kulturellem Austausch führte.

Römische Waren, Technologien und kulturelle Praktiken veränderten die Region. Einige Stämme machten sich Elemente der römischen Zivilisation zu eigen, übernahmen zum Beispiel Kleidungsstile oder landwirtschaftliche Techniken und integrierten sogar römische Militärtaktiken in ihre eigenen Strategien zur Kriegsführung. Andere Stämme widersetzten sich heftig dem Einfluss der Großmacht.

Unter Kaiser Augustus verfolgten die Römer das Ziel, die Grenzen ihres Reiches nach Norden auszudehnen, am besten bis zur Elbe. Im Jahr 11 v. Chr. leitete der Heerführer Nero Claudius Drusus Truppen bis dorthin. Bei dem Feldzug ging es ebenso um militä-

Zur Person
ARMINIUS

Der Germane wurde gegen Ende des 1. Jahrhunderts v. Chr. in eine Herrscherfamilie der Cherusker hineingeboren: eines Stammes, der dem Römischen Reich aufgeschlossen gegenüberstand. Wohl schon als Kind kam er nach Rom, lernte die Lebensart kennen und wurde militärisch ausgebildet. Möglicherweise stand er einer römischen Hilfstruppe vor, als er im Jahr 9 n. Chr. in Norddeutschland drei Legionen der Großmacht in eine Falle lockte und fast völlig aufrieb. Diese sogenannte Varusschlacht begründete seinen Mythos und führte dazu, dass er in Phasen nationaler Bewegungen in Deutschland vom 16. Jahrhundert an als Held und Befreier gefeiert und instrumentalisiert wurde. Eine germanische Nation, so eine Zuschreibung, hat er jedoch nie geschaffen.

Roms Niederlage bei der Varusschlacht war für Kaiser Tiberius (hier auf einer Münze) ein Grund, die Versuche zu beenden, Germanien zu unterwerfen – zu hoch waren die Kosten. Die Großmacht zog sich hinter den Limes und den Rhein zurück.

rische Abschreckung wie um Diplomatie: die Etablierung von Bündnissen. Vorbild hierfür war die Eroberung Galliens durch Cäsar. Einige germanische Stämme wurden als *foederati* (Bündnispartner) akzeptiert. Sie behielten ihre politische Autonomie und sicherten sich zugleich militärische Unterstützung und Schutz von Rom.

Vermutlich wurde Arminius später zu einem solchen Foederatus. Das sollte den Römern zum Verhängnis werden.

PARALLEL ZU DEN DIPLOMATISCHEN Bemühungen ließ Augustus entlang des Rheins und der Vormarschlinien befestigte Lager und Militärbasen errichten, um die römische Präsenz zu verstärken und mögliche Angriffe abzuwehren. Dazu gehören auch die bekannten Lager an der Lippe, wie zum Beispiel Haltern. Die Militärstrukturen dienten als Verteidigungslinie, zudem als Abschreckung: Sie sollten den germanischen Stämmen zeigen, wie militärisch überlegen Rom war.

Rund um die Lager, etwa Mogontiacum (Mainz) oder Castrum Novaesium (Neuss), bildeten sich rasch zivile Siedlungen, in denen es einen regen Austausch von Waren und Kultur gab. Die Römer versprachen sich neben Ruhm einen Vorteil durch germanische Rohstoffe wie Blei oder Bernstein. Der Handel brachte beiden Seiten wirtschaftliche Vorteile, führte die Germanen aber auch in eine gewisse Abhängigkeit von römischen Gütern und Ressourcen. Wie der zunehmende Austausch ohne direkte militärische Auseinandersetzungen funktionierte, konnten Archäologen gut in Waldgirmes nachweisen, einer in der Wetterau gelegenen römischen Siedlung. Dort bauten die Römer in den Jahren vor der Varusschlacht bereits umfangreiche zivile Strukturen auf.

TROTZ DER ANNÄHERUNGEN BLIEB die römisch-germanische Beziehung jedoch instabil. Immer wieder kam es zu Rebellionen und Konflikten. Schließlich entschied die römische Führung, die Kontrolle über die Germania Magna zu festigen, und entsandte im Jahr 9 n. Chr. drei Legionen in den Norden. Unter der Führung des Generals Publius Quinctilius Varus, Oberbefehlshaber am Rhein, waren sie im freien Germanien unterwegs, als es zu einer der folgenreichsten Schlachten der römischen Geschichte kam. Es wird vermutet, dass sie im September geschlagen wurde, als das Heer aus Richtung Weser auf dem Rückmarsch nach Vetera (Xanten) war. Belegt ist das jedoch nicht.

Ebenso ist nicht sicher geklärt, ob Arminius in dieser Zeit noch in Diensten des römischen Militärs stand; möglicherweise führte er aber Hilfstruppen an, die dem Haupttross der Römer vorauseilten. Ungewiss ist auch, was ihn dazu motivierte, sich gegen Rom zu wenden. War es der Versuch, seinen Machtanspruch innerhalb seines Stammes oder auch unter verschiedenen Stämmen zu sichern? War es Ärger über die Römer? Vermutlich streute er beim Heerführer Varus gezielt das Gerücht, dass nicht weit von der geplanten Route Unruhen ausgebrochen seien. Varus entschied, diese niederzuschlagen – aus gutem Grund: In dieser Zeit gab es in Pannonien (Westungarn) schon Auseinandersetzungen zwischen Aufständischen und den Römern. Ein weiterer Krisenherd hätte deren militärische Kapazitäten stark belastet.

Es war ein Fehler, Arminius Glauben zu schenken. Denn die Germanen warteten schon in einem sorgfältig geplanten Hinterhalt.

Arminius wusste genau, dass seine Krieger in offener Feldschlacht keine Chance gegen die Römer haben würden. Gegen Guerillakämpfer kannten die Legionäre aber kein Mittel, dafür waren sie nicht ausgebildet.

An diesem Tag zogen die römischen Truppen durch ein besonders unwegsames Gebiet aus Wald, Sümpfen

In einem unwegsamen Gelände warteten die Germanen, dann schlugen sie zu. Gegen solche Guerillakämpfer kannten die Römer kein Mittel.

und Mooren, eine ungeheure Streitmacht von vielleicht 20 000 Soldaten, Tausenden Zug- und Lasttieren, ein Tross von bis zu 15 Kilometern Länge. Zudem zog schlechtes Wetter auf, als Arminius und die mit ihm verbündeten germanischen Stämme plötzlich und mit großer Entschlossenheit angriffen – zunächst mit Fernwaffen wie etwa Schleudern, dann im direkten Kampf. Die römischen Legionen konnten ihre typische Formation und Taktik nicht einsetzen, zudem behinderte sie ihre umfangreiche Ausrüstung und nahm den Soldaten die Wendigkeit. Cassius Dio berichtet ausführlich von der Schlacht. Die germanischen Krieger brachten den Römern furchtbare Verluste bei. Nach vier Tagen waren die Einheiten nahezu vollständig aufgerieben, etwa ein Achtel der gesamten Legionen des Imperiums war vernichtet.

Varus stürzte sich selbst in sein Schwert. Arminius ließ den Leichnam enthaupten und schickte den Kopf zu Marbod, dem König des germanischen Stammes der Markomannen, um ihn zu motivieren, sich dem Aufstand anzuschließen. Doch der ließ sich nicht überzeugen und leitete den Kopf weiter zu Kaiser Augustus nach Rom. Der Verlust von drei römischen Legionen war ein verheerender Schlag für das Römische Reich, führte aber keineswegs zum überstürzten Rückzug aus dem Norden. Im Gegenteil: In den nachfolgenden Jahren rückten römische Truppen unter Tiberius und Germanicus mehrmals zu Straffeldzügen vor – und um Aufstände in Germanien einzudämmen.

MIT DIESER REAKTION MÜSSTE Arminius gerechnet haben. Zunächst scheint der Sieg in der Varusschlacht seine Position innerhalb der Stämme zu stärken. Da aber wenig über seine Motivation bekannt ist, die zu dem Hinterhalt führte, bleibt vieles nur Spekulation.

In den Folgejahren verfolgte der Cheruskerfürst die Taktik kleinerer Angriffe und eher defensive Gefechte. Nie griff er allerdings die Rheinlinie an, vermutlich auch aus Sorge um zu hohe Verluste bei ungewissem Ausgang. Eine national gedachte Widerstandsbewegung verfolgte er gewiss nicht, auch wenn diese Interpretation ihn viel später zum Helden der Deutschen stilisierte. Von einer Nation als politisches Staatswesen waren die Germanen historisch weit entfernt, zu heterogen waren überdies die nur lose verbundenen Stämme und zu verschieden ihre Interessen. Weite Teile der Bevölkerung hegten außerdem wohl Sympathien für die Römer, denn die brachten nicht nur Wasserversorgung und Infrastruktur in romanisierte Gebiete, sondern waren für sie vor allem wichtige Handelspartner.

AUF DIE INFRASTRUKTUR ZIELTEN auch die bereits wenige Jahre nach der Niederlage in der Varusschlacht beginnenden Veränderungen im Linksrheinischen, also in den sicher römischen Gebieten. Besonders wichtig dabei war ein Städtebauprogramm, bei dem die besser zu verteidigenden Oppida und Zentralsiedlungen, die zumeist auf Bergkuppen und Spornen lagen, aufgelöst und in den Tälern neue Siedlungen gegründet wurden.

Noch gab Kaiser Augustus den Norden nicht auf. Vier Jahre nach der Varusschlacht, 13 n. Chr., erhielt Germanicus, Sohn des Drusus und Adoptivsohn seines Onkels Tiberius, den Oberbefehl über die Rheinlegionen. Bis 16 n. Chr. führte er Feldzüge gegen germanische Stämme.

Auf einen Hilferuf des Cheruskerfürsten Segestes, Arminius' größtem Widersacher, der mit Rom verbündet war, kam er auch in das Gebiet der Cherusker. Es ging um eine Familienangelegenheit und wohl auch um Macht: Segestes' Tochter Thusnelda war mit Arminius verheiratet und von ihm schwanger. Der Vater, mit der Ehe nicht einverstanden, hatte Thusnelda gewaltsam von seinem Schwiegersohn getrennt und wurde nun von diesem und seinen Leuten belagert. Germanicus schritt ein, befreite Segestes und nahm die Tochter in Gewahrsam. In weiteren Kämpfen konnte er den Adler der 19. Legion, der in der Varusschlacht verloren gegangen war, wieder sicherstellen.

Kurz darauf besuchte Germanicus den Ort der Schlacht und ließ die noch dort liegenden Gefallenen angemessen bestatten. In der Folgezeit gab es einige verlustreiche Schlachten für die Römer. Germanicus wurde von Tiberius, der im Jahr 14 die Nachfolge von Kaiser Augustus angetreten hatte, nach Rom zurückbeordert und erhielt 17 n. Chr. einen Triumphzug für seine siegreichen Feldzüge rechts des Rheins, in dem Thusnelda als Gefangene

Im 19. Jahrhundert geriet die Varusschlacht in den Blick der Kunst. So stellte Friedrich Gunkel sich das Gemetzel und den Sieg von Arminius vor.

mitgeführt wurde. Für deren Mann muss es eine Schmach gewesen sein, wie Tacitus schrieb: „Abgesehen von seiner angeborenen Leidenschaftlichkeit, trieb Arminius der Gedanke an den Raub seiner Gattin, an ihre Schwangerschaft, während der sie in der Sklaverei schmachtete, wie im Wahnsinn um. Er jagte in dem Cheruskerland umher und forderte Waffen. (...) Auch mit Beschimpfungen sparte er nicht ..."

In dieser Zeit änderte sich Roms Außenpolitik im Norden. Vermutlich wollte der neue Kaiser Tiberius die enormen Verluste nicht weiter hinnehmen – er gab die dauerhafte Befriedung des Gebietes zwischen Rhein und Elbe auf. Germanien sollte keine Provinz mehr werden. In den folgenden Jahren befestigte das Römische Reich die Rheinlinie als endgültige Außengrenze.

Arminius wurde im Jahr 19 oder 21 n. Chr. vermutlich von Verwandten ermordet. Ein „Volk der Germanen" hatte er nicht geschaffen, wie ihm später zugeschrieben wurde.

Das Römische Reich verschwand, Europa ging durch zahlreiche Epochen und durchlebte das Mittelalter. Erst 1425, fast anderthalb Jahrtausende nach der Varusschlacht und Arminius' Tod, tauchten im Kloster Hersfeld die „Germania" und 1508 im Kloster Corvey die „Annalen" auf, zwei bedeutende Schriften des Geschichtsschreibers Tacitus. Und das war nur ein Teil: 1470 kamen die „Epitome" des Florus zutage, dann im Kloster Murbach die „Historia Romana" des Velleius Paterculus sowie Cassius Dios Bericht.

Mit diesen Funden begann das Nachleben des Arminius – und seine Karriere als „Befreier Germaniens". Im Jahr 1529 war er bei Ulrich von Hutten (1488–1523) bereits der „erste Vaterlandsverteidiger". Für ihn und andere Humanisten brachte der Cherusker die Möglichkeit, ihre eigene antike Tradition aufzubauen und sich von Rom zu emanzipieren. Arminius wurde immer wieder herangezogen, in Abgrenzung zu anderen ein germanisches Nationalbewusstsein zu entwickeln. Dabei kam ihm die Rolle eines Vorkämpfers der jeweiligen nationalen Bewegung zu: zunächst gegen „Rom" als Versinnbildlichung der allmächtigen römisch-katholischen Kirche, später gegen Frankreich. Burkhard Waldis (1490–1556) stellte Arminius mit der „Nürnberger Broschüre" in eine Ahnenreihe der Deutschen mit Karl dem Großen.

Um 1530 taucht erstmals die eingedeutschte Variante des Namens Arminius auf: Hermann, der Cherus-

Im 16. Jahrhundert wurde Arminius der „erste Vaterlandsverteidiger", von nun an hieß er Hermann. Bis in die jüngere Zeit vereinnahmten ihn die Machthaber.

ker. Da der germanische Name des Fürsten nicht überliefert war, wollte man vor dem Hintergrund des germanischen Gedankens zu einem deutschen Namen kommen und wählte den Mann des Heeres: Hermann. Die Urheberschaft wird Martin Luther zugeschrieben, endgültig ist sie aber nicht geklärt.

Die Varusschlacht selbst wurde Teil der Populärkultur des 17. und beginnenden 18. Jahrhunderts, kam auf die Bühne und schlug sich in der Kunst nieder. In dieser Zeit ließ der Zeitgeist die politische Bedeutung allerdings in den Hintergrund treten; viel wichtiger war die romantische Beziehung zwischen Thusnelda und Arminius, viel wichtiger in der Wahrnehmung auch die Lebenswelt des Adels mit den damit verbundenen Werten. Die Interpretation der antiken Quellen wurde freier, in Romanen oder Bühnenwerken wie auch in Gedichten, Liedern und Opern. Zwischen 1676 und 1910 entstanden insgesamt 75 solcher Werke. Durch die Vielzahl der Erzählungen in unterschiedlichsten Formen verfestigte sich die Grundgeschichte im kollektiven Gedächtnis.

Im 19. Jahrhundert wandelte sich die Interpretation erneut. Napoleon war unter anderem in Deutschland einmarschiert, erst mit den Befreiungskriegen 1813 bis 1815 konnte seine Vorherrschaft über weite Teile Mitteleuropas beendet werden. Als Folge wurde Arminius wieder politischer gesehen und für Kriegspropaganda instrumentalisiert.

Das Vorbild der germanischen Tugenden fand unter anderem bei Heinrich von Kleist in seinem 1808 verfassten Drama „Hermannsschlacht" eine Form. Darin weicht der Dichter von den historischen Fakten ab und konstruiert ein Bündnis zwischen Marbod und Hermann. Kleist schrieb das Drama unter dem Einfluss der französischen Besatzung Berlins und nutzte die Metapher der Verbündung zugleich, um sich hilfesuchend an Österreich zu wenden.

In diese Zeit des Nationalismus fallen auch die zahlreichen Hermannsdenkmäler und die Darstellung der Schlacht in der 1842 vollendeten Ruhmeshalle „Walhalla" in Donaustauf bei Regensburg. 1841 wurde zudem der Grundstein für das Hermannsdenkmal des Architekten und Bildhauers Ernst von Bandel bei Detmold gelegt.

„Hermann und Thusnelda" nannte Johann Heinrich Wilhelm Tischbein dieses 1822 geschaffene romantische Bild. Zu der Zeit hatte Arminius längst seine Rolle im deutschen Nationalbewusstsein.

Zugleich entstand aber auch das deutsche Volks- und Studentenlied „Als die Römer frech geworden", ein Spottlied über die Varusschlacht und über die Germanentümelei dieser Zeit. Nach der Revolution 1848, in der die deutsche Nationalbewegung gescheitert war, ruhten bezeichnenderweise die Bauarbeiten am Hermannsdenkmal; erst 1875 wurde es fertiggestellt und von Wilhelm I. eingeweiht.

DER HELD ARMINIUS ODER Hermann verblasste allerdings zunehmend hinter den Germanen, denn Deutschland hatte mit dem Kaiser nun einen eigenen Helden. Erst nach dem Ersten Weltkrieg, als die Verschwörungstheorie der „Dolchstoßlegende", die Weltwirtschaftskrise und die galoppierende Inflation Deutschland vor neue Herausforderungen stellten, rückte Arminius wieder als Hoffnungsträger in den Blickpunkt. Auch die Nationalsozialisten griffen ihn als Motiv auf, allerdings wiederum mit Fokus auf dem tapferen und starken Germanen.

Nach dem Zweiten Weltkrieg gab es dann eine zunehmend ideologiefreie Rückbesinnung auf die antiken und in jüngster Zeit auch zunehmend auf die archäologischen Quellen, besonders seit der Entdeckung von Kalkriese als möglichem Ort der Varusschlacht.

Ist Arminius heute noch ein Held? Wenn ja, liegt dies sicherlich nicht zuletzt an den vielen rezeptionsgeschichtlichen Spuren, die er zwischen dem feucht-fröhlichen Studentenlied über die frechen Römer und dem großen Hermannsdenkmal bei Detmold hinterließ. Er verkörperte den Geist des Rebellen gegen eine übermächtige Instanz. Sein Sieg in der Varusschlacht gegen das unschlagbare Römische Reich wurde als triumphaler Moment der Unabhängigkeit und des Stolzes angesehen. Stellvertretend steht dies für den Kampf gegen Unterdrückung und Fremdherrschaft.

Die „nationale Identität" des Arminius als heroischer Vorfahr sollte hingegen für immer verschwunden bleiben.

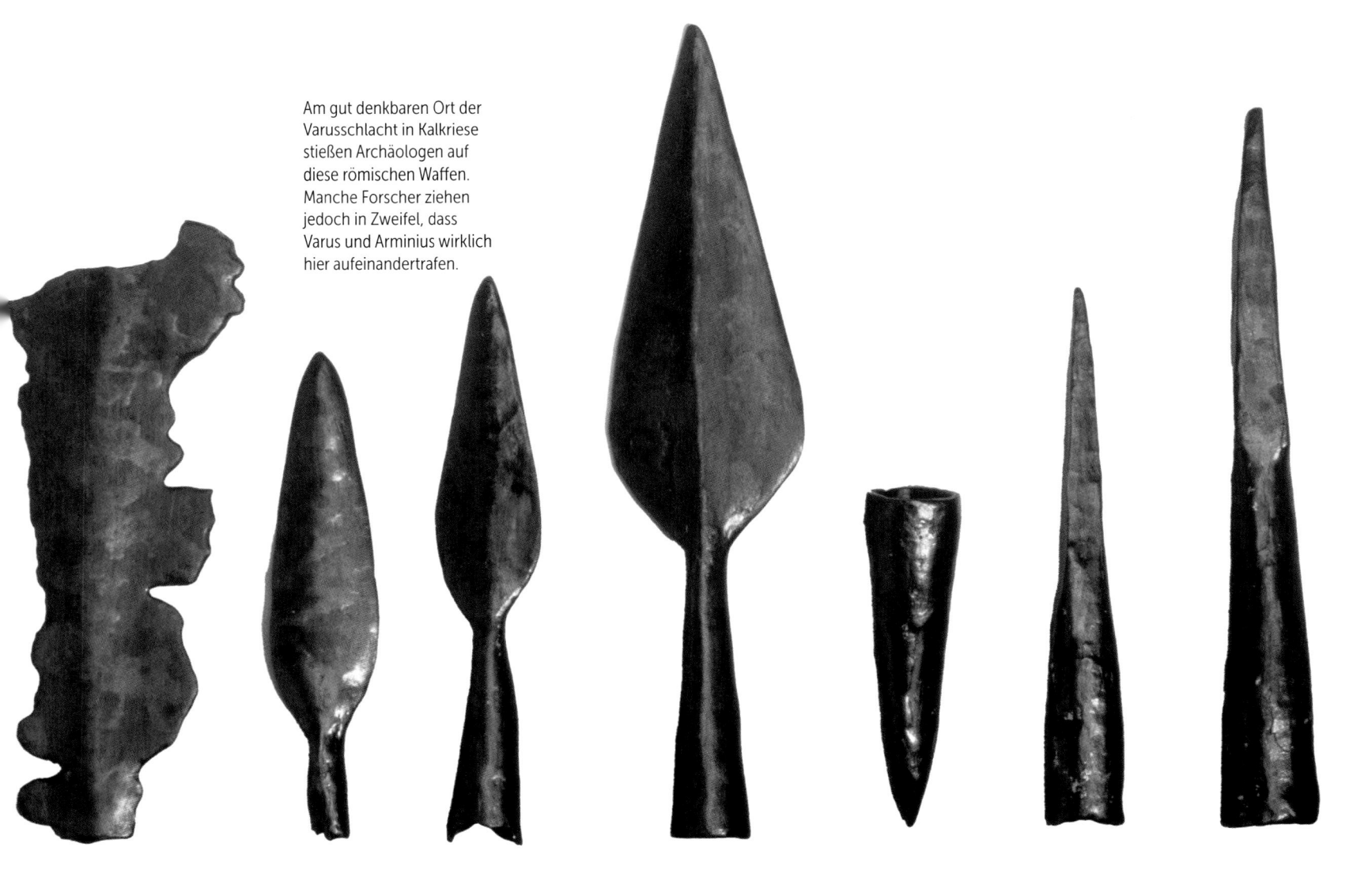

Am gut denkbaren Ort der Varusschlacht in Kalkriese stießen Archäologen auf diese römischen Waffen. Manche Forscher ziehen jedoch in Zweifel, dass Varus und Arminius wirklich hier aufeinandertrafen.

DER KAMPF ALS BERUF

Sie werden darin ausgebildet, andere Menschen zu töten – manchmal in Diensten eines Despoten, hoffentlich aber im Namen von Freiheit und der Verteidigung der Menschenrechte. Soldaten haben eine feste Rolle in fast allen Gesellschaften, und oft werden sie zu ihren Helden.

TEXTE: SIEBO HEINKEN

Mit viel Hurra zogen sie ins Feld, für Kaiser und Vaterland: Millionen Männer meldeten sich 1914 für den Einsatz im Ersten Weltkrieg. Sie folgten der Regierung und der nationalistisch gesinnten Presse und ihrem Narrativ: Deutschland sei bedroht und umzingelt von Feinden, Angriff daher die beste Verteidigung. Wenngleich auch Zehntausende Frauen als Kriegskrankenschwestern an die Front gingen, blieb den meisten die Rolle im Heim und am Herd, wie die Progaganda-Postkarte rechts zeigt. Schon bald wurde vielen aber klar, auf welchen Horror sie sich in diesem ersten industrialisierten Krieg eingelassen hatten, der insgesamt neun Millionen tote Soldaten und unzählige Versehrte forderte. Einer seiner Helden hingegen war **Manfred Freiherr von Richthofen** (unten neben seinem Doppeldecker), der mit 80 anerkannten Siegen im Luftkampf als erfolgreichster Jagdflieger des Krieges gefeiert wurde. Kurz vor Kriegsende wurde er über Frankreich tödlich verletzt – und von den verfeindeten Alliierten mit vollen militärischen Ehren beigesetzt. Das Luftwaffengeschwader 71 in Wittmund ist noch heute nach ihm benannt.

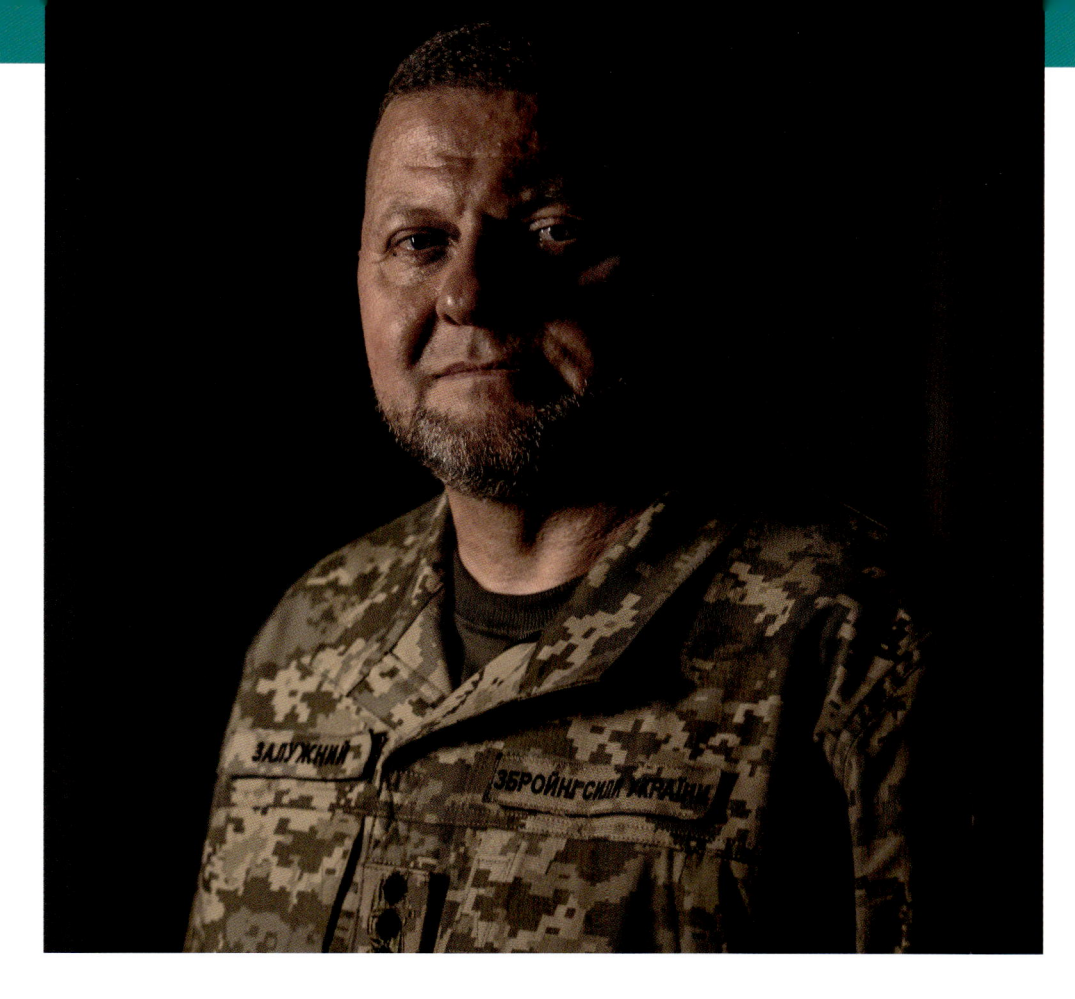

Als Sohn eines sowjetischen Berufsoffiziers wurde er geboren, 50 Jahre später steht er als Oberkommandierender der ukrainischen Armee den Soldaten eines ehemaligen Bruderlands gegenüber: russischen Truppen, die im Februar 2022 begannen, sein Land anzugreifen. Bei seiner Aufgabe helfen General **Walerij Saluschnyj** die gute Ausbildung in der Allgemeinen Militärfakultät in Odessa und seine Erfahrung in allen Stufen des Militärdienstes, vom Zugführer bis zum Kommandeur einer Brigade und schließlich obersten Soldaten seines Landes. Seine größte Leistung lag schon vor dem Krieg darin, eine Vision von einer ukrainischen Armee entwickelt zu haben, in der selbstständig gedacht und entschieden werden soll. „Das sowjetische Denken stirbt aus", sagte Saluschnyj, der nicht nur das Gesicht des ukrainischen Militärerfolgs ist, sondern nach Ansicht des US-Magazins „Time" zu den einhundert einflussreichsten Persönlichkeiten der Welt gehört.

Das Gewehr im Anschlag, laufen diese Soldaten von einem Landungsboot: Das lebensechte Denkmal am Utah Beach erinnert an die Invasion am 6. Juni 1944 in der Normandie. Zur Streitmacht der **Alliierten am D-Day** gehörten mehr als 150 000 vor allem US-amerikanische, britische und kanadische Soldaten, denen etwa 50 000 deutsche Infanteristen gegenüberstanden. Der Auftrag der größten Landungsarmee aller Zeiten: Europa zu befreien. Doch der Blutzoll war furchtbar. Am ersten Abend der Invasion hatten die Alliierten bereits Verluste von 12 000 Mann, darunter 4400 Tote; auf deutscher Seite wird die Zahl der Gefallenen, Verwundeten und Vermissten auf bis zu 9000 Soldaten geschätzt. Zwei Monate lang kämpften beide Seiten um die Normandie, dann war der Widerstand der Wehrmacht gebrochen, und der Vorstoß nach Deutschland konnte beginnen. Elf Monate später war der Krieg in Europa beendet.

HELDEN DES KRIEGES

Sie verloren ihr Leben, doch die **300 Spartaner** sind unsterblich. Es war um 480 v. Chr., als eine riesige Armee unter dem persischen Großkönig Xerxes auf Griechenland vorrückte. Die Griechen entsandten ein Kommando zum Thermopylen-Pass, dem Einfallstor nach Mittelgriechenland: die Spartaner sowie Kontingente aus anderen Landesteilen, kommandiert vom spartanischen König Leonidas. Es gelang ihnen zunächst, die persische Übermacht aufzuhalten. Als sie aber drohten eingekesselt zu werden, behielt Leonidas nur seine 300 Krieger und die Männer aus Thespis und Theben bei sich. Zwar wurden sie aufgerieben, doch letztlich zogen die Perser sich zurück. Nach ihrem Sieg errichteten die Griechen an den Thermopylen ein Denkmal, dessen Inschrift Friedrich Schiller übersetzte: „Wanderer, kommst du nach Sparta, verkündige dorten, du habest Uns hier liegen gesehn, wie das Gesetz es befahl." Leonidas und seine Leute wurden zu Synonymen des ruhmreichen, bis in den Tod kämpfenden Helden (oben: Filmszene, 1962).

Es war die Zeit der Reconquista, der Kämpfe zwischen den Reichen der Muslime und jenen der Christen auf der Iberischen Halbinsel im 11. Jahrhundert. Überdies rangen Fürsten gleicher Religion um Land und Einfluss. Ihre Schlachten ließen sie zumeist von Rittern schlagen. Einer von ihnen: Rodrigo Díaz de Vivar. Als Mitstreiter wohlgeachtet, kämpfte er zunächst auf Seiten von König Alfons VI., Herrscher der nordspanischen Reiche von León und Kastilien. Nachdem beide sich überworfen hatten, bot Rodrigo, ein skrupelloser Opportunist, seine Dienste dem muslimischen Herrscher von Saragossa an und bewährte sich nun bei ihm als Heerführer. Aus dieser Zeit stammt wohl sein Name **El Cid**, abgeleitet vom arabischen Wort *sayyid* für „Herr". Später ernannte Rodrigo sich zum Herrn von Valencia – und schlug die Almoraviden in die Flucht, eine zuvor unbesiegte muslimische Sekte. In den Augen vieler machte ihn das zu einem Streiter Gottes, der gegen den Islam zu Felde zog: zu einem Helden des Christentums.

HELDEN DES KRIEGES

Soldaten werden in vielen Ländern verehrt – aber was ist mit Menschen, die sich der Gewalt des Krieges entziehen? In einer Ecke des Platzes der Einheit in Potsdam steht seit 1990 das Denkmal für den **unbekannten Deserteur**, geschaffen vom Bildhauer Mehmet Aksoy: vier Blöcke aus weißem Carrara-Marmor, eine Auslassung zeichnet die Konturen eines Männerkörpers nach. Die Skulptur deutet eine Welt in Kriegstrümmern an und in ihrem Zentrum einen, der sich dem Militärdienst entzogen hat. Sie ruft unterschiedliche Reaktionen hervor: Hassbriefe von Kritikern, die sich dagegen wehren, dass man Deserteuren überhaupt gedenkt; oder die Überzeugung, dass Fahnenflüchtige die wahren Helden sind, weil sie sich weigern, andere Menschen zu töten. Im Zweiten Weltkrieg desertierten weit über 100 000 Soldaten aus der Wehrmacht, rund 15 000 wurden deshalb hingerichtet. „Der Soldat kann sterben, der Deserteur muss sterben", lautete Hitlers Weisung. Gut sechs Jahrzehnte später, am 17. Mai 2002, beschloss der Bundestag mit den Stimmen der rot-grünen Regierungskoalition und jenen der PDS-Fraktion, alle nationalsozialistischen Unrechtsurteile gegen Deserteure und Homosexuelle pauschal aufzuheben.

In der Schlacht an der Göhrde wurde sie durch einen Schuss schwer verwundet, und dann erst entdeckte ein herbeigeeilter Heilkundiger ihr wahres Geschlecht. Eine Frau in der Uniform eines Soldaten! Wenige Monate zuvor hatte **Eleonore Prochaska**, am 11. März 1785 geboren, sich als August Renz in die Stammrolle des 1. Jägerbataillons des Lützowschen Freikorps eingetragen, um an den Befreiungskriegen gegen Napoleon teilzunehmen; das war Frauen zu der Zeit nicht möglich. Zwei Wochen nach ihrer Verletzung starb sie. „Eine dreimalige Gewehrsalve rief der vom Sturm des Krieges geknickten Lilie den letzten Gruß nach in das Grab", schrieb eine Zeitung nach ihrer Bestattung. In der Folgezeit wurde Prochaska als jungfräuliche Heldin idealisiert und als „Potsdamer Jeanne d'Arc" verehrt. Gedichte und andere Texte wurden über sie verfasst, wie das Drama „Leonore Prohaska" von Johann Friedrich Leopold Duncker. Die Musik schrieb Ludwig van Beethoven.

EIN SEMESTER HELDENTUM

Die Aufgabe lautete: Wer ist dein Held, wer ist deine Heldin?

Studierende des Studiengangs Visual Journalism and Documentary Photography der Hochschule Hannover grübelten, diskutierten – und fanden kreative Antworten.

INTERVIEW: SIEBO HEINKEN

Herr Professor Bauernschmitt, Sie haben die Studentinnen und Studenten bei dieser Arbeit begleitet. Was hat Sie an dem Thema gereizt, entstanden als Kooperation mit dem Lokschuppen Rosenheim?

Lars Bauernschmitt: Mich interessierte, wie man Helden und Heldinnen definiert. Zu bestimmen, was einen Menschen dazu macht, fragt nach der eigenen Haltung. Wenn ich einen Menschen zum Helden erkläre, mache ich deutlich, wie ich selbst gern wäre. Es ist damit ein Thema, das man sehr kontrovers diskutieren kann. Und genau das wollen wir in unseren Seminaren für angehende Bildjournalistinnen und Bildjournalisten.

Wie haben die reagiert?

Sehr kontrovers, das war zu erwarten. Einige wussten sofort, wer ihr Held oder ihre Heldin ist. Andere haben deutlich gemacht, dass sie es ablehnen, Menschen dazu zu erklären. Das Gespräch drehte sich bald auch darum, ob man Menschen, die wir als Heldinnen oder Helden wahrnehmen, überhaupt so sehen darf.

Gab es auch Widerstand?

Nein, denn es war den Studierenden freigestellt, auch ihre Ablehnung in Bilder zu übersetzen oder Helden zu dekonstruieren.

MAHATMA GANDHI

Lennart Holste, *1995, Walsrode

„2015 enthüllte der indische Premierminister Modi als Teil seiner Propaganda eine Gandhi-Statue mitten in Hannover. Doch das Heldenbild Gandhis bröckelt. So gab er Frauen die Mitschuld an Vergewaltigungen, weil sie nicht stark genug seien, sich zu wehren. Heute wird alle 20 Minuten eine Frau in Indien vergewaltigt. Gandhi prangerte zudem zwar die Unterdrückung der Unberührbaren an, verweigerte ihnen aber ein politisches Mitspracherecht. Zumindest in seinen frühen Jahren glaubte er überdies an die „Minderwertigkeit" der schwarzen Bevölkerung, verglich sie mit Tieren und betrachtete Weiße und Hindus als die höchsten „Rassen". Für mich zeigt sich, dass auch der größte Held, der internationale Anerkennung genießt und idealisiert wird, nicht fehlerfrei ist."

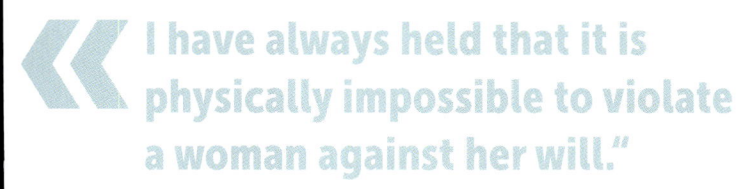

» **I have always held that it is physically impossible to violate a woman against her will."**

MOHANDAS KARAMCHAND „MAHATMA" GANDHI, HARIJAN VOL. VIII NO. 29; 1.9.1940

DIE DRAG QUEEN

Armina Ahmadinia, *1989, Kelachay (Iran)

„Najib Faizi wurde in der konservativen Gesellschaft Afghanistans geboren und wegen ihrer anderen sexuellen Orientierung von ihrer Familie, ihren Freunden und in der Schule abgelehnt. 2012, mit elf Jahren, versuchte sie auszuwandern und wurde inhaftiert. Nach vielen Strapazen gelang es ihr doch, nach Deutschland zu kommen. Einige Jahre später entschied sie sich, sie selbst zu sein und fasste den Mut, Frauenkleider zu tragen, sich zu schminken, zu tanzen und als erste afghanische Drag Queen ihre Videos zu veröffentlichen. Darin geht es um die LGBTQ-Gesellschaft in Afghanistan sowie um Frauenrechte im Iran. Für mich ist Najib eine große Heldin, die voller Hingabe und zudem unter Aufgabe ihrer Sicherheit und ihrer Heimat so vieles gegeben hat, um eine bessere Welt zu schaffen, in der alle Menschen zusammenleben könnten."

Fotografie ist immer zunächst die intellektuelle Beschäftigung mit einem Thema ...
... das stimmt. Ich kann nur gute Bilder machen, wenn ich mein Thema durchdacht und verstanden habe.

Das heißt, es mussten Ideen entwickelt werden. Wie lief dieser Prozess ab?
Wir hatten zunächst eine Einführungsveranstaltung, in der das Kuratorenteam den Studierenden das Konzept der Ausstellung im Lokschuppen vorstellte und in der wir Fragen um den Begriff des Helden oder der Heldin diskutierten. Wo kommt er vor? Gibt es einen Konsens darüber, wer ein Held oder eine Heldin ist? Ich habe dann in die Geschichte der Porträtfotografie eingeführt. Aus diesen Inputs entstanden zunächst vage Ideen und später konkrete Konzepte, die wir dann darauf abgeklopft haben, ob sie realisierbar sind.

Dann kamen die Ergebnisse. Waren Sie überrascht?
Ich war vielmehr begeistert vom breiten Spektrum der Menschen, die die Studierenden zu Heldinnen und Helden erklären. Und ich war angetan von der bildsprachlichen Vielfalt der Visualisierungen. Sie reicht von inszenierten Porträts bis zu Fotoreportagen, für die Protagonisten über einen längeren Zeitraum begleitet wurden. Es sind aber auch dokumentarische Serien entstanden, in denen die Personen über ihr Umfeld beschrieben wurden.

Das Spektrum der Arbeiten reicht vom konkreten Porträt einer Modemacherin und der Geschichte über das Containern bis zur Konzeptfotografie. Haben Sie das erwartet?
Es entspricht dem, was ich den Studierenden zu vermitteln versuche. Sie sollen adäquate Umsetzungen für Themen entwickeln, sich also überlegen: Was ist eine angemessene Darstellung für ein Sujet, für eine bestimmte Person? Wie fasse ich ein Problem in Bilder, damit Betrachtende verstehen, worum es geht?

Welche Rolle spielte die kulturelle Herkunft der Studentinnen und Studenten?
Unsere Studierenden kommen ja aus mehr als 20 Ländern, so etwa aus der Ukraine und aus Russland, aus Österreich, der Schweiz, Frankreich, Kolumbien oder dem Iran. Viele haben bereits eine Ausbildung oder ein Studium absolviert, zum Teil sogar promoviert. Deshalb sind die Seminare immer von intensiven Diskussionen um die Bilder und ihre Inhalte geprägt. Die individuellen Biografien spielen dabei eine zentrale Rolle.

Was bedeutet das für dieses Thema, die Darstellung von Heldentum?
Man sieht es in den sehr unterschiedlichen Personen, die die Studierenden ausgesucht haben. Da ist die ältere Dame, die Nazisymbole von Straßenschildern kratzt, ebenso vertreten wie die Abtreibungsärztin und der unter Depression leidende Politiker aus Berlin. Es sind auch die engagierten Jungs dabei, die Lebensmittel aus dem Abfall retten. Man kann über all diese Menschen sicherlich kontrovers diskutieren, und manche werden von den ein oder anderen Betrachtern gewiss abgelehnt. Aber wir haben es den Fotografinnen und Fotografen bewusst freigestellt, wen sie zum Helden oder zur Heldin erklären. Diese Entscheidung ist sehr persönlich und hängt vom eigenen Hintergrund und der eigenen Biografie ab.

Einige Fotos sind uns fremd, wie das Bild des ukrainischen Soldaten, den die Fotografin wie einen antiken Helden fotografierte. Ihr ist diese Aufnahme aber sehr wichtig, oder?
Das ist ein gutes Beispiel dafür, wie die Fotografin ihre eigene Position über die Bildsprache sehr deutlich formuliert hat. Ja, sie hat eine Visualisierung gewählt, die vielen Menschen hierzulande vielleicht etwas fremd ist. Aber die Studentin kommt selbst aus der Ukraine, und sie ist natürlich in anderer Weise vom Krieg Russlands gegen ihr Land betroffen als wir. Das macht sie in ihrer Arbeit deutlich, und das macht dieses Projekt auch so spannend: zu verstehen, wie Studierende mit ihren ganz unterschiedlichen Biografien Situationen empfinden und in Bilder übersetzen.

Zur Person

LARS BAUERNSCHMITT

Der Professor lehrt seit 2004 an der Hochschule Hannover im Studiengang Visual Journalism and Documentary Photography und forscht unter anderem über die mediale Darstellung von journalistischen Inhalten und die Entwicklung des internationalen Bildermarktes. Zuvor war er 17 Jahre lang geschäftsführender Gesellschafter der Fotografenagentur VISUM. Gemeinsam mit dem Fotografen und Hochschullehrer Michael Ebert verfasste er das Handbuch des Fotojournalismus (d.punkt Verlag). Die hier gezeigten Arbeiten entstanden in seinem Seminar des zweiten Semesters zur Porträtfotografie. Als Lehrende sowie an der Bildauswahl beteiligt waren Siebo Heinken (Herausgeber dieses Buchs) und Lars Lindemann (freier Kurator, zuvor Fotochef des Magazins „GEO").

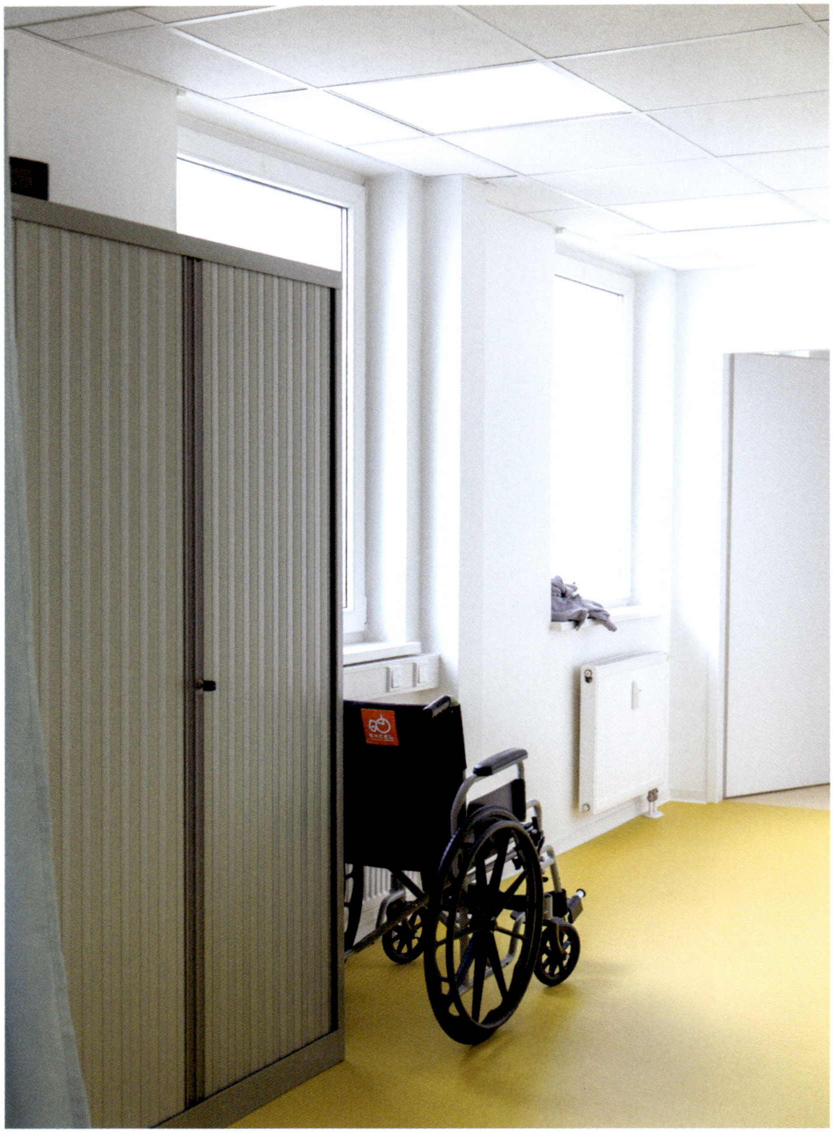

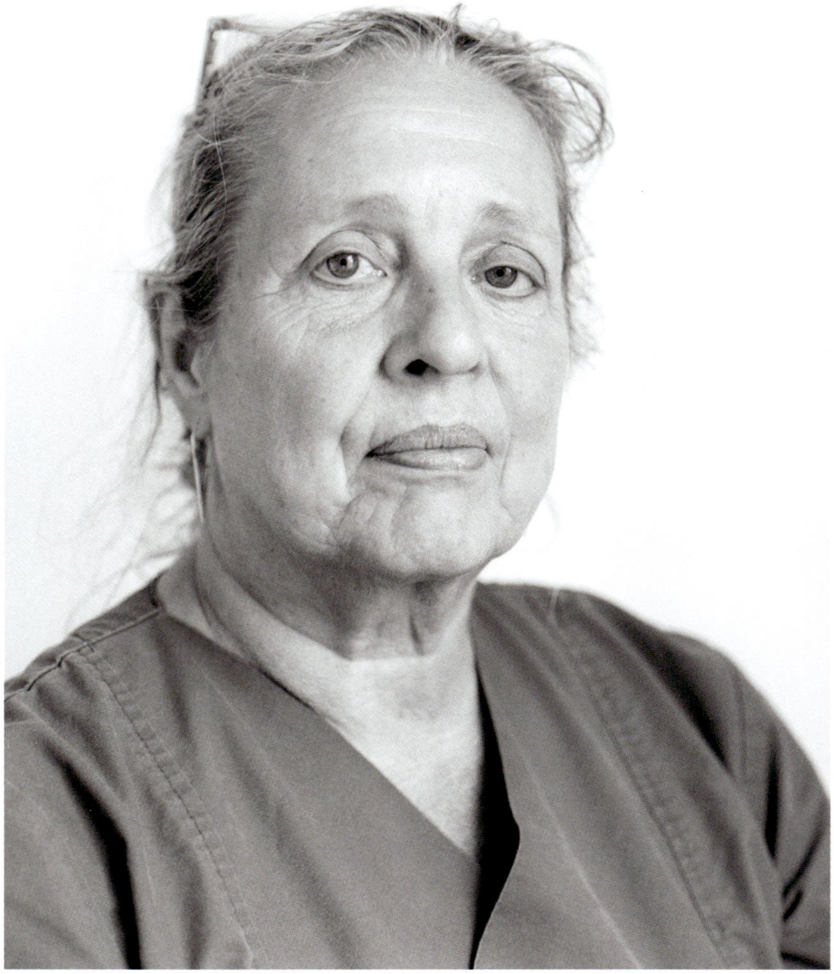

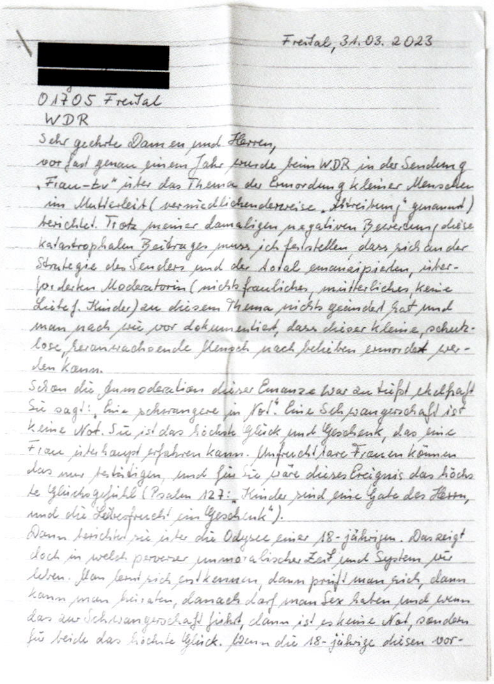

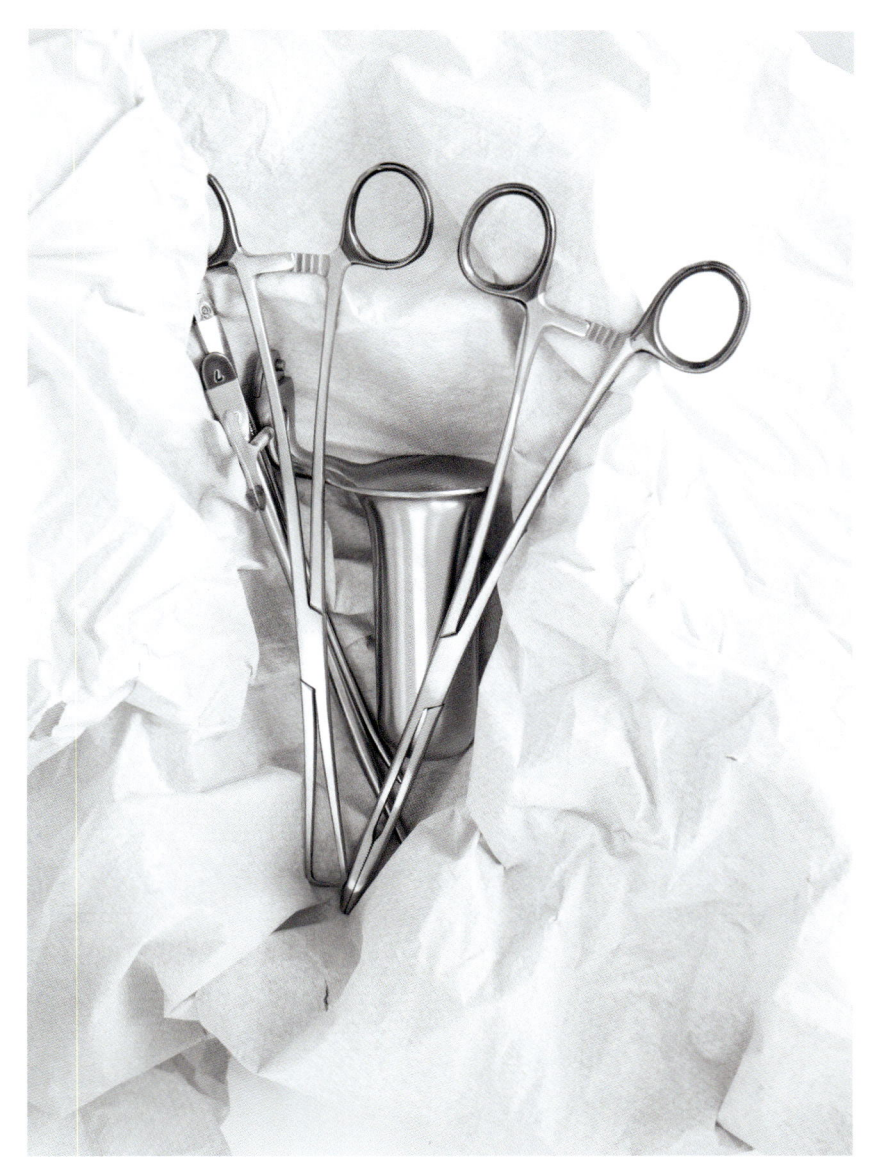

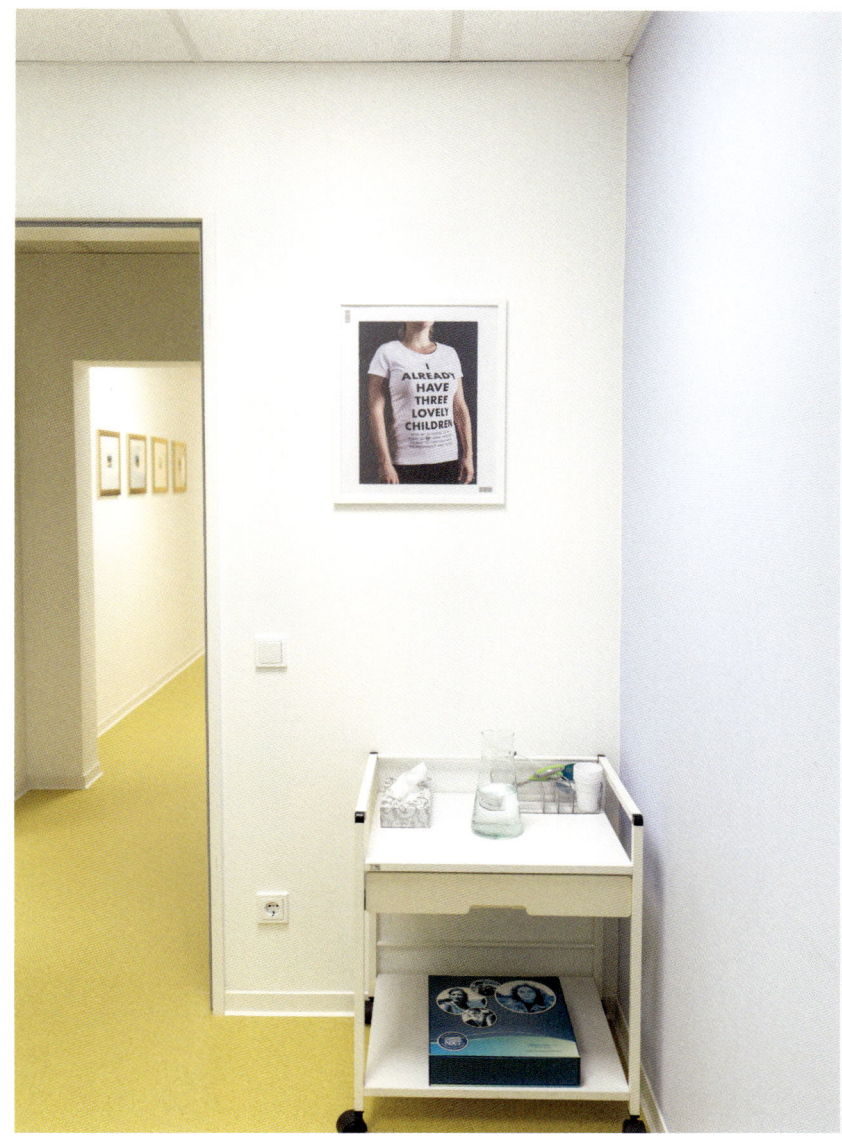

DIE LEITERIN EINER ABTREIBUNGSKLINIK

Noemi Ehrat, *1996, Zürich

„Im November 2022 eröffnete die niederländische Ärztin Gabie Raven eine Abtreibungsklinik in Dortmund. Sie betreibt bereits zwei Kliniken in Rotterdam und in Roermond. Ihren neuen Standort hat sie ausgewählt, weil viele Frauen aufgrund mangelnden Zugangs zu entsprechenden Ärzt:innen für einen Schwangerschaftsabbruch aus Deutschland zum grenznahen Roermond reisen. In Dortmund gehören Hassbriefe wie links gezeigt und beschimpfende Anrufe zum Alltag von Gabie und ihrem Team. Manche Abtreibungsgegner:innen reisen aus dem Ausland an, um vor der Klinik zu protestieren. Für die Ärztin sind Schwangerschaftsabbrüche jedoch schlicht Teil der reproduktiven Gesundheit. In ihrer Klinik gibt es keine regulären gynäkologischen Untersuchungen, doch Gabie bietet auch Beratungen in Fragen rund um die Themen Verhütung und Menopause an. Frauen, die sich gegen eine Schwangerschaft entschieden haben, sollen in dieser ohnehin nicht einfachen Situation nicht auch noch mit runden Bäuchen und Babys konfrontiert werden."

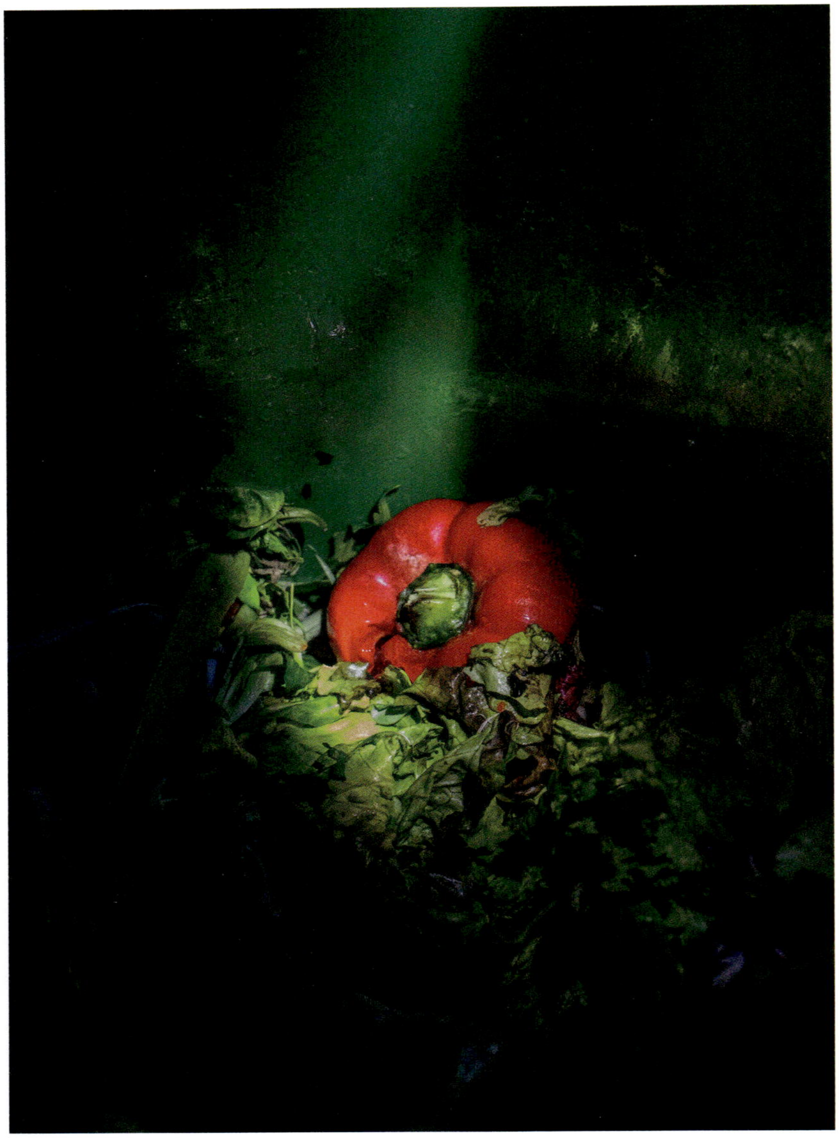

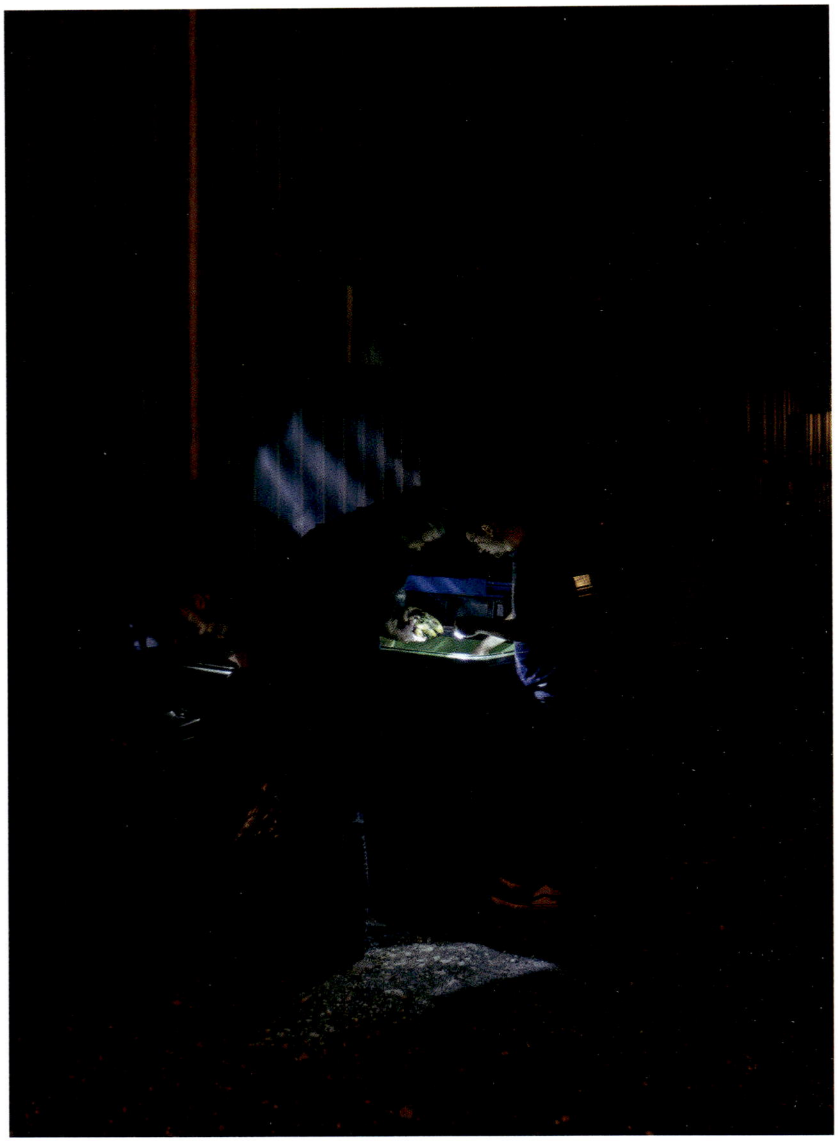

DIE LEBENSMITTELRETTER

Henryc Fels, *1991, Singen (Hohentwiel)

„Wer in Deutschland einen Container oder eine Tonne auf einem fremden Grundstück öffnet, um noch genießbare Lebensmittel zu retten, macht sich doppelt strafbar: Hausfriedensbruch und schwerer Diebstahl. Dafür musst du nicht einmal über einen Zaun geklettert sein oder ein verschlossenes Tor geöffnet haben. Bei uns werden jährlich rund elf Millionen Tonnen frische Lebensmittel entsorgt. Trotz der drohenden Kriminalisierung gibt es aber eine gut organisierte Bewegung von mutigen Menschen, die sich diesem Unrecht entgegenstellen. Ich habe im Mai 2023 drei Protagonisten begleitet. Sie sind für mich Helden, weil sie unter großem persönlichem Risiko entsorgte Lebensmittel retten und an andere Menschen verteilen. In meiner fotografischen Umsetzung wird die Dunkelheit nur durch das Umgebungslicht am Ort und die Fahrrad- und Stirnlampen unterbrochen. So betone ich die Emotionen der latent drohenden Entdeckung und die Spannung bei der Suche nach den weggeworfenen Schätzen."

DER SOLDAT UND DIE MUTTER

Tetyana Chernyavska, *1979, Kiew

„Der Unteroffizier Maksym Abramov (25, geboren in Slovyansk im Donezker Gebiet) wurde im Mai 2022 in Bachmut von Russen schwer verletzt. Nach mehreren Krankenhausaufenthalten erholte er sich in Hamburg. Im August 2023 kehrte er als Geistlicher an die Front zurück, um ‚die Seelen seiner Kameraden zu retten', wie er sagt. Sein theologisches Vorbild ist Dietrich Bonhoeffer, sein Lebensmotto lautet: ‚Der Widerstandswille ist stärker als Waffen.' Nach dem Krieg wollen seine Frau und er Waisenkinder adoptieren, die ihre Eltern verloren haben. Die ukrainischen Soldatinnen und Soldaten stehen symbolisch für die Stärke und den Willen des ukrainischen Volkes. Es ist wichtig, ihnen Anerkennung zu zollen und ihre Opfer nicht zu vergessen."

„Meine Mutter wurde 1941 während des Zweiten Weltkrieges geboren, später wurde sie Ingenieurin. Nach dem Zerfall der Sowjetunion verlor sie ihre Arbeit und damit ihre Lebensgrundlage und Überzeugungen. Sie musste ihre Rolle in der Gesellschaft völlig neu definieren. Hoffnung, Enttäuschung, Humor, Angst, Zuversicht, Gemeinschaft, Stolz: Diese Gefühle und Werte lernte ich von ihr. Sie ist das Vorbild einer starken Frau, die bedingungslose Liebe für mich in ihrem Herzen trägt. Das Wichtigste ist ihr, die Menschen so zu nehmen, wie sie sind. Nachdem meine Schwester und ich finanziell auf eigenen Beinen standen, hat unsere Mutter zum orthodoxen Glauben gefunden. Doch schon zuvor hatte sie uns Nächstenliebe und christliche Werte beigebracht. Das alles macht sie für mich heute noch zur Heldin."

DER POLITIKER

Sophie Boyer, *1992, Emsbüren

„Depressionen gehören zu den häufigsten und am meisten unterschätzten Erkrankungen. Insbesondere vielen Männern fällt es noch immer schwer, ihre eigenen psychischen Leiden anzuerkennen und nach Hilfe zu suchen. Kevin Hönicke, der Anfang 2023 mit seinen Depressionen an die Öffentlichkeit ging, zeichnet sich daher als Held aus. Er widersetzt sich einem toxischen Männlichkeitsbild, indem er seine vollkommene Verletzlichkeit offenlegte. Er nahm zusätzlich starke existenzielle Ängste in Kauf und entblößte seine psychische Gesundheit nicht nur innerhalb seines familiären Umfeldes, sondern auch im Rahmen seiner Position als SPD-Politiker und stellvertretender Bezirksbürgermeister in Berlin-Lichtenberg – bei der Repräsentanz, Stärke, Macht und Produktivität als vermeintlich alltägliche Anforderungen gelten."

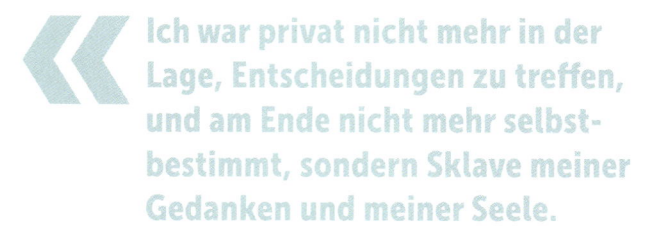

≪ Ich war privat nicht mehr in der Lage, Entscheidungen zu treffen, und am Ende nicht mehr selbstbestimmt, sondern Sklave meiner Gedanken und meiner Seele.

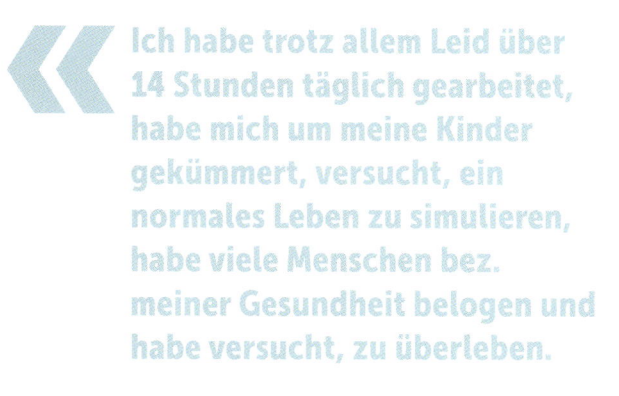

« Ich habe trotz allem Leid über 14 Stunden täglich gearbeitet, habe mich um meine Kinder gekümmert, versucht, ein normales Leben zu simulieren, habe viele Menschen bez. meiner Gesundheit belogen und habe versucht, zu überleben.

« Ich konnte nicht mehr einkaufen, weil ich nicht mehr wusste, wie das geht. Ich konnte nicht mehr U-Bahn fahren und bin zu Terminen von Lichtenberg bis Charlottenburg gelaufen.

« Die Bezirksverordnetenversammlung im Februar, die letzte vor der Pause, habe ich unter höllischen psychischen und körperlichen Schmerzen ertragen, und trotzdem habe ich auch noch da das Schauspiel des handlungsfähigen Politikers aufrechterhalten.

FOTOPROJEKT: WER IST DEIN HELD?

BADER

PREMIU
GRAFFITI A
AEROSOL
400 ml
ebelin
NAGELLACK
ENTFERNER

DIE NAZIGEGNERIN

Jasper Hill, *2003, Heidelberg

„Irmela Mensah-Schramm, eine 78-jährige Aktivistin für Menschenrechte, engagiert sich seit fast 40 Jahren gegen rassistische und antisemitische Aufkleber und Graffiti in ganz Deutschland. Durch ihre Bemühungen wurden mehr als 140 000 Hassbotschaften entfernt, die sie in ihrem Zuhause in Berlin-Wannsee dokumentiert hat. Für ihre Arbeit wurden Frau Mensah-Schramm schon zahlreiche Auszeichnungen verliehen, unter anderem das Bundesverdienstkreuz, das sie jedoch wieder zurückgab. Sie erfährt Anerkennung, ist zugleich aber Feindbild der Neonazi-Szene und bekommt regelmäßig Hassbotschaften (sogar mit Hakenkreuz) und Morddrohungen, wird körperlich angegriffen. Mehrmals wurde sie hingegen strafrechtlich verfolgt, weil sie verbotene Hassparolen und Hakenkreuze übersprühte oder sonst wie unkenntlich machte. Auch ihr Werkzeug – Ofenkratzer, Spraydose und Nagellackentferner – wurde schon konfisziert."

192

DER UNBEKANNTE HELD

Marius Zweifel, *1993, Glarus (Schweiz)

„Was sind Helden? Und wie entstehen sie? Wer definiert, wer entscheidet? Die Gesellschaft? Die Medien? Jeder für sich selbst? Meist sind Helden unnahbar und weit weg. Doch wieso? Würden sie verblassen und entzaubert werden, wenn man ihnen zu nahekäme?

Wenn man den idealisierten Begriff des Helden abschwächt und auf etwas Näheres, Realeres reduziert, tauchen viele Helden auf: eine Freundin, der Bruder, die Mitbewohnerin, der Verkäufer, eine flüchtige Bekanntschaft. Alle können zu Helden werden: Helden der kleinen Dinge vielleicht, Helden mit Fehlern und Zweifeln, dafür nahbare, reale Helden. In den Bildern erscheinen sie anonymisiert. Statt der Personen sind nur deren Silhouetten zu sehen. Darin steht der Begriff „Held" als Wiederholung in unterschiedlichen Sprachen geschrieben. Durch die Anonymisierung wird die einzelne Person nicht mit Heldentum behaftet, sondern es bleibt dem Betrachter überlassen, sich sein eigenes Bild zu machen – und sich in seinen eigenen Helden hineinzudenken. Und vielleicht wird man selbst von jemandem hineingedacht."

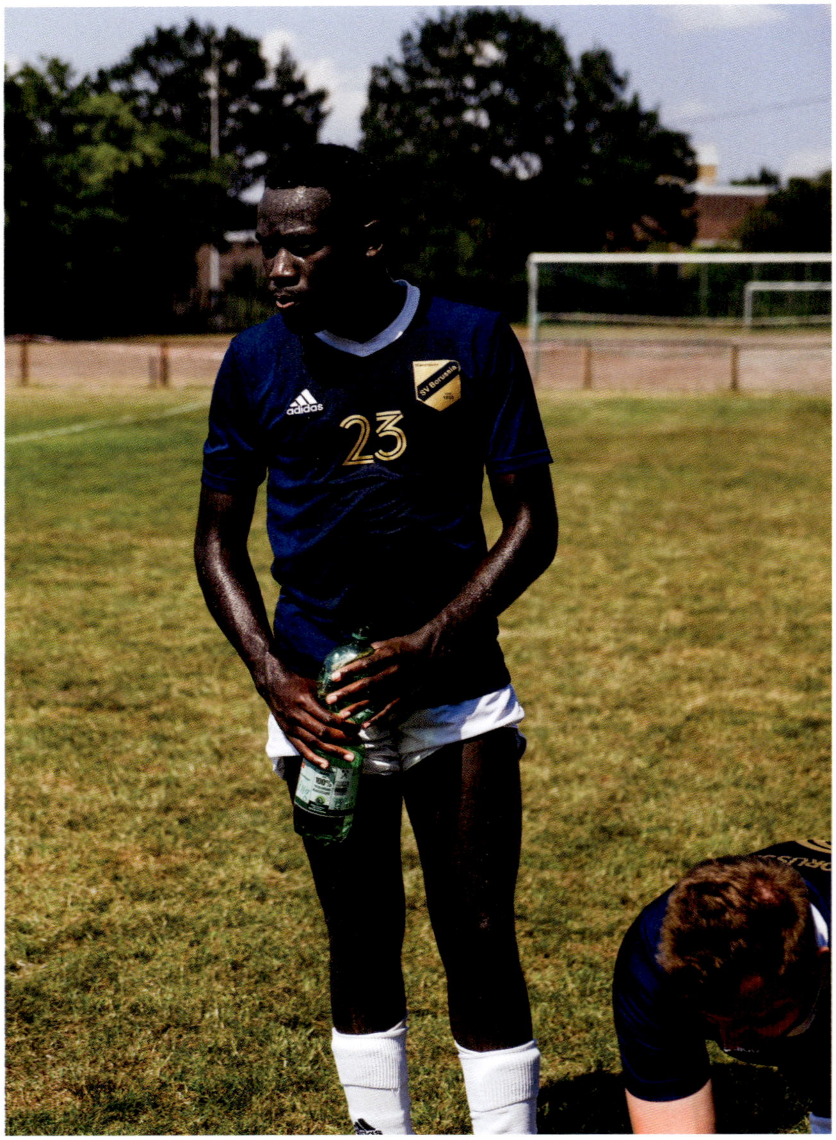
adidas
23

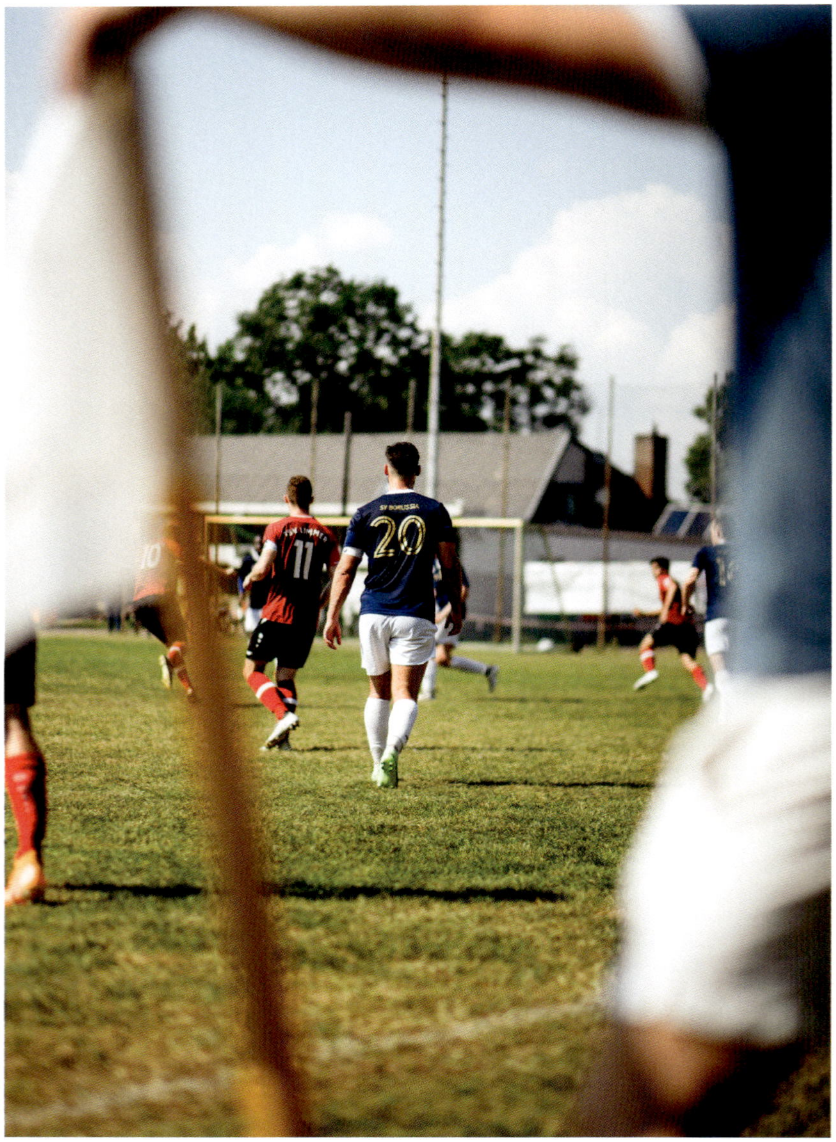
11
20

DER FUSSBALLVEREIN

Ben Kümmel, *1998, Aachen

„Es hat mich schon immer gestört, wie manche Akademiker auf den Fußball herabblicken. Dieser Rabaukensport müsse doch sicher rechts oder zumindestens etwas für die etwas Einfacheren unter uns sein. In der Praxis tut ein Fußballverein unglaublich viel für das Zusammenkommen von ganz verschiedenen Menschen. Schnörkellos, ganz ohne darüber zu reden. Keine große Symbolik oder ausufernde Politik. Fußball, da braucht es einfach nur Herz und Leidenschaft! Wie beim SV Borussia Hannover, den ich für diese Arbeit ein paar Tage lang begleitet habe. Der Verein und seine Mitglieder sind meine Helden. Jedes Wochenende, egal, ob bei Regen oder Hitze, sind sie auf dem Platz. Die Kreisliga ist nicht immer schön, nicht immer fallen Tore. Sie ist weit entfernt vom kommerzialisierten Fußball, den man im Bezahlfernsehen sehen kann. Es wird geschrien, geweint, gehasst und geliebt, jubiliert und still ertragen, Respekt durch einen Augenkontakt oder den Handschlag bewiesen."

DIE MODESCHÖPFERIN

Bahriye Tatli, *2001, Hannover

„All Amin (bekannt unter dem Künstlernamen Haramwithsugar) gehört das selbst gegründete Label ‚Haram Official'. Sie hat sich auf das Upcycling von Sneakers spezialisiert. Die Korsetts oder Handtaschen aus Schuhen geben nachhaltiger Mode ein frisches und interessantes Image. Die Berliner Designerin mit kurdischem Migrationserbe ist für mich schon seit Längerem eine Inspiration, weil alles, was sie produziert, ein Eyecatcher ist. Vor allem aber, weil sie mir als Person mit ebenfalls kurdischem Hintergrund das Gefühl gibt, dass es in Ordnung ist, mein Interesse für Mode zum Ausdruck zu bringen. Das Erste, was ich von All gesehen habe, war eine Fotostrecke von Menschen, die ihre Designs getragen haben, kombiniert mit traditionell kurdischen Trachten. Es war damals unglaublich schön und wichtig für mich, diese Art von Auseinandersetzung mit der eigenen Kultur zu sehen. Diese Fotos haben meine Sichtweise auf mich ein Stück weit transformiert. Zum ersten Mal war ich sogar stolz auf meine kurdische Identität."

DIE SEGLERINNEN

Yann Kanngiesser, *2001, Straßburg (Frankreich)

„Der Weg nach Olympia, der für viele Sportler ein Traum bleibt, war auch für mich von Anfang an unerreichbar. Seit meinem vierten Lebensjahr bin ich fasziniert vom Segeln, und seit meiner ersten richtigen Regatta verfolge ich mit Begeisterung die Wettkämpfe der Weltelite. Dabei habe ich auch Inga-Marie Hofmann und Catherine Bartelheimer kennengelernt, zwei Nachwuchssportlerinnen, die gemeinsam in der olympischen Bootsklasse 49er FX segeln und Deutschland bei den Olympischen Spielen 2024 in Paris vertreten möchten. Gemeinsam trainieren sie am Olympiastützpunkt Schilksee in Kiel, Inga-Marie vom Düsseldorfer Yachtclub (DYC) als Steuerfrau und Catherine vom Segelclub Inning am Ammersee als Vorschoterin. Der Weg in den deutschen Kader war für beide mit großen Herausforderungen und Opfern verbunden. Aus der Heimat nach Kiel ziehen, alles für unzählige Stunden auf dem Wasser hinter sich zu lassen und dauerhaft den Fokus auf ihre Ziele zu behalten, erforderte eine ungeheure Disziplin und unglaublich viel Ausdauer."

DIE JUGENDLICHEN UND IHRE RECHTE
Lucas Nguyen Tuan-Anh, *2002, Wien

„Ende Februar 2023 reichten zwölf Kinder und Jugendliche in Österreich eine Klage gegen den Staat ein. Die Kinderrechte seien im aktuellen Klimaschutzgesetz nicht ausreichend berücksichtigt, und Gesetze sollten angepasst werden, um diese Rechte zu sichern. Verständlich, denn Österreich ist tatsächlich weit entfernt davon, die beim Pariser Klimaabkommen beschlossenen Ziele einzuhalten. Diese Kinder und Jugendlichen haben die Initiative ergriffen, um direkt vor die Entscheidungsträger:innen zu treten und die Gefahren und Folgen des Klimawandels zu thematisieren. Sie sind ein Sprachrohr für alle Menschen ihres Alters in Österreich. Die Fotos zeigen einige aus der Gruppe in ihren Zimmern. Sie müssen sich politischer Opposition, unzähligen Hasskommentaren und anstrengenden Interviews stellen, die alle ignorieren, dass diese jungen Menschen eigentlich die Verantwortung der ‚Erwachsenen' übernehmen und in Aktion zu treten, um ihre eigene Zukunft zu sichern."

DIE PFLEGERIN

Deliah El-Chehade, *1999, Bremen

„'Schöne Momente sind immer, wenn sie mit ihrem Tablet spielt und uns auffordert, dass wir mit ihr tanzen sollen', sagt Jana. Sie ist seit 2019 Pflegerin von Marie und hält hier den Inhalator, den die 15-jährige selbst nicht festhalten kann. Jana ist eine von fast 450000 ambulanten Pfleger:innen in Deutschland und damit eine von fast einer halben Million solcher Held:innen. Dass sie etwas in der Pflege machen möchte, wusste sie schon immer. Zu Beginn war aber vor allem die nächtliche Beatmung von Marie eine Herausforderung. Vor allem in Notfallsituationen richtig zu handeln, ist enorm wichtig. Marie lebt zusammen mit ihren Pflegeeltern und Pflegegeschwistern in Ibbenbüren, zwei von ihnen haben ebenfalls lebensverkürzende Erkrankungen. Im Hintergrund sitzt eine Pflegeschwester mit ihren Spielsachen in einer gemütlichen Ecke."

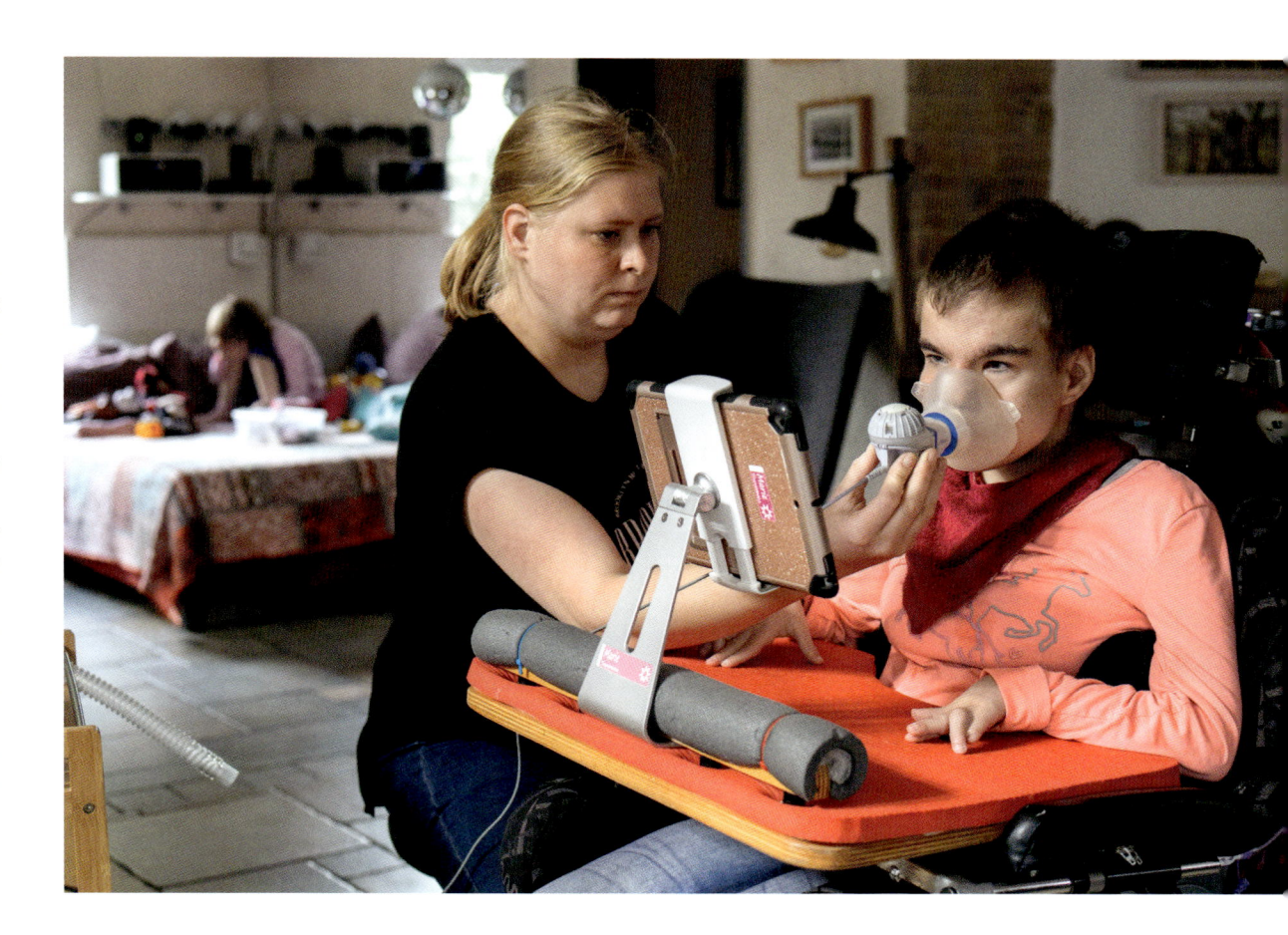

DER GR

RÖSSTE

V

Von Muhammad Ali, dem bedeutendsten Boxer der Welt, stammt eines der kürzesten Gedichte der Welt, kürzer noch als das berühmte und schon ausgesprochen reduzierte „Adam / Had 'em" von Strickland Gillilan. Ali hatte an der Harvard University vor Studenten einen Vortrag gehalten, am Ende rief jemand: „Schenk uns einen Vers!" Vielleicht hatte Ali sich die Worte zurechtgelegt, vielleicht waren sie ihm spontan eingefallen, er stand jedenfalls vor den Studierenden, und das war sein Gedicht: „Me. We."

„Ich. Wir." Wie einfach. Wie großartig.

Nur Menschen, die nicht nachdenken, werden „Ich. Wir." für belanglos halten. Tatsächlich kennzeichnet das Kurzgedicht Alis Beziehung zu seinen Zuschauern. Mehr noch: Es ist eine Chiffre für das Vernetztsein eines Einzelnen mit der Welt. Denn Ali war nicht Ali ohne den Kontakt zu seinen Zuschauern. Ali umwarb das Publikum, verzauberte es und vermittelte ihm sogar das Gefühl, ihn schützen zu müssen.

Vor dem berühmten „Rumble in the Jungle", dem Weltmeisterschaftskampf gegen George Foreman 1974, hatte er bei den öffentlichen Trainingseinheiten die Leute auf seine Seite gezogen. Am Ende kämpfte dann nicht ein Boxer gegen den anderen. Sondern der Favorit Foreman kämpfte gegen Ali und ebenso gegen die Menschen im riesigen Stadion von Kinshasa, denen Ali seinen Kampfruf beigebracht hatte: „Ali, boma ye – Ali, töte ihn."

Der Größte, the Greatest: So hat Ali sich selbst genannt. Er musste sich das nirgendwohin tätowieren, nur Sträflinge bemalten sich zu seiner Zeit die Haut. Es reichte, dass Ali es regelmäßig sagte und sang. „I am the greatest." Im Kampf gegen George Foreman, als die Hiebe seines Gegners auf ihn einprasselten, hat er diesem Foreman trotzdem immer mal wieder zugerufen: „Du enttäuscht mich, George!" Oder: „Vergiss nicht, ich bin der Größte!" Und er hat ja recht behalten.

Muhammad Ali, der Grösste, war in unterschiedlichen Lebensphasen ein jeweils anderer Held. Ein Junge aus Louisville, Kentucky, Geburtsname Cassius Clay, mit dem Mund schon immer so stark wie später mit den Fäusten. Sie nannte ihn Louisville Lip. Er boxte und quasselte sich nach oben, wie noch kein Schwarzer sich nach oben geboxt und gequasselt hatte.

Olympiasieg im Halbschwergewicht 1960 in Rom, vier Jahre später Profi-Weltmeister im Schwergewicht. Seit er 1964 zur Nation of Islam übergetreten war, nannte er sich Muhammad Ali. Der Boxheld wurde zum Helden vieler Afroamerikaner, zum Helden der Bürgerrechtsbewegung. Er schlug sie alle, die unfreundlichen Kontrahenten wie Sonny Liston und auch die freundlichen wie Floyd Patterson. Ali war ganz oben, es war die Zeit, in der er im Ring tanzte. Er war der jungenhafte, athletische Ali, der aber von 1967 an nicht mehr tanzen durfte. Da hatte er den Kriegsdienst in Vietnam verweigert, seine Begründung: „No vietcong called me nigger."

Der Titel wurde ihm aberkannt, er sollte für ein paar Jahre ins Gefängnis und blieb nur auf Kaution

London, Juni 1963. Mit den Fingern zeigt Cassius Clay an, wie viele Runden er vorsieht, um den Engländer Henry Cooper zu schlagen. Genau so wurde es: Sieg durch technischen K.o.

Louisville (US-Bundesstaat Kentucky). Cassius Clay vor seinem Elternhaus. Wenig später trennte er sich von seinem Namen und hieß nun Muhammad Ali.

Ali war Revoluzzer und Clown, war bekennender Muslim und Womanizer. Und er umwarb sein Publikum, gab ihm sogar das Gefühl, ihn schützen zu müssen.

Zur Person
MUHAMMAD ALI

Mit zwölf Jahren bereits beginnt Cassius Marcellus Clay, am 17. Januar 1942 in Louisville (Kentucky) geboren, mit dem Boxen. Sechs Jahre später gewinnt er die olympische Goldmedaille im Halbschwergewicht. 1964 wird er zum ersten Mal Weltmeister im Schwergewicht. Im Jahr darauf tritt Clay zum Islam über und tritt fortan unter dem Namen Muhammad Ali an. Seinen 56 Siegen, davon 37 durch K. o., stehen nur fünf Niederlagen gegenüber. Als politische Figur lehnt Ali den Vietnamkrieg ab und verweigert 1967 den Kriegsdienst, worauf ihm für einige Jahre die Boxlizenz entzogen wird. Er ist ein Idol der schwarzen Bürgerrechtsbewegung. In den Siebzigerjahren erlebt er ein sportliches Comeback; unvergessen ist sein Kampf gegen George Foreman 1974 in Kinshasa, der „Rumble in the Jungle". 1999 wählt das Internationale Olympische Komitee ihn zum Sportler des Jahrhunderts. Ali stirbt am 3. Juni 2016 mit 74 Jahren in Scottsdale (Arizona).

draußen. Die Boxlizenz wurde ihm entzogen, auch im Ausland antreten und seine Karriere halbwegs am Laufen halten durfte er nicht, sein Reisepass wurde einbehalten. Der beste Boxer der Welt, von hundert auf null runtergebremst.

Der patriotische Teil Amerikas war der Meinung, das geschehe ihm recht: Der beste Boxer der Welt, der nicht kämpfen will, was ist der anderes als der Welt größter Feigling? Im Moment seiner Kriegsdienstverweigerung war der Held Muhammad Ali für viele ein Antiheld. Er musste einen Umweg nehmen, um der Held werden zu können, als den die Nachwelt ihn in Erinnerung hat.

Ali zog nicht in den Krieg. Er saß die Sperre ab und verschenkte seine besten Jahre als Boxer. Das war konsequent für einen Mann, der sonst immer mal das eine verkörperte und zugleich auch das andere. Sein Bild war lange ein Vexierbild, wie sein Biograf Jan Philipp Reemtsma geschrieben hat: „Er war selber ein Bündel aller Widersprüche, die das Land prägten. Seine Pressekonferenzen waren fromm oder blasphemisch, er pries Amerika und Afrika, er fühlte sich zuhause in Erwartung von Zaire und machte gleichzeitig Kannibalenwitze."

Ali war Revoluzzer und Clown, war bekennender Muslim und Womanizer, war so uneindeutig, wie Menschen nun mal uneindeutig sind. War auch hier seinem Publikum nah: Me. We.

Zum unumstrittenen Helden, auf den sich alle einigen konnten, wuchs Ali schließlich, als er nach der Sperre 1970 in den Ring zurückkam. Er kämpfte gegen die Schwergewichte Joe Frazier und George Foreman, für die er eigentlich schon zu alt zu sein schien.

Der junge Ali war noch ein Boxer gewesen, an den Fans sich in Schwarz-Weiß-Bildern erinnerten. Inzwischen sendete das Fernsehen in Farbe und zeigte die Kämpfe des reifen Ali gegen Frazier und Foreman in der ganzen Welt. Ali war kompakter geworden, auch langsamer. Er dominierte seine Gegner nicht mehr, er musste sich auf sie einstellen.

Aber was die wenigsten Experten für möglich gehalten hatten, geschah. 1974 in Kinshasa, beim Kampf gegen George Foreman, vor dem sich Ali mit dem

New York, Bronx, Mai 1962. Cassius Clay steht noch am Beginn seiner Laufbahn, doch schon als 20-Jähriger liebt er die Pose und hat ein außergewöhnliches Selbstbewusstsein im Blick.

Alis Weg war die klassische Heldenreise. Einer bricht in aller Stille auf, erobert die Welt und kehrt dann in die Stille zurück.

25. Mai 1965, Lewiston (US-Bundesstaat Maine): Sonny Liston liegt vor Muhammad Ali auf dem Boden. K.o. nach 102 Sekunden, noch in der ersten Runde. „Steh auf, du Penner, und kämpfe!", schreit Ali ihn an.

Publikum mental kurzgeschlossen hatte. Ali, boma ye. Im Kampf legte Ali sich in die Seile und hielt die Deckung oben, Foreman hämmerte und schlug sich die Energie aus dem Leib, prügelte sich mürbe. In der achten Runde schließlich erwischte Ali ihn mit einer Kombination, Foreman taumelte, wankte. Und Ali sah zu, wie sein Gegner ganz von alleine fiel.

Ein im Boxbetrieb seltener Moment von Wärme und Würde. Und eines der größten Comebacks der Sportgeschichte. Ali holte sich den WM-Titel zurück, der ihm sieben Jahre vorher aus politischen Gründen weggenommen worden war.

ES WÄRE INTERESSANT GEWESEN, zu sehen, was aus Muhammad Ali geworden wäre, wenn er sich die allerletzten Fights seiner Karriere erspart hätte. Gegen Larry Holmes, der immerhin bemüht war, seinen Gegner zu schonen. Gegen Trevor Berbick, der nicht gut genug war, um platziert genug zuzuhauen, sonst hätte Ali den Kampf vielleicht nicht überlebt. Er war auch so Gift für ihn und seine Gesundheit. Parkinson packte Muhammad Ali ein paar Jahre später und verwandelte ihn. Leise statt laut. Langsam statt schnell. Er sprach jetzt anders, und er sah anders aus.

Vielleicht wäre Ali ohne die schwere Krankheit einfach ein alternder Boxer geworden. Hätte er sich irgendwann lächerlich gemacht? Wäre er beliebig geworden oder besonders geblieben? Hätte er irgendwann krumme Dinger gedreht oder dumme Sachen gesagt wie Beckenbauer und die ganzen anderen Alten? Hätte er seine Rap-Gedichte als Song rausgebracht? „This might shock and amaze ya / but I'm gonna retire Joe Frazier." Wäre er dann auch kleiner geworden? Oder nur dicker? Ein Calmund von Weltklasseformat? Hätte er bei Letterman auftreten müssen oder irgendwann sogar bei Markus Lanz?

Die Krankheit hat die Antwort gegeben: Muhammad Ali war der Mann aus der klassischen Heldenreise, wie der amerikanische Mythenforscher Joseph Campbell sie umrissen hat. Einer bricht in aller Stille auf,

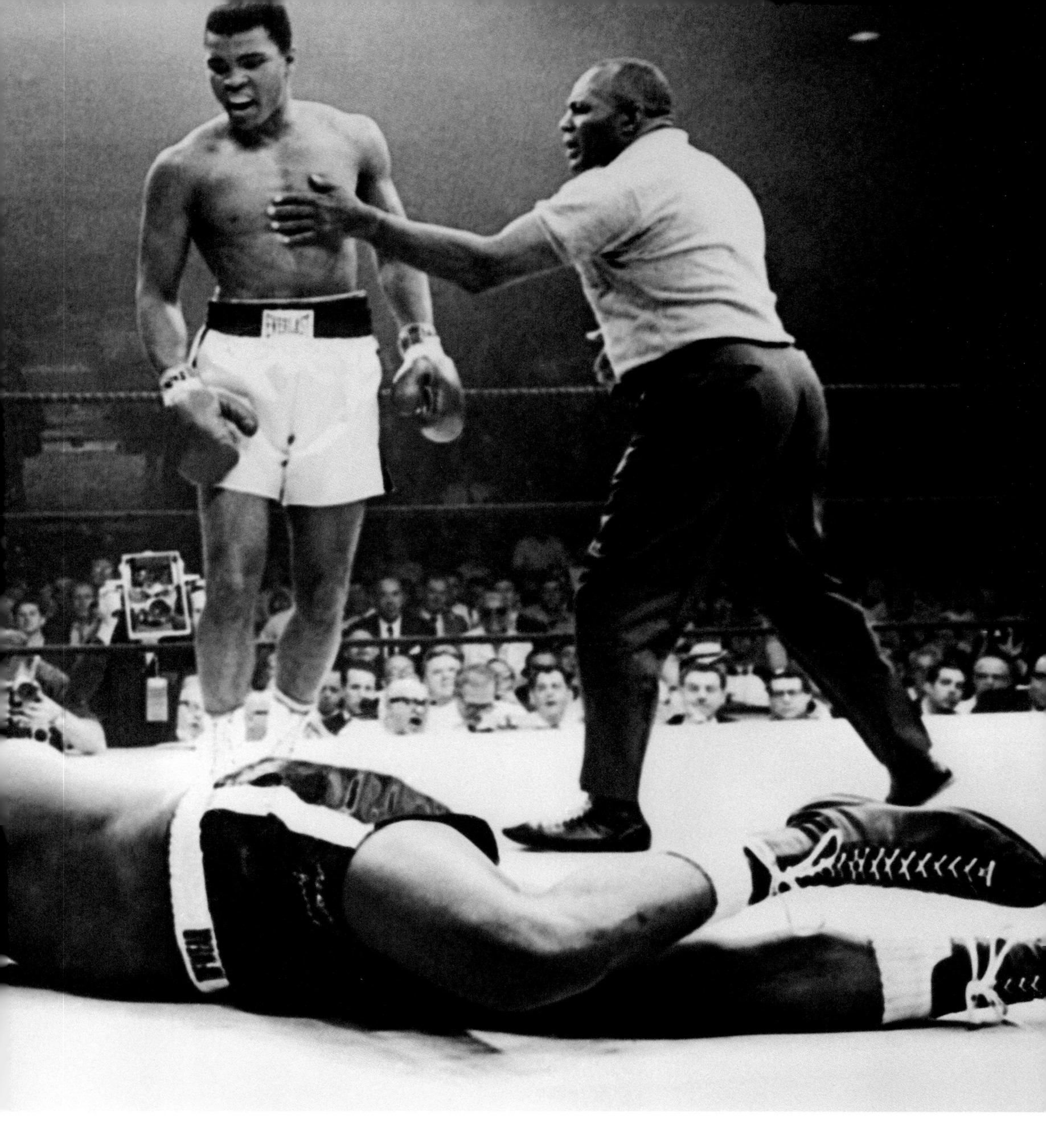

MUHAMMAD ALI

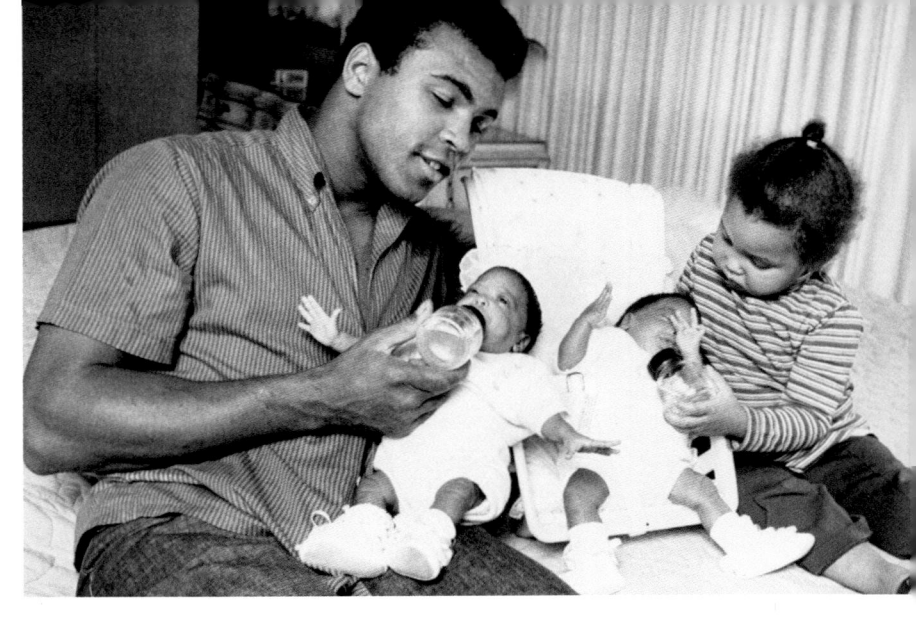

Houston, 19. Juni 1967. Ali auf dem Weg zum Gericht (links), weil er keinen Kriegsdienst leisten wollte. Er gab an, Pastor der Black Muslims und daher nicht wehrpflichtig zu sein.

Philadelphia, November 1970. Die andere Seite des großen Sportlers zeigt den Vater, der die zehn Monate alten Zwillinge Reeshemah und Jamillah versorgt. Seine Tochter hilft.

San Francisco, 27. April 1968. Ali weigerte sich nicht nur, in Vietnam zu kämpfen, sondern trat auf Friedensdemos auf und engagierte sich überdies in der Bürgerrechtsbewegung.

Viele verdanken ihren Ruhm dem Glück, dass sie zur selben Zeit auf dem Gipfel ihrer Karriere waren wie Ali. Andere Boxer, Journalisten, Fotografen.

stellt sich den schwersten Prüfungen, erobert die Welt, und dann kehrt er in die Stille zurück. So war es bei Muhammad Ali. Er wurde zu einer Erinnerung, die noch lebt. Ein zugleich entrückter, aber – „Me. We!" – auch nahbarer Held, der als Schwerkranker immer noch in die Luft boxte und Autogramme gab, wenn er mal öffentlich auftrat. „Muhammad Ali" schrieb er dann in Zitterschrift auf Zettel.

Es gibt Helden, deren Wirkung begrenzt und beschränkt bleibt, weil sie die anderen, weniger Talentierten, einschüchtern. Sie verbreiten Glanz, aber es ist kalter Glanz. Muhammad Ali jedoch hat die anderen mitgenommen. Die Gegner haben sich an ihm gemessen, sind an ihm verzweifelt. In Wahrheit sind auch alle an ihm gewachsen.

Die Fraziers und Foremans und Nortons und sämtliche anderen, die er in seinen Gedichten kurz aufleuchten ließ – sie verdanken ihren Ruhm und auch Nachruhm dem Glück, zur selben Zeit wie er auf dem Gipfel der Karriere gewesen zu sein. All die Fotografen und Journalisten, die – das fällt auf, wenn man sich noch mal durch die vielen Ali-Interpretationen liest – in brillanter und womöglich bester Form gewesen sind, wenn es darum ging, Muhammad Ali mit Bildern und Worten in den Griff zu kriegen.

Ali hat alle über ihre Grenzen gebracht. Sogar die deutschen Reporter, damals in der Regel noch eher sachlich und nüchtern unterwegs, wurden Dichter. Ulrich Kaiser, 1974 in der „Zeit": „Die reichen Leute von Harlem kleiden sich in grelleres Rot, grüneres Grün, gelberes Gelb und blaueres Blau, wenn

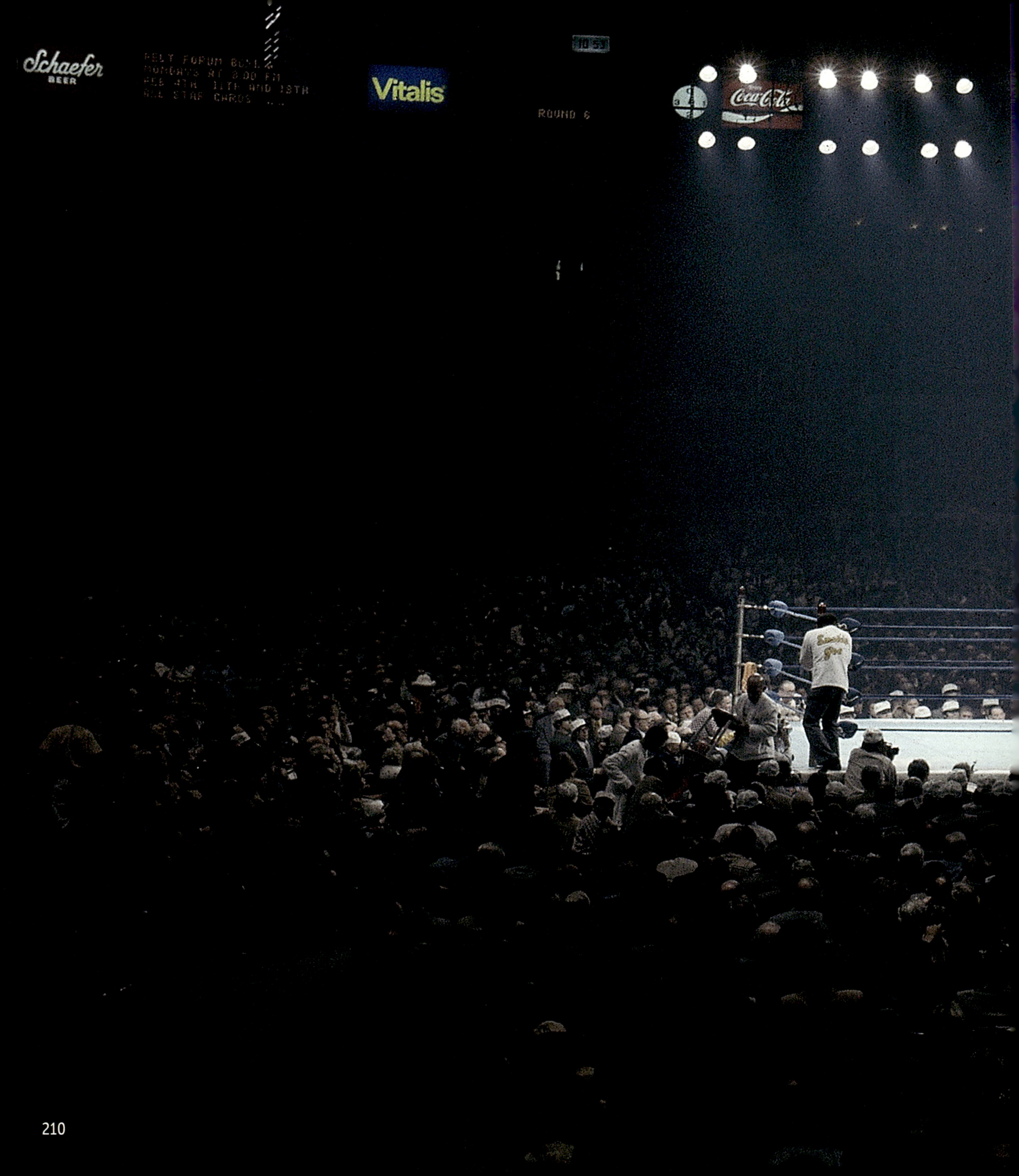
Schaefer
BEER
Vitalis
ROUND 6

New York, 28. Januar 1974. Der Madison Square Garden in New York war bis auf den letzten Platz gefüllt, als Muhammad Ali gegen Joe Frazier antrat, seinen großen Rivalen. Der Sieg ging an Ali: Punktsieg nach zwölf Runden.

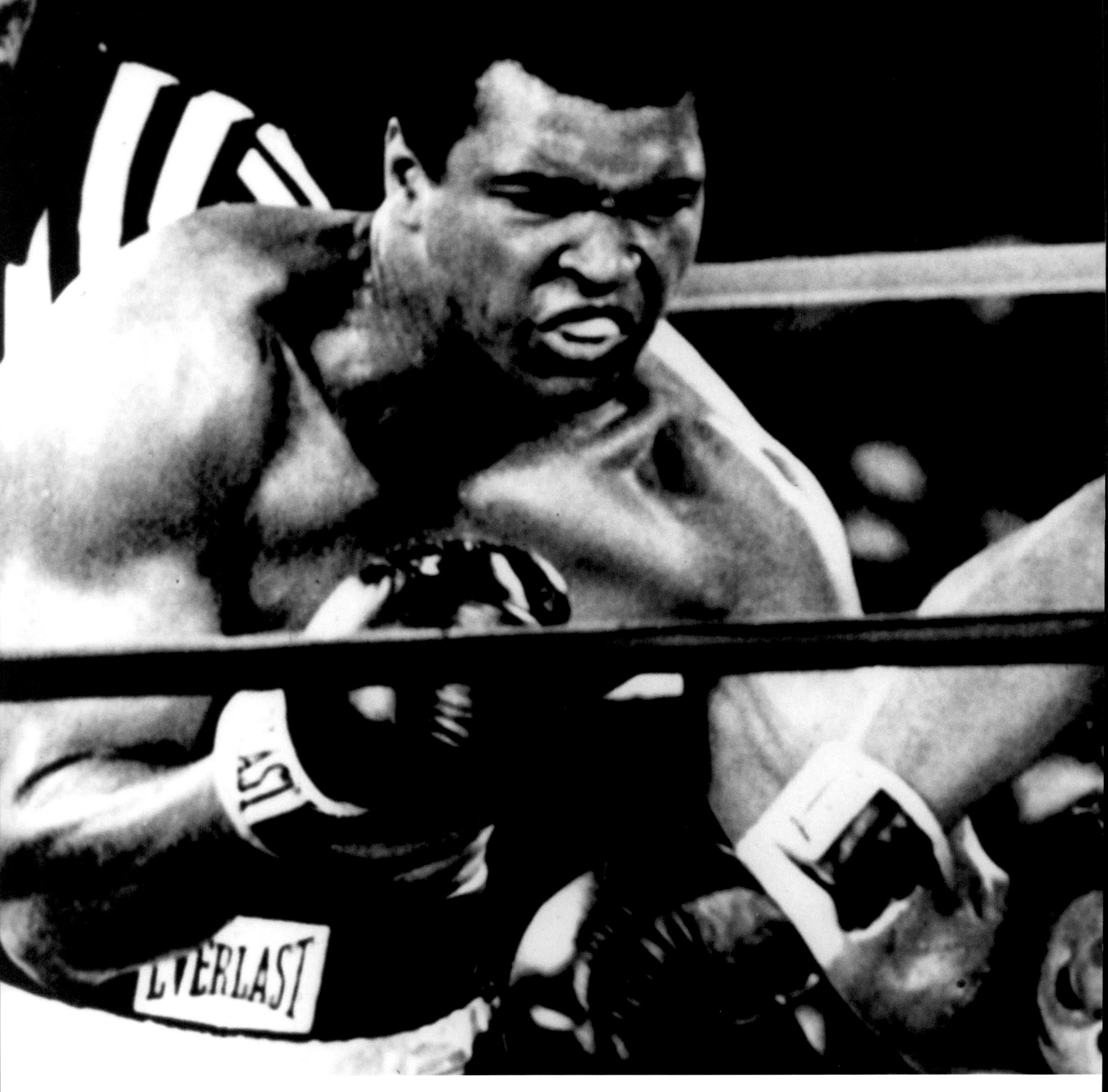
EVERLAST

Kinshasa, 29. Oktober 1974. Muhammad Ali gegen George Foreman, den Herausforderer. „Ali, boma ye – Ali, töte ihn", riefen die Zuschauer. In der achten Runde schlug der eine knallharte Gerade, Foreman taumelte – und fiel. Ali war erneut Weltmeister aller Klassen.

Die Leidenschaft fürs Boxen gab Muhammad Ali an seine Tochter Laila Ali weiter. 2005 posierten beide nach einem gewonnenen Kampf.

sie zu Ali gehen. Zu Muhammad Ali, dem Großen." In Amerika hat der Schriftsteller George Plimpton beschrieben, wie es wirkte, als Ali gegen Foreman so tief in den Seilen hing, ein meisterhafter Vergleich: „Er sah aus wie jemand, der sich rücklings aus dem Fenster lehnt, um nachzusehen, was oben auf dem Dach liegt."

Manchmal glaubt man, Ali in anderen wiederzuerkennen. Das kommt sehr selten vor, aber es passiert. Als der damalige amerikanische Präsident Barack Obama seine Abschlussrede beim Korrespondentendinner im Weißen Haus hielt, war das auch ein Ali-Moment. Eine Rede, selbstironisch, klug, vorgetragen in der Sprache der Zeit. „Obama out", sagte Obama am Ende, legte zwei Finger auf den Mund und ließ das Mikro fallen. Und im Saal saßen die Leute, viele schwer entflammbare Journalisten dabei, denen man die Begeisterung ansehen konnte und ein beinahe fassungsloses Staunen über diesen Redner, der so gelassen vom Politiker zum Entertainer geworden war. Es waren die gleichen Bilder, die man aus dem Publikum kannte, wenn Ali auftrat: Da saßen auch Leute, gebannt von etwas, das man Aura nennt.

Und so war es auch Barack Obama, der nach dem Tod des Helden Ali schrieb, was in jedem anderen Fall übertrieben gewirkt hätte, aber nicht nach diesem Leben: „Muhammad Ali was the Greatest. Period."

TEXTE: STEPHAN DRAF

EINMAL GANZ OBEN STEHEN

Sie quälen sich im Training, martern ihre Muskeln – und das alles, um endlich zu den Allerbesten zu gehören. Zu Vorbildern aber werden nicht alle Sportlerinnen und Sportler, dazu braucht es noch ein bisschen mehr. Und manche stürzen schon bald wieder ab.

„Quäl Dich, du Sau!", schreit ihn sein Mannschaftskamerad Udo Bölts an. 1997, die 18. Etappe der Tour de France läuft, **Jan Ullrich** liegt in der Gesamtwertung klar vorne. Aber jetzt fällt er zurück. Bölts Schimpferei gibt ihm neue Kraft, am Ende gewinnt er die Tour, als bislang einziger Deutscher. Wiederholen kann er den Triumph nicht, die Quälerei im Training nervt, doch Deutschland verzeiht das seinem Sportheroen. Dann kommen die Doping-Gerüchte. Ullrich streitet alles ab, er habe nie betrogen. In seiner Logik stimmt das: Fast alle Spitzenradfahrer seiner Zeit fuhren von Medikamenten beflügelt. Es folgen private Abstürze: Alkohol- und Drogensucht, Gewaltausbrüche, Scheidung. Heute fährt der gefallene Held nur noch Showrennen. Das Doping gibt Ullrich erst 2023 zu.

Oktober 1988: Mit einer knallharten Vorhand gewinnt **Steffi Graf** das olympische Damen-Einzel gegen Gabriela Sabbatini. Zu den vier Siegen bei den wichtigsten Turnieren des Jahres kommt nun die Goldmedaille. Keine Tennisspielerin, kein Tennisspieler, hat bis heute Ähnliches erreicht. Auf dem Siegerpodest lächelt Graf still. Unfassbare 377 Wochen führt sie die Weltrangliste an. Nach der Karriere heiratet sie den Weltklassespieler Andre Agassi, zieht in die USA. Von ihrem Familienleben erfährt die Öffentlichkeit fast nichts, und nur wenig von ihrem großen gemeinnützigen Engagement. Sie bleibt eine Heldin der Bescheidenheit.

„Das schönste Gesicht des Sozialismus." Die „Spiegel"-Schlagzeile über **Katharina Witt** führt in die Irre. Als Witt 1988 die olympische Goldmedaille gewinnt, mit einer Kür zu Georges Bizets „Carmen", da jubeln die Menschen nicht wegen ihres Gesichts. Sondern weil da eine erwachsene Frau auf dem Eis tanzt, 23 Jahre alt, anmutig, kraftvoll, und: wunderschön. Es ist Witts größter Erfolg, sie war auch Welt- und Europameisterin, zigfache DDR-Titelträgerin. Und ja, sie steht zur DDR, war Mitglied in FDJ und SED. Aber sie wird auch von der Stasi überwacht, ihr Telefon abgehört, ihre Wohnung verwanzt. Nach ihrer Karriere spricht sie nicht nur darüber ganz offen, immer witzig und selbstbewusst. Und als sich die 43-Jährige Witt für den „Playboy" auszieht, ist das Heft ausverkauft – weltweit. Katharina Witt, eine ostdeutsche Heldin? Nein, viel mehr.

So oft wurde die Geschichte erzählt: englisches Pokalfinale 1956, Manchester City gegen Birmingham City, 74. Minute. Citys Torwart **Bert Trautmann** fängt eine Flanke sicher, wird dabei aber vom gegnerischen Stürmer mit dem Knie im Nacken getroffen. Und spielt weiter. „Die Spieler sahen nun aus wie Geister", sagt er. Kein Wunder: Trautmanns Genick ist gebrochen, fünf Halswirbel sind ausgerenkt. Die Geschichte macht ihn zum Helden, er selbst aber mag sie bald nicht mehr. Und es gibt ja bessere von ihm: Wie der Wehrmachtssoldat im britischen Gefangenenlager als toller Torwart auffiel, dann die Repatriierung nach Deutschland ablehnte und bei englischen Profiteams reüssierte. Wie er so gut wurde, dass die gegnerischen Fans vergaßen, „Nazi" und „Kraut" zu rufen – und applaudierten. Zu seinem Abschiedsspiel 1964 kamen 60 000 Fans ins Manchester-Stadion.

HELDEN DES SPORTS

Am 1. August 1980 erhält der DDR-Sportreporter Heinz-Florian Oertel frohe Kunde: **Waldemar Cierpinski** aus Halle führt den olympischen Marathonlauf an, gleich wird er ins Moskauer Stadion einbiegen. Cierpinski, schon wieder? Zwar hat er schon 1976 in Montreal gewonnen, aber mit einem zweiten Sieg rechnet Oertel niemals. Er wird kreativ: Als Cierpinski als Erster ins Ziel rennt, schreit Oertel ins Mikrophon: „Liebe junge Väter, haben Sie Mut: Nennen Sie ihre Neuankömmlinge ruhig Waldemar." Dieser Satz bleibt Cierpinski, der nach 250 000 Laufkilometern seine Karriere beendet. Als er viele Jahre später bei einem Empfang dem japanischen Kaiser vorgestellt wird, sagt dieser zu seiner Frau: „Das ist der Mann, nach dem in Deutschland die Söhne benannt werden."

Seine erste Saison, im Jahr 1947, ist ein Spießrutenlauf: „Du Nigger", schreien die Gegenspieler, „hau ab in den Dschungel!" **Jackie Robinson** hat zwar in der „Negro League" überzeugt, aber in der weißen US-Baseballliga gab es die Übereinkunft, keine Schwarzen zu verpflichten. Der Manager der Brooklyn Dodgers setzt sich im Geheimen darüber hinweg, und Robinson zahlt sportlich zurück: Nach seiner ersten Saison wird er zum besten Nachwuchsspieler, 1949 zum besten Spieler gekürt – auch die gegnerischen Fans applaudieren nun. Sein Erfolg hilft auch anderen: 1948 fällt die Rassentrennung im Militär, sechs Jahre später an Schulen. 1997 beschießt die Baseballliga, Robinsons Rückennummer 42 an keinen Spieler mehr zu vergeben. Robinson, ein Held der Schwarzen? Ja, und: ein Held der Amerikaner.

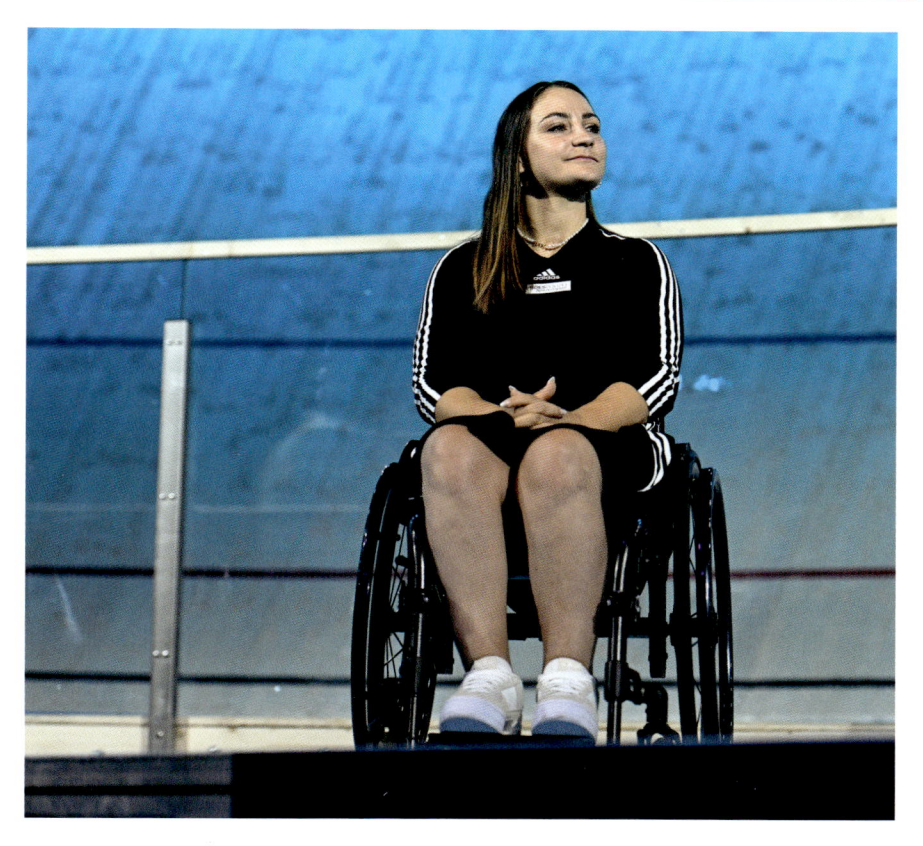

Zweifache Olympiasiegerin, elffache Weltmeisterin, 21 nationale Titel: Eine Ikone des Bahnradsports war **Kristina Vogel** schon vor dem 26. Juni 2018. Aber seit diesem Tag muss sie fast Übermenschliches bewältigen: Auf der Betonbahn im Cottbuser Radstadion rast beim Training ein niederländischer Fahrer in Vogel hinein. Ihr Rückenmark wird am siebten Brustwirbel durchtrennt. Als die 28-Jährige aus dem Koma erwacht, ist sie querschnittsgelähmt. Vogel kämpft sich mit der Kraft und Härte einer Berufssportlerin zurück: meistert das Leben im Rollstuhl, kommentiert Radrennen im Fernsehen, wird Stadträtin in Erfurt – und will Kinder haben mit ihrem Freund, der an ihrer Seite blieb. Was sagte sie nach der Katastrophe? „Okay, es ist Scheiße. Aber das ist jetzt so, und nun muss ich gucken, wie ich weiterkomme, was ich daraus mache." Das Mantra klingt stur – und heldenhaft.

München, S-Bahnhof Solln. Als der Fahrgast Dominik Brunner es am 12. September 2009 nicht zulassen wollte, dass Jugendliche eine Kindergruppe abzogen, eskalierte hier der Streit.

AUCH ZIVILCOURAGE IST HELDENHAFT

Braucht eine Gesellschaft Helden? Der Münchener Sozialpsychologe Dieter Frey über die Bedeutung von Leitfiguren, die Sehnsucht nach guten Nachrichten und eine Ethik der Verantwortung.

INTERVIEW: SIEBO HEINKEN

Am 12. September 2009 wurde Dominik Brunner in der Münchener S-Bahn Zeuge, wie drei Jugendliche eine Gruppe von Schülerinnen und Schülern „abziehen" wollten. Er schritt ein, alarmierte die Polizei und stieg mit den Schülern am Bahnhof Solln aus. Zwei der Jugendlichen folgten. Auf dem Bahnsteig kam es zu einer Schlägerei, bei der Brunner zu Boden ging. Die beiden vorbestraften 17- und 18-Jährigen traktierten ihn mit Faustschlägen und Tritten, auch gegen den Kopf. Zwei Stunden später starb Brunner im Krankenhaus. Die beiden Täter wurden zu langer Jugendhaft verurteilt, der eine zu neun Jahren und zehn Monaten wegen Mordes in Tateinheit mit räuberischer Erpressung, der andere zu sieben Jahren wegen Körperverletzung mit Todesfolge sowie versuchter räuberischer Erpressung. Unklar ist, ob Dominik Brunner die beiden durch eigenes Verhalten provozierte.

Herr Professor Frey, Dominik Brunner wurde damals von vielen Medien zum Helden stilisiert. Fanden Sie das gerechtfertigt?
Dieter Frey: Ich war ambivalent. Auf der einen Seite fand ich es toll, dass er als Einziger in der Bahn die vier Schüler und Schülerinnen beschützte. Jedoch hat er das allein getan, und es kam zur Eskalation. In jedem Zivilcourage-Training betonen wir, dass solche Situationen möglichst vermieden werden sollen. Wir wissen nicht genau, was der Eskalation vorausging, welche Worte fielen, welche Mimik und Gestik es gab. Nach wie vor wird darüber gestritten, wer der eigentliche Initiator der Schlägerei war.

Wie sehen Sie Brunner heute?
So wie vorher auch. Er ist insofern ein Held, als er der Einzige war, der eingeschritten ist und den Mut hatte, sich die „Abziehe" in der U-Bahn nicht gefallen zu lassen, obwohl er in der Minderheit war. Eher kritisch kann man sehen, dass er die Schlägerei nicht verhindert hat.

Was macht einen Helden Ihrer Ansicht nach aus?
Für mich ist das ein Mensch, der durch seine Handlung etwas Außergewöhnliches im Sinne unseres Wertesystems macht. Er oder sie schützt zum Beispiel Schwache oder setzt sich für humanistische Werte einer Gesellschaft ein, also für eine offene Kultur, Freiheit, Gerechtigkeit, demokratische Grundwerte.

Wie Dominik Brunner im konkreten Fall oder Menschen, die sich gegen Neonazis engagieren ...
Auf jeden Fall steht ihr Handeln im Gegensatz zur eher ungefährlichen Hilfeleistung, etwa einer alten Frau über die Straße zu helfen. Zivilcourage ist sicherlich ein Teil von Heldentum, also aus der Position der Minorität Dinge zu tun, mit denen man ein Risiko eingeht. Ich denke aber noch weiter. Auch jegliche Art von absoluter Spitzenleistung fällt für mich unter Heldentum, im Sport ebenso wie in Wissenschaft oder Technik.

Gehen Sie mit der Definition nicht sehr weit?
Warum? Es geht natürlich nicht nur um gute Leistung. Wichtig ist die Außergewöhnlichkeit und damit verbunden das Risiko, das man in Kauf nimmt, für andere, aber auch für sich selbst. Reinhold Messner ist für mich ein Held, weil er als Bergsteiger Dinge gemacht hat, die man für unmöglich gehalten hatte, etwa zusammen mit Peter Habeler ohne zusätzlichen Sauerstoff den Mount Everest zu besteigen. Er hat Grenzen überschritten. Es ist auch heldenhaft, rund um die Uhr zu forschen und damit vielleicht etwas Gutes zu tun für die Menschen. Oder trotz körperlichen Handicaps etwas ganz Besonderes zu leisten. Wichtig ist: Die Handlung muss einen Wert darstellen, der von der Gesellschaft akzeptiert wird.

Was braucht es, um zum Helden zu werden?
Nehmen wir ein Beispiel, in dem die Menschenwürde verletzt, jemand etwa verbal oder körperlich angegriffen wird. Es braucht jemanden, der diese Verletzung wahrnimmt und zudem weiß, was zu tun ist – der also Verantwortung übernimmt und einschreitet und so

Nachdem Dominik Brunner auf dem Bahnsteig zu Boden gegangen war, wurde er weiter traktiert. Der 50-Jährige starb wenig später im Krankenhaus.

den Unterschied macht. Gesinnungsethik reicht nicht aus, man braucht im Sinne des Soziologen Max Weber auch Verantwortungsethik. Man muss sich also auch dessen bewusst sein, welche Konsequenzen es hat, wenn man nichts tut. Entscheidend ist das Handeln und nicht nur die Haltung.

Viele Menschen sehen den Begriff des Helden sehr kritisch. Sie verbinden ihn mit dem Militärischen, mit dunklen Seiten der deutschen Geschichte.
Mir ging es ähnlich. Der Begriff war vollkommen zu Recht sehr negativ besetzt durch den Soldaten als Held im Ersten Weltkrieg und im Nationalsozialismus. Ich habe mich in meiner beruflichen Laufbahn aber schon früh auch mit der anderen Seite auseinandergesetzt, mit Claus Schenk Graf von Stauffenberg und seinem Attentat auf Hitler, mit den Geschwistern Scholl sowie mit Menschen, die Juden versteckten. Seither empfinde ich den Heldenbegriff durchaus auch als positiv: durch diejenigen, die sich gegen Unrecht gewehrt haben.

Wobei der Soldat als Held für viele immer noch schwer vorstellbar ist, anders als etwa in den USA, wo Gefallene mit viel Pomp geehrt werden.
Wir waren in Deutschland deshalb eine Ausnahme, weil wir das Glück hatten, 70 Jahre lang in Frieden zu leben. Militär und Krieg waren für uns tabu, aus gutem Grund. Wir hatten zwei Weltkriege erlebt, und die deutschen Soldaten haben damals Dinge gemacht, die wir keinesfalls mehr als heldenhaft bezeichnen würden. Aber die Situation hat sich geändert. Seit dem Krieg in der Ukraine darf man das Militärische in meinen Augen wieder als heldenhaft bezeichnen – insbesondere, wenn sich eine Minderheit gegen eine Mehrheit einsetzt und der Krieg als Überfall und Völkermord gesehen wird. Damit ist es heutzutage durchaus wieder möglich, Soldaten als Helden zu bezeichnen, weil sie ihr Land schützen und damit gleichzeitig wichtige Werte versuchen zu bewahren, wie Freiheit, Demokratie oder Gerechtigkeit. Das wäre bei uns aufgrund unserer Geschichte bis vor einiger Zeit nicht möglich gewesen.

Wir erleben zurzeit ein ganz anderes Phänomen. Wohin man blickt, begegnen einem Helden und Heldinnen, im Baumarkt, in der Autowerkstatt, bei Putzdiensten oder in Person von Schlagerstars. Warum sind wir so schnell dabei, Helden zu schaffen?
Da gibt es verschiedene Gründe. Ich denke, dass es einerseits mit dem zunehmenden Narzissmus und Individualismus zu tun hat. Menschen versenden direkt und zudem

HELDENTUM IN DER GESELLSCHAFT

über die sozialen Medien viele tolle Handlungen in die Welt. Habe ich nicht gerade ein wunderbares Gericht gekocht? Mache ich nicht eine tolle Reise? Stehe ich hier nicht vor einem tollen Auto? Sie versuchen, Einzigartigkeit zu demonstrieren und stellen auf ähnliche Weise auch ihre Kinder und deren Leistungen gern als heldenhaft dar. Vieles wird als ganz besonders präsentiert, auch wenn es noch so simpel ist. Hinzu kommt die Art mancher Medien, Menschen zu Popularität zu verhelfen, weil sich das gut verkauft. Ich würde einen Schlagerstar in der Regel nicht als Held bezeichnen. Diese Art der Stilisierung geht in der Tat in Richtung einer Inflation des Heldentums.

Seit wann erleben wir diese Banalisierung?
Im Grunde seit der Zunahme der sozialen Medien wie YouTube, TikTok und so weiter, mit denen man das, was man gerade so macht, in alle Welt tragen kann, und sei es noch so schlicht. Zudem funktioniert der Begriff des Heldentums offenbar auch im Marketing.

Hat er noch einen Wert?
Er hat dann einen Wert, wenn es um das nicht Alltägliche geht. Wobei man bei außergewöhnlichen Leistungen nicht ganz so streng sein sollte. Auch wenn nicht viel Publikum da ist, kann man jemanden als Held bezeichnen. Aber dort, wo es Trivialitäten oder Banalitäten sind oder auch „nur" gute oder sehr gute Leistungen, ist der Begriff des Helden fehl am Platz.

Wer sind für Sie Menschen, die das Etikett Held verdient haben?
Alle Menschen, die Großartiges geleistet haben, um die Welt zu verbessern oder um anderen aus der Not zu helfen und ihnen zu dienen. Vor allem in schwierigen Situationen, wie etwa Lehrer sie oft vorfinden. Aber auch das Pflegepersonal während der Covid-Pandemie fällt darunter, das in schwierigsten Zeiten Patienten mit schweren Krankheiten betreut hat. Im weitesten Sinn sind es Menschen, die sich abheben und dadurch die Welt verbessern.

Viele ethikorientierte Menschen, die sich engagieren, werden es vielleicht ablehnen, als Helden bezeichnet zu werden.
Das ist interessant. Die Menschen, die aufgrund ihrer Handlungen als Held bezeichnet werden, sind oft erstaunt darüber und finden ihr Engagement ganz selbstverständlich. Die Realität ist jedoch, dass solche Taten nicht selbstverständlich sind und auch nicht jeder sie vollbracht hätte.

Wozu benötigen wir überhaupt Helden?
Wir haben sogar ein Bedürfnis nach ihnen, aus zweierlei Gründen: Einerseits ganz konkret, weil sie größeres Unglück oder Not verhindern. Aber auch im übergeordneten Sinn, um zu erkennen, dass es nicht nur Negativnachrichten gibt, von Raub und Mord über Rassismus und Antisemitismus bis hin zu Me-Too-Debatten. Es gibt eben auch Menschen, die sich heldenhaft gewehrt haben oder sich heldenhaft anders verhalten als die Mehrheit. Man braucht diese Menschen als Symbole dafür, dass die Welt doch besser ist, als man annehmen mag.

Hat eine Gesellschaft also Helden nötig?
Definitiv ja, weil wir eine Abwechslung von einer oft traurigen, pessimistischen und verlogenen Welt brauchen, sodass wir sagen können: „Zum Glück gibt es Ausnahmen und außergewöhnliche Menschen – hätten wir doch mehr davon." Ich finde es daher völlig in Ordnung, wenn man auf der Suche nach diesen Helden und Heldinnen ist, weil man sonst vorschnell nur das Negative dieser Welt und seiner Menschen betont. Natürlich umgeben wir uns auch gern mit Helden, weil uns ihre Einzigartigkeit begeistert und wir erwarten, dass sie weitere Taten vollbringen. Sie retten uns vor dem Bösen. Das ist ein wenig wie im Märchen, in dem sich auch ein Held durchsetzt und eine gerechte Welt

---

Zur Person
DIETER FREY

Der Professor für Sozial- und Wirtschaftspsychologie leitet das Center for Leadership and People Management an der Ludwig-Maximilians-Universität in München. Er forscht unter anderem auf den Gebieten des Entscheidungsverhaltens in Gruppen, der Teamarbeit, der Führung, der Erhöhung von Kreativität und Innovation. Zudem befasst er sich mit Zivilcourage und bietet im Verein „Zivilcourage für ALLE" zusammen mit anderen entsprechende Trainings an (https://zivilcourage-fuer-alle.de). Frey ist Mitglied der Bayerischen Akademie der Wissenschaften und Deutscher Psychologie-Preisträger (Psychologe des Jahres). In seiner Forschung hat er sich intensiv mit dem Fall Dominik Brunner befasst.

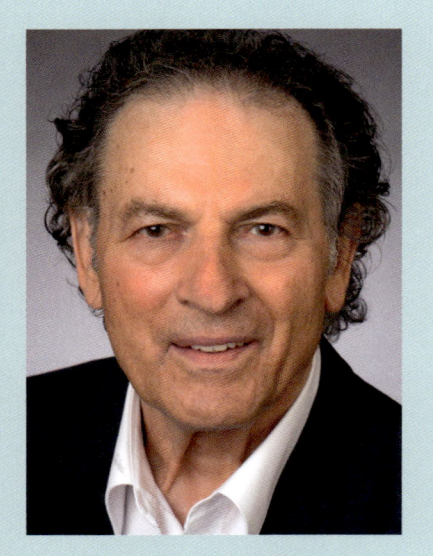

herstellt. Das Gute und Heldenhafte siegt über das Böse, das ist die Botschaft.

Sind Helden deshalb in Krisenzeiten besonders wichtig?
Unbedingt! Je größer die Krise, desto größer die Sehnsucht nach dem starken Mann oder der starken Frau, die diese Situation beenden. Das haben wir in Kriegen oder der Coronapandemie gesehen. Damals waren die Helden auch die kleinen Leute, die den Kranken geholfen haben. Mehr noch: Es gibt in jeder Familie Krisensituationen von Krankheit und Tod, in denen jemand plötzlich zum Helden wird, etwa Angehörige pflegt oder jemanden im Prozess des Sterbens begleitet. Das sind für mich Helden im realen Leben, auch wenn sie nicht in der Öffentlichkeit stehen.

Menschen orientieren sich an Vorbildern. Welche Rolle spielte dann Sebastian Schweinsteiger, der bei der Fußball-Weltmeisterschaft 2006 in Brasilien trotz Platzwunde weiterspielte? Machte der nicht einfach seinen Job?
Das wird natürlich etwas hochstilisiert, aber ich finde das okay. Hätten wir im Endspiel verloren, wäre dies im Nachhinein auch nicht mehr betont worden. Natürlich sehen viele es so, dass man mit einer solchen Platzwunde eigentlich nicht mehr spielen sollte, aber Schweinsteiger war einer der Leader neben Philipp Lahm. Er hat Leidenschaft und Siegeswillen gezeigt und deutlich gemacht, dass das wichtig war für den Sieg.

Der Held als Vorbild?
Wir haben in Deutschland eine zu gering ausgeprägte Lob- und Anerkennungskultur, ob in der Familie, in Kindergärten und Schulen, Krankenhäusern, Firmen und Behörden. Wichtig ist es, dass wir den Menschen, die Anerkennung verdienen, wie etwa das Pflegepersonal in Zeiten von Corona, diese auch zeigen. Wir stellen oft zu sehr das Negative heraus und zu wenig das Positive von Menschen, die Besonderes leisten. Ohne allerdings das Wort vom Heldentum inflationär zu verwenden.

Zurück zu Dominik Brunner. Was bleibt von ihm?
Er gehört zu den Helden, die leicht vom Sockel gestoßen werden, weil er zwei Dinge falsch gemacht hat: Er hat versucht, allein vorzugehen, anstatt Hilfe abzuwarten; das widerspricht allen Anweisungen und Vorschlägen, die Zivilcourage-Experten geben. Und es ist ihm nicht gelungen, die Situation gewaltfrei zu lösen. Dennoch würde ich mir wünschen, dass wir mehr Brunners hätten. Für mich bleibt er ein Vorbild und Held, weil er überhaupt eingeschritten ist und die Opfer geschützt hat.

Ein Schild erinnert an Brunner, der mutig eingeschritten war – und seine Zivilcourage mit dem Leben bezahlte.

Wahlkampf 1988. Vor einer riesigen Menschenmenge in Punjab verspricht Benazir Bhutto den von Diktatur gepeinigten Pakistani mehr Demokratie. Ihre Pakistanische Volkspartei wird stärkste Kraft im Parlament, sie mit 35 Jahren erstmals Premierministerin.

EINE FRAU GIBT HOFFNUNG

Nach Ende der Kolonialzeit versuchte Pakistan einen demokratischen Aufbruch. Doch Gier, westliche Einflussnahme und islamischer Eifer ließen das Land taumeln. Niemand verkörperte dieses Drama so wie Benazir Bhutto, erste muslimische Premierministerin der Geschichte. Eine Heldin auch für viele Frauen.

TEXT: JÖRG-UWE ALBIG

Ihre Heimkehr gerät zum Triumphzug. Mehr als vier Millionen Landsleute sind zu ihrer Begrüßung in der Metropole Lahore zusammengeströmt, angereist von nah und fern, in Bussen, Lastwagen, Ochsenkarren und zu Fuß. Schon am Vortag haben Helfer überall in der Stadt Essens- und Getränkestände aufgebaut. Nun verteilen sie Fleisch, Reis und Obst gratis an die Menge, die tanzt, Trommeln schlägt und in die Hände klatscht. Studenten in Transportern fahren durch die Straßen und singen: „Heute, heute heißt's nur Bhutto, Bhutto."

Der bunt bemalte Lastwagen, der Benazir Bhutto vom Flughafen ins Stadtzentrum bringt, kommt nur zentimeterweise durch die Menschenmenge voran. Für die knapp 13 Kilometer braucht er zehn Stunden. Rosenblätter regnen auf das Gefährt, Kränze und Schals, die die Hoffnungsträgerin einen nach dem anderen um den Hals legt. Hunderte bunter Luftballons steigen in die Luft. „Benazir – meine Schwester, deine Schwester", rufen die Leute. „Benazir ist gekommen, die Revolution ist gekommen."

Als der Triumphwagen den Minar-e-Pakistan erreicht, das Denkmal für die Staatsgründung, geht die Sonne unter. Mit einer Handvoll Begleiter kämpft sich Bhutto durch das andrängende Meer aus Körpern zur Bühne vor. Endlich steht sie oben, das traditionelle Dupatta-Tuch über Kopf und Schultern, aufrecht, die Augen groß und leuchtend.

Benazir Bhutto hat viele Anhänger wie hier in der Stadt Karatschi, von Beginn an aber auch erbitterte Gegner. Wie islamische Kleriker, die ihr entgegenhalten, dass ihre Religion eine weibliche Herrschaft untersage.

BENAZIR BHUTTO

Pakistans Botschafterin (mit Brille) begrüßt Benazir Bhutto (rechts) und ihre Familie 1988 in London. Bhutto mag den Westen, fühlt sich aber auch den Traditionen ihres Landes verbunden.

Im Wahlkampf 1988 fährt sie in einem offenen Auto übers Land. Auch bei der einfachen Bevölkerung genießt die Politikerin ein hohes Ansehen.

> **Sie hat ein Amulett mit einem Koranvers, doch zugleich ist Benazir Bhutto westlich geprägt: Sie wird von einer englischen Gouvernante erzogen und studiert an Universitäten in England und den USA.**

„Wollt ihr Freiheit?", ruft sie. „Wollt ihr Demokratie?" „Ja!", dröhnt es zurück. Millionenfach.

Benazir Bhutto, Erbin einer mächtigen Grundbesitzerdynastie aus der Baumwollprovinz Sindh, nennt sich eine „Tochter des Ostens". Sie betet inbrünstig an den Gräbern der Heiligen, trägt bisweilen ein goldenes Amulett mit einem Koranvers, das sie vor bösen Geistern schützen soll, und manchmal sogar den Tschador, den dunklen Umhang, der nur das Gesicht freilässt. Und in großer Not betet sie 41-mal hintereinander die 112. Sure, in der es heißt: „Er ist Gott, der Eine."

Doch zugleich ist sie Ziehkind des Westens, erzogen von einer englischen Gouvernante und den irischen Nonnen einer renommierten Privatschule in Karatschi. Und später, an den Universitäten von Radcliffe, Harvard und Oxford, hat sie nicht nur Pfefferminzeis und Cider schätzen gelernt, sondern auch die abendländische Errungenschaft der modernen Demokratie.

Zwar ist der Westen deren Wiege, doch auf seinem beispiellosen Feldzug zur Kolonialisierung der Welt hat er den Unterworfenen nicht etwa Freiheit und allgemeine Wahlen gebracht, sondern Unterdrückung und Sklaverei. Erst im 20. Jahrhundert haben sich zahlreiche Länder in Asien und Afrika von den Kolonialmächten befreit und auf den Weg in eine eigenständige Zukunft gemacht. Doch die vielen Jahrzehnte der Zwangsherrschaft sind ein Ballast, der nicht leicht abzuschütteln ist – und so taumeln viele der neuen Staaten noch lange zwischen demokratischen Ansätzen und autoritärer Tradition.

Nicht zuletzt das einstige Britisch-Indien, von der Krone mithilfe von Hunderttausenden britischen und einheimischen Soldaten nach dem Muster einer orientalischen Despotie beherrscht, ist Erbe dieser tyrannischen Vergangenheit. Und so hatte auch der neue Staat namens Pakistan, der 1947 neben der Republik Indien aus der Kolonie hervorging, mit dieser Hypothek zu kämpfen.

DEMOKRATIE: DAS IST AN diesem 10. April 1986 das Versprechen, das Benazir Bhutto mitbringt. Dieses Versprechen hat schon rund 40 Jahre zuvor die Entstehung Pakistans begleitet und doch nie wirklich Erfüllung gefunden. Zwar hat der Staatsgründer Moham-

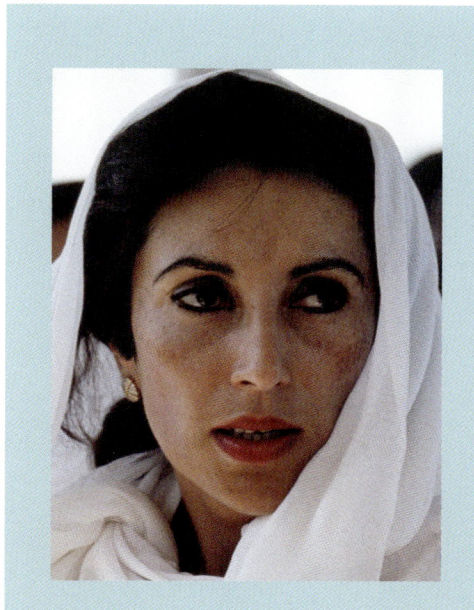

Zur Person
BENAZIR BHUTTO

Die spätere Politikerin wird 1953 in die pakistanische Oberschicht hineingeboren. Ihr Vater Zulfikar Ali Bhutto gründet die Pakistanische Volkspartei, ist mehrmals Minister, in den 1970er-Jahren Staatspräsident und dann Premierminister. Benazir Bhutto studiert an den Universitäten in Harvard und Oxford und ist westlich geprägt, jedoch auch den Traditionen ihres Landes verbunden. Nachdem ihr Vater im Zuge eines Putsches getötet wird, geht sie selbst in die Politik und wird zum ersten Mal Premierministerin. Während sie vor allem bei Islamisten verhasst ist, sehen Millionen Unterstützer sie trotz mehrerer Korruptionsvorwürfe als Projektionsfigur für das Versprechen auf Demokratie; vielen Frauen in Pakistan gilt sie als Heldin. 2007 kommt sie bei einem Attentat ums Leben. Posthum erhält sie unter anderem den Menschenrechtspreis der Vereinten Nationen.

Pakistan trägt schwer unter dem Vermächtnis der Kolonialzeit. Hat die Demokratie dort überhaupt eine Chance? Und damit auch Benazir Bhutto?

med Ali Jinnah 1947 eine Verfassung „demokratischer Art" zugesagt, doch schon bald erlag er selbst der Versuchung der Alleinherrschaft. Seither hat das Land drei Konstitutionen und mehrere Militärcoups erlebt, und auch die gewählten Politiker mutierten rasch zu korrupten und autoritären Herrschern.

Aber hatte die Demokratie in Pakistan überhaupt je eine faire Chance? Und damit auch Benazir Bhutto? Der Staat, der heute mehr als 220 Millionen Einwohner zählt, ist ein künstliches Gebilde, bei der Teilung der ehemaligen Kolonie Britisch-Indien 1947 als Zuflucht für die Muslime des ganzen Subkontinents aus dem Boden gestampft – wobei rund 30 Prozent der Anhänger des Islam in der neuen Republik Indien blieben.

Am Vermächtnis der Kolonialzeit hat das Land von Beginn an schwer zu tragen. Auch nach der Befreiung vom Joch der Fremdherrschaft ist der neue Staat in den autoritären Verwaltungsstrukturen des Britischen Empire gefangen. Und auch im unabhängigen Pakistan dominieren noch die alten feudalen Eliten: die Stammesfürsten, die Aristokratie der Großgrundbesitzer und die Armee. Noch heute kann nur rund die Hälfte der Erwachsenen lesen und schreiben. Geschätzt 1,8 Millionen leben fast rechtlos in Schuldknechtschaft, die sie faktisch zu Leibeigenen macht.

Der Löwenanteil der industriellen und militärischen Potenz ist bei der Trennung 1947 an Indien gefallen. Zudem ging 1949 nach kriegerischen Auseinandersetzungen der größte Teil der Provinz Kaschmir mit ihren 90 Prozent Muslimen an den Nachbarn verloren. 1971 spaltete sich auch noch mit indischer Unterstützung die östliche, mit dem Rest des Landes nicht territorial verbundene Provinz Pakistans ab. Nach einem Bürgerkrieg entstand am Golf von Bengalen ein eigener Staat namens Bangladesch. So wurde Indien zu Pakistans Todfeind – und zum willkommenen Schreckgespenst, dessen stete Beschwörung den Streitkräften fast absolute Macht verliehen hat.

DIE ARMEE, EINE DER größten der Welt und von keiner politischen Instanz kontrolliert, sieht sich selbst als Garant für den Fortbestand dieses Staates. Ihre Generäle sitzen in Hochschulen und Behörden, beherrschen beträchtliche Teile des öffentlichen Bodens und Pakistans gewaltigstes Wirtschaftsimperium. Mit seinen Banken und Bäckereien, mit Autos, Frühstücksflocken und Telekommunikation macht es eine halbe Milliarde Dollar Umsatz im Jahr. Die Militärs bestimmen den Verteidigungshaushalt, die Außen- und Sicherheitspolitik. Und zeitweise hat der Armeechef sogar das Amt des Präsidenten inne, dem in wichtigen politischen Fragen ein Veto zusteht und das Recht, im Fall von „Ungehorsam" Parlament, Richter und sogar den Premierminister zu entlassen.

„Eine Nation, eine Kultur, eine Sprache" sollten einmal die Muslime Südasiens einen, so wollte es der Staatsgründer Mohammed Ali Jinnah. Doch von Einheit kann in Pakistan von Anfang an kaum die Rede sein. Immer wieder streiten die verschiedenen Volksgruppen um die Macht in diesem Land. Pakistan ist auf die einzige identitätsstiftende Autorität angewiesen, die es zusammenhalten kann: den Islam.

Mohammed Ali Jinnah will ursprünglich keine Theokratie in seinem neuen Staat. Ihm schwebt hingegen eine Ordnung vor, in der – wie in Indien – Religion und Politik getrennt sind. Doch es gibt auch starke Kräfte, die das muslimische Gemeinwesen nach dem Muster der Kalifate des Mittelalters organisieren wollen: mit dem göttlichen Gesetz der Scharia als oberster Richtschnur.

ACHT JAHRE LANG RINGEN säkulare, moderne und traditionalistische Muslime um eine Verfassung. 1956 einigen sie sich auf einen Kompromiss: Zwar firmiert Pakistan darin als „Islamische Republik", ist der Präsident zwingend Muslim und Allah der Souverän. Doch das Wort „Scharia" bleibt ungenannt. Es ist eine Kommission vorgesehen, die Gesetze auf Vereinbarkeit mit dem Koran prüfen soll – aber das letzte Wort behält die Politik.

Trotz des Bekenntnisses zur Demokratie bleiben die Mitspracheöglichkeiten der Bevölkerung gering. Um die von der Verfassung vorgeschriebenen Wahlen und einen möglichen Sieg linker Parteien zu vermeiden, ruft Präsident Iskander Mirza 1958 sogar das Kriegsrecht aus. Gleich darauf putscht sich der Armeechef Ayub Khan an die Macht und etabliert eine Militärdiktatur, die erst 1970 mit den ersten Parlamentswahlen der pakistanischen Geschichte ihr Ende findet.

Es ist Zulfikar Ali Bhutto, Benazir Bhuttos Vater, der diese Wahl gewinnt und schließlich auch den Fundamentalisten die Tore öffnet. Der Bewunderer von

Auf diplomatischer Bühne vertrat Benazir Bhutto ihr Land unter anderem in China. Oben schreitet sie 1989 mit Premierminister Li Peng in Peking die Ehrenwache ab.

Im Weißen Haus kam sie 1995 mit US-Präsident Bill Clinton zusammen. Pakistan war schon damals stark von finanzieller Unterstützung und Militärhilfe der Amerikaner abhängig.

In Teheran traf sie 1995 mit Irans Präsident Ali Akbar Hachemi-Rafsandjani zusammen (unten). Die Beziehung der Nachbarländer zueinander ist für beide von großer strategischer Bedeutung.

Nicht nur auf politischem Parkett trat Benazir Bhutto auf. 2005 reiste sie zum Womens' World Award nach Leipzig, wo sie neben der italienischen Modeschöpferin Donatella Versace in die Kamera blickt.

Das Militär putscht gegen den Premierminister, ihren Vater. Als er zum Tode verurteilt und gehängt wird, schwört seine Tochter öffentlich Rache.

Napoleon und Mao Zedong ist Populist, Mann der demokratischen Ideen und der feudalen Attitüde. Er startet zunächst eine Bodenreform und verstaatlicht Großbetriebe, erfüllt aber schon bald lieber die Wünsche der Großgrundbesitzerkaste, der er selbst entstammt. Er sieht sich scharfer Kritik der islamistischen Parteien ausgesetzt, die zwar stets nur eine Minderheit im Parlament erringen, doch mit ihren voller Glaubenseifer vorgetragenen Maximalforderungen die politische Debatte prägen und auch vor gewalttätigen Protesten nicht zurückschrecken.

Um sie zu besänftigen, setzt Zulfikar Ali Bhutto 1973 eine neue Verfassung ein, die den Islam zur offiziellen Staatsreligion erklärt. Er lässt Alkohol und Glücksspiel verbieten und alle Nachtlokale schließen. Und er degradiert Nichtmuslime (zu denen er auch islamische Abweichler wie die Anhänger des Religionsführers Mirza Ghulam Ahmad zählt) zu Bürgern zweiter Klasse, die weder höhere Staatsämter bekleiden noch an allgemeinen Wahlen teilnehmen dürfen.

Es hilft nichts. Die Orthodoxen misstrauen dem Lebemann mit den Diplomen aus Berkeley und Oxford. Und als Mitte der 1970er-Jahre Ölkrise und Rezession, Flutkatastrophen und Missernten die Wirtschaft drosseln und die Preise in die Höhe treiben, verliert er auch Sympathien bei den Armen. 1977, als seine Partei verdächtig deutlich eine Wahl gewinnt, wittert die Opposition Betrug und organisiert Massenproteste. Bhutto ruft die Armee zu Hilfe – die die Macht jedoch in die eigenen Hände nimmt.

Um vier Uhr morgens am 3. September 1977 muss Benazir Bhutto der Verhaftung ihres Vaters zusehen. Im folgenden Jahr wird der Premierminister wegen eines angeblichen Mordplans gegen einen einstigen Parteifreund zum Tod verurteilt. In der Nacht vom 3. auf den 4. April 1979 rasiert sich Zulfikar Ali Bhutto im Bezirksgefängnis von Rawalpindi ein letztes Mal, um nicht, wie er erklärt, auszusehen wie ein Mullah. Kurz nach zwei Uhr stirbt er am Strick.

DIE TOCHTER SCHWÖRT ÖFFENTLICH Rache. Das Militärregime sperrt Benazir Bhutto ins Gefängnis, wohl um sie unschädlich zu machen. Täglich rechnet sie mit ihrer Hinrichtung, starrt auf die Flasche mit dem Totenkopfaufdruck, die das Personal wie zufällig in die Zellenecke stellt. Dann aber zeigt sich, dass ihr linkes Trommelfell beschädigt ist, und das Regime lässt die 30-Jährige im Januar 1984 zur Operation nach Europa ausreisen. Sie nutzt die Gelegenheit, um die Partei ihres Vaters von einem sicheren Ort aus neu zu organisieren.

„Meine Tochter wird in die Politik gehen und Premierministerin werden", hatte der Vater seinerzeit im Stil eines Monarchen bestimmt. Diesem Auftrag folgt sie mit geradezu gläubigem Eifer: „Nicht ich habe mir dieses Leben ausgesucht", wird sie in ihrer Autobiografie erklären. „Es wählte mich aus."

GENERAL MOHAMMED ZIA-UL-HAQ, CHEF der Armee und neuer Präsident, setzt derweil noch radikaler als Bhutto auf die religiöse Karte. Im Strafrecht führt er die Regeln der Scharia ein, die drakonische Sanktionen wie Handabschlagen für Diebstahl und Steinigung für Ehebruch vorsehen – die jetzt auch vergewaltigten Frauen droht, die nicht vier männliche Zeugen für die Gewalttat finden.

Der Alltag gehorcht nun ebenfalls den Gesetzen der Mullahs. Aus Angst vor Glaubenswächtern tauschen Männer ihre Anzüge gegen den *salwar kamiz*, das traditionelle Gewand aus Pluderhose und einem knielangen Hemd.

1979 bekommt Zia-ul-Haqs Weg in den Gottesstaat unerwartete Unterstützung: Sowjetische Panzer rollen in Afghanistan ein. Für die USA, die im Kalten Krieg gegen die durch gute Kontakte mit Indien verbundene UdSSR schon früh auf Pakistan gesetzt haben, wird das Land unversehens zum Frontstaat und zum Empfänger massiver Militärhilfen: Milliarden Dollar aus Amerika und vom US-Verbündeten Saudi-Arabien fließen in das plötzlich kriegswichtig gewordene Land. Denn alle Hilfen für die islamischen Gruppen, die in Afghanistan gegen die sowjetischen Invasoren kämpfen, laufen über die pakistanische Armee.

Die Gelder bescheren dem Land einen unverhofften Wirtschaftsboom. Der Aufschwung übertüncht die Barbarei, mit der das Regime seine Macht sichert: Rund 40 000 politische Gefangene sollen in Zias Kerkern schmachten.

Doch der Geldsegen hat einen Preis. Drei Millionen Afghanen werden im Verlauf des Kriegs ins Land fliehen und viele Flüchtlingslager zu Rekrutierungscamps für neue islamistische Kämpfer werden. Kriminelle zweigen tonnenweise Waffen von den Lieferungen an

Es ist ein schmutziger Wahlkampf. Islamisten verteilen Flugblätter mit gefälschten Fotos von Bhutto beim Tanz in Pariser Nachtklubs.

die Guerilla ab und terrorisieren damit ihre Mitbürger. Und so sind es ausgerechnet die USA, die führende Demokratie der Welt, die nicht nur Zia-ul-Haqs fromme Tyrannei am Leben halten, sondern auch die Grundlagen für eine demokratische Entwicklung in Pakistan nachhaltig sabotieren.

IM LONDONER EXIL REORGANISIERT Benazir Bhutto derweil mit einem Stab von Helfern die verbotene Partei ihres Vaters, sammelt Berichte aus Zia-ul-Haqs Gefängnissen, bombardiert die Weltöffentlichkeit mit Briefen: den Generalsekretär der Vereinten Nationen, das Außenministerium der USA, britische Parlamentarier, Anwaltsvereine und internationale Handelsorganisationen.

Allmählich regt sich auch im Land selbst Widerstand gegen Zia-ul-Haqs Diktatur. Unzufriedene überfallen Bahnhöfe, setzen Polizeireviere in Brand und attackieren sogar einen Hubschrauber, in dem sie den General vermuten. 4000 Anwälte ziehen gemeinsam durch Lahore und rufen: „Nieder mit dem Kriegsrecht!" Frauenorganisationen gehen gegen die Scharia-Gesetze auf die Straße. Über allem steht die Forderung nach Demokratie.

Und als Mohammed Zia-ul-Haq 1985 Wahlen ankündigt und das Kriegsrecht aufhebt, wittert Benazir Bhutto ihre Chance. „Wenn Zia mich bei meiner Ankunft hätte verhaften lassen", beschreibt sie später ihr Kalkül, „wäre seine Demokratie als Farce entlarvt gewesen." Kaum vier Monate später kehrt sie nach Pakistan zurück: an jenem triumphalen 10. April 1986.

AM 17. AUGUST 1988, drei Monate vor dem angesetzten Wahltermin, kommt Zia-ul-Haq bei einem Flugzeugabsturz ums Leben. Gerüchte machen den pakistanischen Geheimdienst für den Crash verantwortlich, andere Indien oder die UdSSR. Bhutto begnügt sich mit der Erklärung, Zia-ul-Haqs Tod sei wohl „Gottes Wille" gewesen.

Der Wahlkampf wird schmutzig. Die Islamisten verteilen Flugblätter mit gefälschten Fotos der Kandidatin beim Tanz in Pariser Nachtklubs. Dennoch wird ihre Pakistanische Volkspartei am 16. November stärkste Kraft im Parlament: Das Versprechen der Demokratie, aber auch der Märtyrerruhm ihres Vaters lassen den Namen Bhutto in unverwüstlichem Glanz erstrahlen. Mit 35 Jahren ist sie die erste Premierministerin in einem islamischen Staat.

Von Anfang an bläst ihr ein feindseliger Wind aus konservativen Kreisen entgegen. Auf einem Kongress dekretieren 2000 Kleriker, der Islam verbiete weibliche Herrschaft. Viele Geistliche klagen, der Prophet weine blutige Tränen über die Wahl einer Frau, und fordern Bhuttos Absetzung.

Doch nicht die Frommen durchkreuzen ihr Versprechen einer demokratischen Erneuerung, sondern das Geld. Denn seit dem Rückzug der sowjetischen Truppen aus Afghanistan hat das Interesse der USA an Pakistan nachgelassen – und damit auch ihre finanzielle Unterstützung. Benazir Bhutto muss internationale Kredite aufnehmen und dafür strenge Auflagen der Weltbank und des Internationalen Währungsfonds erfüllen. Vor allem mit Privatisierungen und westlichem

Am 27. Dezember 2007 wurde Benazir Bhutto Opfer eines Anschlags. In vielen Landesteilen Pakistans kam es danach zu Unruhen.

Menschen aller Konfessionen trauerten um die Politikerin. In der Kathedrale in Lahore zünden Christinnen Kerzen für die Ermordete an.

BENAZIR BHUTTO

Benazir Bhutto soll helfen, ihr Land zu befrieden. Trotz vieler Warnungen kehrt sie aus dem Exil nach Pakistan zurück. Zwei Monate später ist sie tot.

Kapital will die neue Premierministerin die Konjunktur ankurbeln.

Dabei ist es vor allem ihr Ehemann Asif Ali Zardari, im Kabinett zuständig für ausländische Investitionen, der von diesen Projekten profitiert. Den Gatten, einen Immobilienhändler, Playboy und Polospieler mit getrimmtem Schnurrbart und straff gekämmtem, glänzendem Haar, hat ihr die Familie ausgesucht. Jetzt mischt er in vielen Staatsgeschäften mit, von U-Booten über Kampfjets bis hin zu Kraftwerken. Dafür kassiert er satte Provisionen: ein offenes Geheimnis.

Pakistans Ermittler werden die Bhuttos später illegaler Vorteilsnahme im Wert von insgesamt 1,5 Milliarden Dollar beschuldigen. Acht Millionen sollen allein in einer 20-Zimmer-Villa bei London stecken.

Im August 1990, nach nur 20 Monaten im Amt, entlässt Präsident Ishaq Khan die Premierministerin wegen Misswirtschaft und Korruption. Ihr Volk nimmt die Entlassung achselzuckend zur Kenntnis. Sie hat die Hoffnungen nicht erfüllt: In ihrer gesamten Amtszeit hat sie kein einziges Gesetz auf den Weg gebracht.

Die anschließenden Wahlen gewinnt Nawaz Sharif, Spross einer der fünf reichsten Familien des Landes. Seitdem Vater Bhutto deren Stahlhütte verstaatlicht hat, sind die Sippen verfeindet. Für die nächsten neun Jahre werden sich Sharif und Bhutto an der Regierung abwechseln, das Land um die Wette ausplündern und einander dabei erbittert bekriegen, vorzugsweise durch Verhaftung von Mitgliedern des gegnerischen Clans wegen Veruntreuung oder Betrugs. 1996 aufs Neue vom Präsidenten entlassen, geht Benazir Bhutto bald darauf ins Exil, aus Furcht vor einer Anklage wegen Korruption.

WIEDER KOMMT BEI DEN folgenden Wahlen Nawaz Sharif an die Macht. Und wieder kann auch er seine Amtszeit nicht vollenden: Er wagt eine vorsichtige Annäherung an Indien und brüskiert damit die Militärs, die um ihre Unersetzlichkeit bangen. Um die Gespräche zu sabotieren, marschiert die Armee 1999 eigenmächtig in Kaschmir ein und macht in der Heimat per Putsch ihren General Pervez Musharraf zum Regierungschef.

Wieder sind es die USA, die das Militärregime am Leben halten. Nach den Anschlägen vom 11. September 2001 marschieren sie in Afghanistan ein, um dort „Krieg gegen den Terror" zu führen. Erneut sind sie auf die Hilfe Pakistans angewiesen – dieses Mal, um die Taliban zu bekämpfen, die sie einst finanziert haben und die sich jetzt ins afghanisch-pakistanische Grenzgebiet zurückziehen. In den folgenden Jahren pumpen die USA viele Milliarden Dollar in Pakistans Etat und retten das Land wie zuvor in letzter Minute vor dem Bankrott.

Die Regierung in der Hauptstadt Islamabad steht seitdem vor dem Problem, die einstigen Verbündeten aus dem islamistischen Dschihad, die besonders im Geheimdienst noch immer große Sympathien genießen, zum Feind erklären zu müssen. Doch die Taliban sind in den unzugänglichen Gebirgen des Nordwestens fast unbehelligt zu einer Ordnungskraft geworden, die mehr gilt als der Staat. Und auch im Landesinneren ermorden sie Polizisten, terrorisieren Mädchenschulen und zünden Bomben.

Spätestens als General Musharraf im Herbst 2003 beginnt, seine Armee auf Drängen des US-Präsidenten George Bush in die Rückzugsgebiete von Taliban und Al-Qaida in Süd-Wasiristan zu schicken, gilt er den Fundamentalisten als Verräter. Die Demokraten setzen Musharraf ebenfalls unter Druck: Im ganzen Land protestieren Juristen gegen die Absetzung eines Richters.

So heikel ist die Lage für den General, dass er mit Unterstützung der Amerikaner auf eine Rückkehr der verfemten Benazir Bhutto aus dem Exil in Dubai setzt. Bei den Parlamentswahlen soll Bhutto als klare Favoritin antreten, Premierministerin werden und General Musharraf Präsident. Die eine als Gesicht der Freiheit, der andere als Garant für die Sicherheit der Atommacht Pakistan. Dafür soll der General alle Korruptionsanklagen gegen sie und ihren Mann fallen lassen und als Armeechef zurücktreten; ein prekäres Arrangement, ausgehöhlt von beidseitigem Misstrauen.

TROTZ VIELER WARNUNGEN MACHT sich Benazir Bhutto auf den Weg zurück in die Heimat. Am 18. Oktober 2007 wird sie am Flughafen in Karatschi von Hunderttausenden Anhängern empfangen. Noch immer, trotz all der Skandale und enttäuschten Hoffnungen, gilt sie vielen als eine Ikone der Demokratie – beglaubigt wohl auch durch das Vertrauen, das der Westen in sie setzt. Auf der Gangway hebt sie die Hände zum Himmel und spricht ein Gebet. Tränen laufen über ihr Gesicht.

Neuer Premierminister wurde Bhuttos Ehemann Asif Ali. Bei einer Rede vor den Vereinten Nationen 2009 hat er neben sich ein Foto seiner Frau.

Noch am selben Tag überlebt Bhutto einen Bombenanschlag auf ihren Konvoi, bei dem 139 Menschen sterben. Am 27. Dezember 2007 redet sie in der alten Garnisonsstadt Rawalpindi, nur wenige Kilometer vom Parlament und den Ministerien der Hauptstadt Islamabad entfernt. Ein Meer von Menschen ist auf dem vergilbten Rasen des Liaquat-Bagh-Parks zusammengeströmt. „Lang lebe Bhutto!", ruft das Volk.

Gegen 17 Uhr geht sie von der Bühne, steigt in ihren gepanzerten weißen Land Cruiser und rollt im Schritttempo aus dem Park. Die Menge jubelt, als Bhutto das Dach des Autos öffnet und aufsteht, um ihren Anhängern zuzuwinken.

In diesem Moment fallen Schüsse. Gleich darauf erschüttert eine Explosion die Szene. Als der Rauch verfliegt, liegen die Kandidatin und noch mindestens 20 weitere Menschen in ihrem Blut.

Unter Sirenengeheul wird Bhutto ins Krankenhaus gebracht. Manche ihrer Anhänger sind starr vor Entsetzen, andere schreien hemmungslos vor Verzweiflung. Um 18.16 Uhr geben die Ärzte Benazir Bhuttos Tod bekannt.

ALS TÄTER KOMMEN VIELE infrage, und aus verschiedenen Lagern. Da sind die religiösen Fanatiker, die der Favoritin des Westens misstrauen. Da ist der Geheimdienst, der um seine Handlungsfreiheit bangt. Da ist eine Armee, die jede zivile Einmischung beargwöhnt; ein Präsident, der seine Macht nicht teilen will; der alte Rivale Navaz Sharif; und nicht zuletzt, wie viele Pakistaner glauben, ihr gieriger Ehemann, der sich selbst zur Macht berufen fühlt.

Bis heute sind die Drahtzieher nicht gefasst. Nur zwei Polizisten mussten ins Gefängnis, weil sie die Kandidatin nach Auffassung des Gerichts nicht ausreichend geschützt hatten. Es sieht fast aus, als wäre Bhuttos Tod ein kollektiver Mord; ein rituelles Menschenopfer zur Reinigung des Landes – damit der Kreislauf von Korruption, Gewalt und Fanatismus wieder weitergehen kann wie zuvor.

In diesem Kreislauf bleibt Pakistans Aufbruch zur Demokratie gefangen. Wie vielen weiteren ehemaligen Kolonien gelingt es auch dem Land am Indus nur schwer, sich von den Fesseln der Entmündigung zu lösen, die Jahrzehnte autoritärer Herrschaft ihm angelegt haben und in denen es der Westen im Dienst seiner geopolitischen Pläne weiter festhält.

Die Wahlen vom 18. Februar 2008 gewinnt Bhuttos Partei mit klarem Vorsprung. Neuer Präsident wird ihr Ehemann Asif Ali, und General Musharraf geht ins Londoner Exil.

Benazir Bhutto aber wird vielen als Schahid Rani im Gedächtnis bleiben, als „Märtyrerprinzessin" – als Wiedergängerin einer legendären Figur aus der Geschichte ihrer Heimatregion. Und als Prophetin, die schon bei ihrem triumphalen Empfang 1986 in Lahore das eigene Ende prognostiziert hat: „Ich habe freiwillig den dornigen Pfad gewählt", hat sie damals im Sonnenuntergang am Minar-e-Pakistan gesagt, „und mich in das Tal des Todes begeben."

MUTIG FÜR DEN WANDEL

Sie verbringen Jahre im Gefängnis, nehmen Demütigungen in Kauf, werden Opfer gemeiner Anschläge. Doch ohne diese Menschen hätten sich Gesellschaften nicht verändert, wären Bürgerrechte nicht durchgesetzt worden.

TEXTE: SIEBO HEINKEN

Wie ernst selbst die US-Regierung ihn nahm, zeigt sich in einem Dossier, dass das FBI über **Rudi Dutschke** anlegte. Der Soziologe, 1940 geboren, ist noch heute die Ikone der deutschen Studentenbewegung, die in den Sechzigerjahren die Universitäten in Unruhe versetzte und das Land veränderte. Als Mitglied des Sozialistischen Deutschen Studentenbunds (SDS) engagierte er sich gegen den Vietnamkrieg und wurde vor allem nach den Straßenkämpfen während des Schah-Besuchs in Berlin und der Erschießung von Benno Ohnesorg am 2. Juni 1967 zum führenden Kopf des „antiautoritären Lagers" innerhalb des SDS. Am 11. April 1968 wurde er in Berlin von einem Rechtsextremisten auf offener Straße niedergeschossen und lebensgefährlich verletzt. Das Attentat löste eine Welle von Protesten aus. Dutschke starb 1979 an den Folgen des Anschlags.

Seine Zelle auf Robben Island maß kaum zwei Meter von Wand zu Wand, Erniedrigungen gehörten zum Alltag. Achtzehn Jahre war **Nelson Mandela**, Anwalt und Aktivist des African National Congress (ANC), auf der gefürchteten Gefängnisinsel eingesperrt: ein politischer Gefangener des menschenverachtenden Apartheid-Regimes. Doch er ließ sich nicht brechen. Sorgte für bessere Haftbedingungen und schließlich dafür, dass die Insassen sich sogar weiterbilden durften. Und er gewann eine Haltung: „Um mit einem Gegner Frieden zu schließen, muss man mit ihm zusammenarbeiten, und der Gegner wird dein Freund." Vier Jahre, nachdem er 1990 auch auf internationalen Druck („Free Mandela") endlich in die Freiheit entlassen worden war, wählten die Südafrikaner ihn zu ihrem ersten schwarzen Präsidenten. Doch die gesellschaftlichen und wirtschaftlichen Probleme waren immens. Im Lauf der Jahre wandelte sich Mandela zunehmend vom Politiker zum „Tata": dem Vater der Nation, einem Idol. Ende 2013 starb die Galionsfigur des neuen Südafrika mit 95 Jahren.

Die Invasion von Soldaten des Warschauer Pakts setzte dem „Prager Frühling" 1968 ein Ende: dem Streben der Reformkommunisten nach einem Sozialismus mit menschlichem Antlitz. Der Schriftsteller **Václav Havel** wurde danach zu einer führenden Figur der Dissidentenszene, die mit der Charta 77 die internationale Aufmerksamkeit auf die Unfreiheit in der Tschechoslowakei lenkte. Insgesamt fünf Jahre saß Havel im Gefängnis. Dann kam der Umbruch auch in sein Land – und am 29. Dezember 1989 wählte die Föderalversammlung ihn zum Staatspräsidenten Tschechiens (oben mit US-Außenministerin Madeleine Albright). 2011 starb er, doch er bleibt eine prägende Figur: ein Mensch, der die Welt zu einem besseren Ort machen wollte.

Der Freiheitskämpfer am Spinnrad: Das ist das wohl symbolträchtigste Foto des Menschen, der wesentlich dazu beitrug, Indien aus der Kolonialzeit zu lösen. Hinter dem Motiv stand die Spinnrad-Kampagne: **Mahatma Gandhi** rief die Menschen dazu auf, selbst Stoffe für ihre Bekleidung herzustellen, um damit die aus England eingeführten Stoffe zu boykottieren und der Kolonialmacht wirtschaftlich zu schaden. Gleichzeitig konnte die indische Bevölkerung Einkommen erzielen und somit an Unabhängigkeit gewinnen. 1869 geboren, in London zum Anwalt ausgebildet und geprägt durch die Diskrimierung, die er während eines längeren Aufenthalts in Südafrika erlebte, verschrieb Gandhi sich seinem Konzept des Widerstands, das er Satyagraha nannte: ein aktives, gewaltfreies Streben nach Wahrheit. Mit diesem Vorgehen, zivilem Ungehorsam, wirtschaftlichem Druck und langwierigen Verhandlungen erreichte er schließlich, dass sein Land 1947 von Großbritannien unabhängig wurde. Nur ein halbes Jahr später wurde der friedliche kleine Mann von einem Hindu-Nationalisten ermordet – und schon bald zum Nationalheiligen erklärt.

HELDEN DER ZEITGESCHICHTE

„Whites only" und „Coloreds only", diese Schilder waren in den 1950er-Jahren omnipräsent in den Südstaaten der USA. Parkbänke, Trinkbrunnen, Schulen: alles nach Hautfarbe getrennt. In Bussen saßen vorn die weißen, hinten die schwarzen Passagiere. **Rosa Parks** arbeitete in Montgomery (Alabama) als Schneiderin und Sekretärin der National Association for the Advancement of Colored People (NAACP). Als sie am 1. Dezember 1955 auf dem Heimweg war, weigerte sie sich, ihren Platz für einen weißen Fahrgast freizumachen. Sie wurde festgenommen und zu zehn Dollar Geldstrafe verurteilt. Der noch unbekannte Pastor Martin Luther King organisierte daraufhin einen Boykott der Busse – was dazu führte, dass der Oberste Gerichtshof die Rassentrennung in öffentlichen Verkehrsmitteln Ende 1956 für verfassungswidrig erklärte. Rosa Parks wurde zu einer Heldin der Bürgerrechtsbewegung, aber dermaßen bedroht, dass sie und ihr Mann entschieden, nach Detroit – in den Norden der USA – zu ziehen.

Für die einen ist er ein Held der Pressefreiheit, für andere ein Verräter, der auf viele Jahre weggesperrt gehört: **Julian Assange**, Gründer der Enthüllungsplattform WikiLeaks, entzweit die Meinungen wie wohl kein anderer Journalist. Seine Handlungen hätten zu ernsthaften Risiken für die nationale Sicherheit geführt, sagt die US-Regierung; durch ihn seien Unrecht und Kriegsverbrechen ans Licht gekommen, erklärt etwa die Berliner Akademie der Künste, die den Australier 2023 mit dem Konrad-Wolf-Preis ehrte. WikiLeaks veröffentlichte unter anderem geheime US-Militärdokumente und Videos zu den Militäreinsätzen im Irak und in Afghanistan, zudem Dokumente über Aktivitäten des US-Geheimdienstes CIA. Seit Jahren lebt Assange in Angst vor Ausweisung in die USA, zuletzt in einem englischen Gefängnis. Immer wieder fordern Demonstranten, auch Künstler oder Amnesty International, seine Freilassung.

HELDEN DER ZEITGESCHICHTE

Im September 2015 plauderte **Malala Yousafzai** mit Stephen Colbert in „The Late Show" – drei Jahre, nachdem pakistanische Taliban ihr am 9. Oktober 2012 wegen ihrer mutigen Kampagne für Mädchenbildung in den Kopf geschossen hatten. Die 15-Jährige wurde nach England gebracht, wo sie sich erholte. Bereits als Kind hatte sie unter dem Pseudonym „Gul Makai" („Kornblume") unter Anleitung ihres Vaters für die BBC in einem Blog über den Terror der Taliban in ihrer Heimat berichtet. Nach dem Mordanschlag wurde Malala 2014 mit dem Friedensnobelpreis ausgezeichnet. Ihr „Malala Fund" setzt sich in mehreren Staaten dafür ein, Mädchen eine gute, kostenfreie Ausbildung zu ermöglichen.

Am 30. August 1932 trat der 6. Reichstag der Weimarer Republik erstmals zusammen, die Eröffnungsrede hielt die KPD-Abgeordnete **Clara Zetkin**. „Ich eröffne den Reichstag in der Hoffnung, trotz meiner jetzigen Invalidität das Glück zu erleben, als Alterspräsidentin den ersten Rätekongress Sowjetdeutschlands zu eröffnen", sagte sie mutig. Dazu sollte es nicht kommen, bald darauf übernahmen die Nationalsozialisten die Macht. Doch Zetkin, 1857 in Sachsen geboren, war eine Linke, die von ihren Überzeugungen nicht abwich und sie auch formulierte. Wie zuvor schon als Frauenrechtlerin. Drei Jahrzehnte, bevor in Deutschland das Wahlrecht auch den Frauen zugestanden wurde, setzte Zetkin durch, dass man sie in die sozialistische Bewegung einbezog. 1892 gründete Zetkin in Stuttgart die Zeitschrift „Gleichheit", das Sprachrohr einer wachsenden proletarischen Frauenbewegung. Und 1910 initiierte sie den Internationalen Frauentag, ihr Vermächtnis. Am 20. Juni 1933 starb sie in der UdSSR, knapp fünf Monate nach Beginn des Faschismus in Deutschland.

Das Heroische ist seit je ein Sujet der Malerei, und immer schon unterliegt es dem Zeitgeist. Eine Reise durch die Epochen, von der Antike bis zur Renaissance und in die Moderne. Wie haben Künstler und Künstlerinnen dieses große Thema inszeniert?

HELDEN IM BILD

TEXT: RALF SCHLÜTER

Der Präsident im Blütenmeer, die First Lady als Denkerin: Nachdem sie das Weiße Haus verlassen hatten, präsentierten Barack und Michelle Obama ihre offizielllen Porträts, gemalt von Kehinde Wiley (ganz links) und Amy Sherald (ganz rechts).

HELDENTUM IN DER KUNST

Ist die Sonne ein Held? Sollte man sie dafür bewundern, dass sie scheint?

Für uns gewöhnliche Menschen mag diese Frage albern klingen; für Ludwig XIV. war sie von großer Bedeutung. Er ließ sich „Sonnenkönig" nennen. Ein prägnantes Bild, in dem das Herrschaftskonzept des französischen Absolutismus greifbar wurde: Der Monarch ermöglicht jegliches Leben in dem von ihm „beschienenen" Bereich. Aber genügt das: nur da zu sein, wie die Sonne?

Auf dem berühmten Gemälde von Hyacinthe Rigaud aus dem Jahr 1701 wirkt Ludwig statisch und prachtvoll. Wir sehen ihn stehend in barockem Glanz, mit Majestätsperücke, Zepter und Schwert. Eine selbstgenügsame Souveränität spricht aus dem Bild: Der Monarch repräsentiert Stärke, Wohlstand, Gerechtigkeit – und in Gestalt der Halskette des Heilig-Geist-Ordens auch die Verbindung zu Gott.

Aber noch mal: Fehlt da nicht etwas? Würde sich ein Volk nicht wohler fühlen mit einem Herrscher, der auch mal etwas tut, anstatt nur zu sein?

Ein Schimmel auf einer Anhöhe, die Vorderhufe in die Luft erhoben. Im Sattel sitzt ebenjener König Ludwig XIV., der mit einem Säbel schwungvoll Richtung Fluss weist – so verewigte ihn 1689/90 sein Hofmaler Adam-Frans van de Meulen. Man sieht die französischen Soldaten unten schon im Wasser, als ob sie der Geste ihres kühnen Königs folgten. Im Sommer 1672 überquerten Frankreichs Truppen den Rhein, um Holland zu erobern. Historiker vermuten, dass General Turenne der Befehlshaber war; auf diesem Bild jedoch scheint es Ludwig XIV. selbst zu sein, der den glorreichen Feldzug anführt.

Rigaud stellt Ludwig XIV. als verkörperte Herrschaft dar; de Meulen zeigt ihn als Held. Seine Darstellung der Flussüberquerung greift auf die älteste europäische Idee des Heroischen zurück: Der Held ist nicht denkbar ohne Heldentat, und die war meist eine militärische. Nicht umsonst standen Krieger und Kämpfer am Beginn der abendländischen Erzähltradition: In der „Ilias", der großen Kriegserzählung des Homer, kämpfen Achilles, Odysseus und Patroklos auf der Seite der Griechen; Hektor, Helenos und Pandaros verteidigen Troja. Auch Frauen waren schon Heldinnen: Ein späteres Epos erwähnt Penthesilea und ihr Amazonenheer, das den Trojanern zu Hilfe kommt. Von der Großerzählung „Trojanischer Krieg" mit ihren vielen Mikrogeschichten ernähren sich Kunst und Unterhaltung seit Jahrtausenden. Die damit verbundene Bildproduktion ist unüberschaubar: Sie beginnt bei griechischen Vasen und endet noch nicht bei heutigen Computerspielwelten.

IN DER ANTIKE WAREN Herrschen und Krieg führen oft noch Synonyme; Könige und Helden sind als Figuren eng miteinander verwandt. Das berühmte Alexandermosaik bildete einst den Boden eines Hauses in Pompeji, es stammt aus dem 2. Jahrhundert v. Chr. Auf der linken, nur teilweise erhaltenen Bildhälfte sehen wir Alexander den Großen inmitten seiner Truppen, kämpfend, mit ernster, entschlossener Miene. Auch sein Pferd steht auf den Hinterbeinen, in der rechten Hand hält er einen Speer, mit dem er fast nebenbei einen Feind durchbohrt.

Alexander trägt keinen Helm, das unterstreicht seinen Wagemut. Nur das Medusenhaupt auf seiner gepanzerten Brust ist ein Hinweis darauf, dass auch er höheren Beistand benötigt. Das Bild zeigt wohl die Schlacht von Issos 333 v. Chr. Alexander gegenüber, schon in der Fluchtbewegung, sehen wir den Feind in Gestalt des persischen Königs Dareios III. mit Kopftuch und ausgestreckter Hand. Er hat seinen Wagen bereits umlenken lassen, mit angstgeweiteten Augen schaut er rückwärts auf seinen Feind und dessen effiziente, furchterregende Armee.

Für Ludwig XIV. hatte das Porträt eine herausragende Bedeutung. Von Hyacinthe Rigaud ließ der Sonnenkönig sich 1701 ernst und prachtvoll darstellen (links): die verkörperte Herrschaft. Anders Adam-Frans van de Meulens Darstellung des Regenten, wie er seine Truppen über den Rhein nach Holland führte (unten): Sein Schimmel bäumt sich auf, und heldenhaft schwingt Ludwig den Säbel.

Mit entschlossenem Blick zieht Alexander der Große gegen die Perser. Das berühmte Alexandermosaik (hier ein Ausschnitt) wohl über die Schlacht von Issos 333 v. Chr. zierte einst den Boden eines Hauses in Pompeji.

Die Heldinnen und Helden der Antike hatten privilegierten Kontakt zur göttlichen Sphäre, nicht selten wurden sie selbst dorthin erhoben. Im christlichen Mittelalter trat dieses religiöse Element noch stärker in den Vordergrund. Ritter, fromme Feldherren und Kreuzzügler kämpften nicht für Land oder irdische Güter, sondern für das Reich Gottes. Der althergebrachte Typus des mutigen Kriegers verschmolz mit christlichen Idealen, so widersprüchlich uns das heute vorkommen mag.

Und es kam ein neuer Typus hinzu: der Märtyrer. In der Frühzeit des Christentums erlangte er Ehrung und Gefolgschaft nicht durch aktives Handeln, sondern im Gegenteil durch passives Erdulden extremer körperlicher Qualen. Märtyrer traten für den christlichen Gott und den Aufbau seiner Kirche ein, ihre schärfste Waffe war ihre Unbeugsamkeit. Sie wurden dafür über dem Feuer geröstet, im Meer ertränkt, von Löwen zerfleischt. Ihr aller Vorbild war Jesus Christus, die Heldenversion Gottes: Qualvoller, aber auch sinnvoller als seine konnten Leiden kaum sein.

So gesehen, sind alle Christusbilder auch Heldenbilder. Jahrhundertelang malten Künstler den Erlöser in immer wiederkehrenden Szenen, predigend und heilend, entkräftet und sterbend am Kreuz.

Der mittelalterliche Christus wirkt noch unscheinbar, eher Figur als Mensch inmitten von Blattgold. Mit der Renaissance ändert sich das: Die Zentralperspektive macht ihn zu einem realen Körper im Raum, Christus wird schöner, kräftiger, edler. So liegt sein Leichnam bei Michelangelo wie hingegossen auf dem Schoß seiner trauernden Mutter Maria: Die 1499 vollendete Pietà-Marmorskulptur im Petersdom feiert den Helden durch dessen Beweinung. Im Barock wird Christus dann endgültig zur nahbaren Hauptfigur eines nuancenreichen Dramas. In Caravaggios Gemäl-

Der heilige Sebastian ist der Inbegriff des Märtyrers. Einst ein römischer Offizier, bekannte er sich der Überlieferung nach zum Christentum und wurde dafür von Kaiser Diokletian zum Tod durch Pfeilbeschuss verurteilt. Zahlreiche Künstler stellten sein Leiden dar, hier Andrea Mantegna (1431–1506).

HELDENTUM IN DER KUNST

Vittore Carpaccio (um 1465–1525/26) malte in der Frührenaissance das Gemälde „Traum der heiligen Ursula". Es zeigt die Schlafende, der ein Engel erscheint. Der Legende zufolge wurde Ursula von Hunnen getötet.

den aus dem späten 16. Jahrhundert etwa begegnen wir ihm ganz nahe, im Halbschatten. Man meint, seinen Atem zu spüren.

Was die Märtyrer betrifft, so einigten sich die nachmittelalterlichen Künstler bald auf einen Favoriten: den heiligen Sebastian. Historisch war er ein römischer Offizier im 3. Jahrhundert n. Chr. Unter Kaiser Diokletian bekannte er sich zum Christentum, dieser ließ ihn zum Tod durch Pfeilbeschuss verurteilen. Obwohl Sebastian die Exekution überlebte und erst beim zweiten Hinrichtungsversuch durch Knüppel starb, hat sich dieses Motiv durchgesetzt: der nur mit einem Leibchen bekleidete Märtyrer, in dessen Körper Pfeile stecken. Die Künstler reizte wohl die Möglichkeit, das Christusmotiv zu steigern und malerisch auszukosten. Andrea Mantegna lässt in seinem Gemälde von 1457/59 einen besonders langen Pfeil das Haupt des Heiligen durchdringen, vom Hals bis zur Stirn. Sandro Botticelli zeigt den Heiligen 1474 mit arrogantem Blick. Guido Reni lässt in seiner Version von 1625 lediglich einen einzigen Pfeil dekorativ im Jünglingskörper stecken.

DER MÄRTYRERKULT BRACHTE AUCH große Frauenfiguren hervor: Die heilige Ursula etwa, eine bretonische Königstochter, die sich geweigert haben soll, den König von England zu heiraten, solange er nicht getauft sei. Sie führte auch eine Gruppe von Wallfahrerinnnen an, die von einem Hunnenheer niedergemetzelt wurde; Ursula verweigerte sich dem Hunnenkönig und bezahlte dafür mit dem Leben. Diese

Figur ist wohl ein Mythos ohne historischen Beleg – und dennoch gibt es zahlreiche Darstellungen, etwa Vittore Carpaccios „Der Traum der heiligen Ursula" von 1495.

IN DER NEUZEIT SCHWAND der Glaube an Gott. Die Idee, sich für etwas aufzuopfern, war jedoch nicht erledigt – sie nahm nur andere Formen an. Im Licht der Französischen Revolution 1789 wurden die Umrisse einer epochentypischen Figur deutlicher: des säkularen, politischen Märtyrers, der sein Leben für die (gute) Sache gibt.

Im Jahr 1793 malte der französische Künstler Jacques-Louis David den ermordeten Jakobiner Jean Paul Marat in der Badewanne liegend. Marat hatte wegen einer Hauterkrankung häufig baden müssen; in dieser wehrlosen Lage wurde er von der adeligen Girondistin Charlotte Corday aufgesucht und erstochen. In Teilen der Bevölkerung brach ein Kult um Marat aus, er galt nun als Held der Revolution. David gibt diesem Ruhm Nahrung mit einem zarten, traurigen, unvergesslichen Gemälde. Es zeigt den sterbenden Marat in der Badewanne, nach rechts geneigt, auf dem Kopf ein weißer Turban; in der linken Hand ist der Brief zu sehen, mit dem Charlotte Corday Zutritt erlangt hatte, in der rechten Hand die Feder, mit der er nun nicht mehr schreiben kann. Seine Augen sind noch nicht ganz geschlossen.

Vom gleichen Maler gibt es auch Bilder, die den klassisch Krieg führenden Helden feiern. Davids Napoleon-Gemälde „Bonaparte beim Überschreiten der Alpen am Großen Sankt Bernhard" greift im Jahr 1800 die bekannte Feldherren-Ikonografie wieder auf: Das Pferd hebt die Hufe, der Kaiser schaut entschlossen, er führt einen Feldzug an wie vor ihm Alexander, der Sonnenkönig und etliche andere – nur ist es eben kein Vertreter des Großadels mehr, der hier den Lauf der Geschichte bestimmt.

UM DIESE ZEIT, ETWA 1800, veränderte sich etwas grundlegend im Gefüge der europäischen Gesellschaften. Bislang hatten Künstler im Auftrag von König oder Kirche gearbeitet, sie waren Instrumente der Repräsentation von Macht. Nun folgte auf die Französische Revolution eine lange Kette von Umstürzen. Der Feudalismus wurde von einer bürgerlichen Klassengesellschaft abgelöst, die Kirche verlor an Einfluss. Das hatte Folgen für die Künstler, die nur noch selten von Hof oder Klerus angestellt wurden. Stattdessen etablierte sich der „freie Künstler", der seine Sujets selbst wählte und seine Werke auf dem neu entstandenen bürgerlichen Kunstmarkt anbot.

Spätestens mit den französischen Impressionisten, die von etwa 1860 an die vorherrschende Salonmalerei

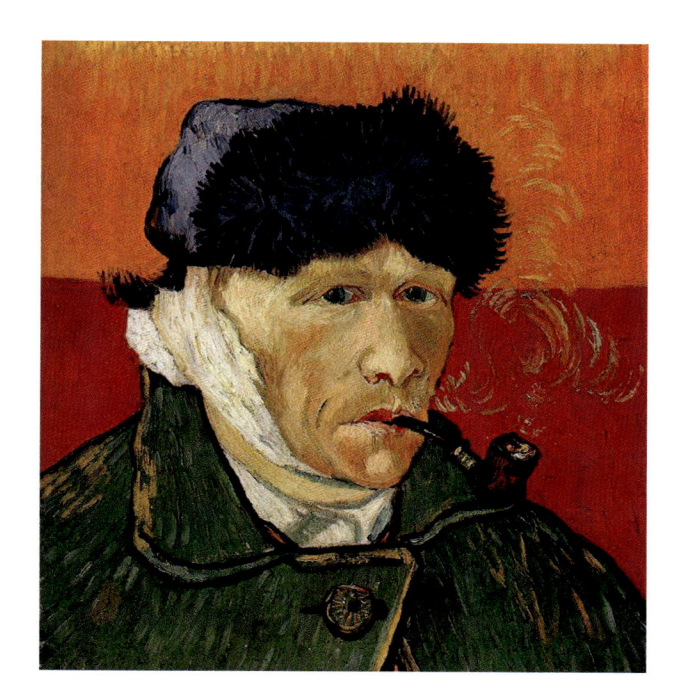

Die Impressionisten wollten nicht nur zum „Wesen der Dinge" vordringen, sondern machten sich auch selbst zu Heldenfiguren, die sich dem Überkommenen widersetzten. Der psychisch labile Vincent van Gogh inszenierte sich als Märtyrer der Kunst, indem er sich ein Ohr abschnitt und – bandagiert und mit Pfeife – verewigte.

infrage stellten, wurde daraus ein Kampf um ästhetische Vorherrschaft. Die lichtdurchfluteten, Konturen auflösenden Gemälde von Edouard Manet, Gustave Courbet oder Claude Monet standen am Beginn einer Moderne, die sich von ihren Abbildungs-Aufgaben lossagte, um mit ungestümer Geste zum „Wesen der Dinge" vorzudringen.

Künstler sahen sich nun weniger als Chronisten, die Taten großer Männer und Frauen ins Bild setzten, sondern sie machten sich selbst zu heroischen Figuren. Mutig stellten sie sich allem Überkommen, Konservativen entgegen. Sie brachen zu neuen Ufern auf, allerdings mit Pinsel statt Säbel in der Hand. So gesehen, sind viele berühmte Werke der Moderne selbst Heldentaten. Der Begriff „Avantgarde" war nicht zufällig dem Militär entlehnt.

Als Nebenprodukt dieser Bewegung entstand der Künstler-Märtyrer. Vincent van Goghs „Selbstbildnis mit verbundenem Ohr und Pfeife" von 1889 mag der Eigenerforschung eines verzweifelten Mannes gedient haben, es war aber auch ein Stück Selbstsakralisierung. Als der erfolglose, psychisch labile Maler, der er war, zeigte er sich zugleich unbeugsam: Er bandagierte sein Ohr, steckte sich eine Pfeife an und malte tapfer weiter.

An der Jacke heftet noch das Eiserne Kreuz, doch die einstigen Helden sind nur noch Opfer des Ersten Weltkriegs, mit Prothesen statt Beinen und das Gesicht entstellt. „Skatspieler (kartenspielende Kriegskrüppel)" nannte Otto Dix dieses 1920 entstandene Gemälde.

Künstlerinnen und Künstler inszenieren sich seitdem immer wieder als leidende Außenseiterfiguren, die auf eigene Kosten gegen gesellschaftliche Tabus angehen: Joseph Beuys holte sich 1964 während einer Fluxus-Aktion in Aachen eine blutende Nase, die er stolz ins Bild setzte. Marina Abramović schrie sich in ihrer Performance „Freeing the Voice" 1976 drei Stunden lang die Seele aus dem Leib, um auf diese Weise Frauen symbolisch eine Stimme zu geben. Und der russische Künstler Pjotr Pawlenski nagelte sich 2013 selbst am Hodensack auf den Roten Platz in Moskau, um „gegen den Fatalismus der modernen russischen Gesellschaft" zu protestieren.

Unterdessen verlor die ursprüngliche Verkörperung des Heroischen, der Krieger, langsam an Renommee. Nach der Katastrophe des Ersten Weltkriegs mit Giftgas und Flammenwerfern war klar, dass moderne Schlachten kaum noch Helden hervorbringen. Stattdessen produzieren sie in großer Zahl versehrte, traumatisierte Menschen, die nicht mehr ins zivile Leben integriert werden können. Ein Gemälde wie „Skatspieler (kartenspielende Kriegskrüppel)", das Otto Dix 1920 malte, kann auch dem heutigen Betrachter noch den Magen umdrehen: Die Gesichter der drei Kriegsversehrten gleichen riesigen Fleischwunden, und unter dem Tisch sieht man statt Beinen nur noch Prothesen. Man spürt körperlich, dass es hier kein sinnvolles ziviles Miteinander mehr gibt, für das das Spiel am Tisch eigentlich steht. Stattdessen finden sich nur noch kümmerliche Reste von Leben.

In seinem Zyklus der „Heldenbilder" aktualisierte der Maler Georg Baselitz diese Erfahrung nach dem noch schrecklicheren Zweiten Weltkrieg. Mitte der Sechzigerjahre ließ er auf großformatigen Gemälden in gedeckten Farben Gestalten auftreten, mit denen man nur Mitleid haben kann: disproportionierte Männer, verletzt, orientierungslos, zerlumpt. Niemand könnte mit den Kriegshelden alter Prägung weniger gemein haben als diese Gespenster der Geschichte.

Von den späten 1950er-Jahren an kam im Westen eine neue Popkultur auf. Sie wurde angetrieben von der jugendlichen Energie einer neuen Sozialfigur: des Teenagers. Pop lebte zwar selbst vom Personenkult, betrieb ihn aber so inflationär und wellenhaft, dass Heldenmythen kaum eine Chance hatten, sich dauerhaft festzusetzen. Das „postheroische" Zeitalter wurde ausgerufen. Die Verehrung von Popsängern, Filmstars und Fußballspielern ließ man zu Unterhaltungszwecken noch gelten, ansonsten sank die allgemeine Bereitschaft, anderen Menschen Denkmäler zu errichten. Ein Zeitchronist wie Andy Warhol liebte zwar „Legends" wie Marilyn Monroe, siedelte sie aber ästhetisch auf der gleichen Ebene an wie Suppendosen oder Coca-Cola-Flaschen. Seine Superman-Bilder aus den Jahren 1961 und 1981 zeigen den Superhelden als Medienprodukt.

Heute leben wir in einer paradoxen Situation: Die Abgeklärtheit gegenüber Heldenfiguren ist groß, der Hunger danach aber auch. Greta Thunberg wurde in kurzer Zeit zur Leitfigur einer internationalen Bewegung. Ihre Heldentat: Sie hatte aus den richtigen Gründen die Schule geschwänzt und ihre Botschaft auf einem Pappschild von franziskanischer Schlichtheit übermittelt: „Skolestreik for Klimatet".

Die dazugehörige Mythenbildung samt passender Ikonografie findet in den Medien statt. Künstler sind nur noch selten daran beteiligt, sie haben sich auf einen reflexiven, im besten Sinne skeptischen Umgang mit Bildern verlegt. Für Propaganda sind sie in der Regel ungeeignet, nur noch selten überträgt man ihnen Repräsentationsaufgaben.

Wenn es dann doch mal passiert, ist große Aufmerksamkeit garantiert. Nachdem Barack und Michelle Obama 2017 das Weiße Haus verlassen hatten, beauftragten sie zwei afroamerikanische Künstler damit, ihre offiziellen Porträts zu malen. Damit übersetzten sie die eigene Geschichte in die Kunst: Dass sie als erstes afroamerikanisches Präsidentenpaar das Weiße Haus erobert hatten. Michelle Obama ließ sich von Amy Sherald malen. Zu sehen ist eine ernste, gelassene Frau vor neutralem Hintergrund. Nur die Faltenwürfe und Farben ihres Kleides erinnern noch an Herrscherinnenporträts früherer Zeiten. Ihr Ehemann ließ sich von Kehinde Wiley porträtieren, einem Star der jüngeren Malerei. Obama sitzt auf einem antiken Stuhl und wird von hinten von Blumen und Blättern umhüllt; der Maler hat Pflanzen ausgewählt, die für biografische Stationen des Politikers stehen, etwa Chrysanthemen als Symbol für Obamas Heimatstadt Chicago.

Kein Zepter, kein Schwert, kein Säbel. Den heutigen Herrscher umgibt ein Blumengarten. Doch man sollte sich nicht täuschen, denn auch dieses Bild erzählt von einer Heldentat: Dass ER es geschafft hat, sein Gegenstand zu sein.

Ein Filmheld und sein Auto: Sean Connery, wie immer perfekt gekleidet, mit seinem Aston Martin im Jahr 1964 bei den Dreharbeiten zu „Goldfinger" in der Schweiz.

Seit mehr als sechs Jahrzehnten begeistert James Bond die Kinobesucher rund um den Globus. Wie entstand diese Heldenfigur, und wie wurde sie dem wandelnden gesellschaftlichen Geschmack angepasst? Ein Blick hinter die Genese von James Bond, dem elegantesten Draufgänger der Filmgeschichte.

DER EWIGE AGENT IHRER MAJESTÄT

Von Beginn an wusste James Bond, seine Feinde in Schach zu halten, und so ist es bis heute geblieben. Hier eine Kampfszene aus „Dr. No".

TEXT: SIEGFRIED TESCHE

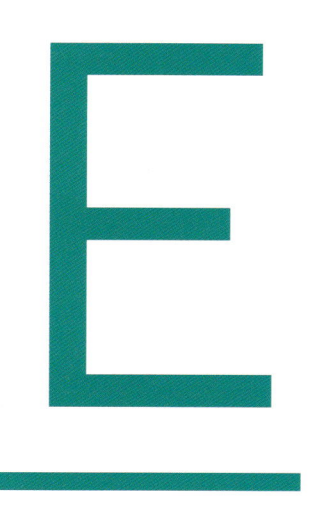

E

Eine Woche vor den Dreharbeiten des ersten James-Bond-Films „Dr. No" auf Jamaika trafen sich im Januar 1962 Sean Connery und der Schöpfer des Geheimagenten, Ian Fleming. Der Romanautor vermittelte dem Schauspieler einen ersten Eindruck von der Figur, die er sich so vorstellte: „Bond ist ein sehr einfaches, vorwärts gerichtetes, grobes Instrument der Polizei, das knurrend seinen Job verrichtet. Aber er hat auch eine Art von spezieller Empfindsamkeit, die dann als snobistisch empfunden wird. Dazu gehört sein Weingeschmack. Wenn er aber konstant mit den gefährlichsten Situationen zu kämpfen hat, die sein Job so mit sich bringt, und sich in einem starken, schwierigen Umfeld aufhalten muss, dann gönnen wir ihm, dass er alle seine Sinne befriedigt, ob es nun Sex, Wein, gutes Essen oder gute Kleidung sind, denn sein Job kann ihn jeden Moment sein Leben kosten."

Flemings Erklärung war die Blaupause für die Rolle, neben den Hinweisen von Regisseur Terence Young. Der hatte den aus armen Verhältnissen in Edinburgh kommenden Schotten Connery zuvor in London in die gehobene Gesellschaft eingeführt. Er ging mit ihm zu seinem Schneider und ließ Maßanzüge für ihn anfertigen; sagte ihm sogar, dass er darin schlafen solle, um deren Exklusivität und Qualität zu spüren und sich daran zu gewöhnen. Er besuchte mit ihm die feinen Klubs der Londoner Society. Connery sog alles begierig auf. Später antwortete Young auf die Frage, warum „Dr. No" so erfolgreich geworden sei: „Es gibt drei Gründe, Sean Connery, Sean Connery, Sean Connery."

Sean Connery wurde zu *dem* Bond. Dabei sprachen viele Gründe gegen ihn. Er stammt nicht aus besserer Gesellschaft wie die Filmfigur, sondern aus einem einfachen Umfeld. Er besuchte nicht etwa das Eliteinternat Fettes College in Edinburgh, sondern lieferte dort die Milch aus – ausgerechnet in der Schule, in der James Bond aus Flemings Feder studierte. Auch sein Einsatz als 007 war zunächst keineswegs sicher. Noch im August 1961 lehnte United Artists, der amerikanische Filmverleih und Finanzier des ersten Bond-Films, Connery als Darsteller rüde ab. „We can do better than him", so hieß es in einem Telex. Sie hatten den Schauspieler aber noch vor der Verwandlung gesehen.

Für Ian Fleming war Bond keineswegs ein Heldentyp. „Er nahm ganz plötzlich Gestalt an, eine Mischung aus den Geheimagenten und Sonderkommando-Typen, die ich während des Krieges kennengelernt hatte", sagte der Autor in einem Interview. Sein Geschöpf ist jemand, der Aufmerksamkeit meidet, im Dunkeln agiert, Auszeichnungen ablehnt, Decknamen benutzt und ein unspektakuläres Leben führt – wenn er nicht gerade irgendwo in der Welt für Gerechtigkeit und das Gute im Einsatz ist. Er hat ein Apartment in London, eine Haushälterin namens May, und die einzige Leidenschaft gilt seinem Auto, einem Bentley.

Fleming legte Bond auch als zweifelnden Mann an, der seine Tätigkeit hinterfragt und privat enttäuscht wird. Seine Liebe Vesper Lynd entpuppt sich als Doppelagentin und begeht Selbstmord. Dieses zwiespältige Leben und seine unsicher wirkende Berufsauffassung findet man in fast allen Bond-Büchern. 007 hat Affären, mehr nicht. Als er in dem 1963 erschienenen Roman „On Her Majesty's Secret Service" („Im Geheimdienst Ihrer Majestät") einen weiteren Versuch unternimmt, eine feste Beziehung einzugehen, wird seine gerade angetraute Frau Tracy auf dem Weg in die Flitterwochen erschossen. Mehrmals nimmt der Agent Aufträge an, die Selbstmordkommandos gleichen. Er

Kein Bond ohne leicht bekleidete Bond-Girls. In „Goldfinger" übernahm die hier mit Gold überzogene Shirley Eaton die Rolle und wurde so zu einem Sexsymbol ihrer Zeit.

James Bond ist ein Charmeur mit ausgeprägten Macho-Allüren. In „Man lebt nur zweimal" ließ er sich gleich von vier Frauen verwöhnen.

> „Kitchen sink dramas" waren in England Teil einer kulturellen Bewegung, die das soziale Leben realistisch darstellen sollte. Und dann kam James Bond und reiste mit unbegrenztem Spesenkonto um die Welt.

wird vergiftet, muss in einer Klinik behandelt werden, leidet unter Gedächtnisverlust, will sogar seinen Chef ermorden. Nein: Fleming schuf keinen über alle Situationen erhabenen Mann. Sein Bond ist ein psychisch belasteter, gebrochener Kämpfertyp. Einer, der mit sich und seiner Situation hadert.

Der Autor war sich seines ersten Bond-Romans gar nicht sicher. Nachdem er das Manuskript am 18. März 1952 beendet hatte, ließ er es zunächst liegen. „Ich schämte mich zu sehr dafür", sagte er. „Kein Verleger würde es haben wollen, und falls es doch jemand wollte, hätte ich nicht den Mut gehabt, es gedruckt sehen zu wollen." Im April 1953 erschien das Buch dann doch, aber ein Erfolg war ihm nicht vergönnt. Die Erstauflage von 4750 Stück verkaufte sich nur schleppend.

Sean Connery hingegen verkörperte einen anderen Bond: den des Regisseurs Terence Young. Die erste Verfilmung basiert auf Flemings sechstem Roman, „Dr. No" (deutscher Filmtitel: „James Bond – 007 jagt Dr. No"). Die Uraufführung war am 5. Oktober 1962 in London. Schon die Plakat- und Anzeigenmotive vermittelten einen Eindruck von der Hauptfigur. Das britische Poster zeigte einen Mann mit Pistole und Zigarette, zudem vier zum Teil knapp bekleidete Frauen. Das amerikanische Motiv fügte eine markante Beschreibung hinzu: „Most extraordinary gentleman spy in all fiction". Kein Zweifel: Hier ging es um einen coolen Typen, der zu töten und ebenso das Leben zu genießen wusste.

NOCH DEUTLICHER WURDE DER erste veröffentlichte britische Trailer. Kurz nachdem die Worte „My name is Bond, James Bond" zu hören sind, steht ihm in seiner Wohnung eine Frau im Pyjamaoberteil gegenüber. Nach einer Prügelei verrät der Off-Text: „Licence to kill, whom he pleases, where he pleases, when he pleases." Der US-Trailer rückte noch einen weiteren Aspekt des neuen Filmhelden in den Vordergrund: seinen Stil. Gleich zu Anfang wird nach einer Prügelszene auf seinen Anzug aus der Londoner Savile Row, sein Oberhemd und seine Krawatte hingewiesen. Ein „essential feature of his wardrobe" ist seine Waffe, eine Walther PPK, 7,65 mm. Eine Pistole als Accessoire? Welche andere Filmfigur konnte das 1962 bieten?

Jemanden wie James Bond hatte es zuvor nicht gegeben. Die Helden im britischen Film der Fünfzigerjahre waren sogenannte *working class heros*. Sie stammten aus der Arbeiterklasse, kämpften mit den Folgen des Zweiten Weltkriegs und engagierten sich beim Wiederaufbau.

„KITCHEN SINK DRAMAS" WAR der Begriff für eine Gattung von Filmen, die damals das englische Kino bestimmten – Teil einer kulturellen Bewegung, die das soziale Leben realistisch widerspiegeln sollte. In „Blick zurück im Zorn" von Tony Richardson sah man Richard Burton als desillusionierten jungen Mann in einer kleinen Wohnung, der mit sich und seiner Ehe hadert. In „Der Weg nach oben" von Jack Clayton ging es um den Versuch eines Arbeiters, durch die Ehe mit der Tochter aus reichem Haus in die höhere Gesellschaft zu kommen. Überlebenskünstler, das waren die Idole.

Dazu kamen Hauptdarsteller in Kriegsfilmen, besonders, wenn diese sich kritisch mit dem Thema auseinandersetzten. „Wege zum Ruhm" von Stanley Kubrick zeigte eine Episode aus dem Ersten Weltkrieg: Französische Soldaten sollen eine deutsche Stellung angreifen, obwohl sie keine Chance haben, und werden wegen Feigheit vor dem Feind angeklagt. „Die Brücke am Kwai" des Engländers David Lean zeigt den heldenhaften Überlebenskampf britischer Gefangener in einem japanischen Lager in Burma, die mit Disziplin und Geschick eine Brücke für ihre Peiniger bauen. Trotz vieler Entsagungen gelingt es dem von Alex Guinness gespielten Anführer, die Brücke fertigzustellen. Doch dann sieht er ein, dass er dem Feind zugearbeitet hat, und hilft dabei, das Bauwerk zu sprengen.

Und nun erschien auf einmal der „Gentleman Agent". In einer Zeit, in der in England Butter noch rationiert war, reiste der mit unbegrenztem Spesenkonto um die Welt. Im amerikanischen Filmtrailer von „Dr. No" heißt es, zu Bonds Beruf gehörten „deluxe travel, exotic climate, exclusive clubs". Der Geheimagent war der Gegenentwurf zum sehr einfachen Leben vieler Briten. In seine Figur und die Abenteuer konnten sie sich hineinträumen.

Die 007-Filme hatten aber auch eine politische Dimension. „Das Timing war perfekt", erinnerte sich

1973 wurde Roger Moore der Geheimagent Ihrer Majestät – und damit ein anderer Typ von Bond. Zwar ebenso elegant und gut bewaffnet, aber mit etwas seichtem Humor.

Der Schurke als Gegenspieler: In „Leben und sterben lassen" war es Kananga, dargestellt von Yaphet Kotto. „Der Spion, der mich liebte", machte das Model Barbara Bach weltbekannt.

Sean Connery bei den Filmfestspielen in Cannes. Denn die Welt brauchte damals einen heldenhaften Retter, der in der Lage war, globale Bedrohungen im Handumdrehen zu lösen.

Es war der Höhepunkt des Kalten Kriegs und eine Phase dramatischer Krisen. Die Sowjets schossen am 1. Mai 1960 den US-Piloten Gary Powers während eines Spionageflugs über dem Ural ab. In England erschütterte im Sommer 1961 die Profumo-Affäre die britische Regierung: eine Beziehung zwischen dem Callgirl Christine Keeler und dem englischen Kriegsminister John Profumo. Die DDR-Regierung ließ die Berliner Mauer bauen, und im Oktober 1962 schürte die Kubakrise Angst vor einem dritten Weltkrieg.

Diesen Krieg verhinderte der Held James Bond im fünften Film der Serie „Man lebt nur zweimal" in weniger als zwei Stunden. Der Plot: Die USA und die Sowjetunion beschuldigen sich gegenseitig, ihre Raumschiffe zu entführen. Ein Atomkrieg steht bevor. Bond findet heraus, dass hinter den Taten jedoch die Terrororganisation „Spectre" steckt. Die Gruppe hat ihre Basis in einem erloschenen Vulkan in Japan, der als Raketenabschussbasis dient. Bond dringt mithilfe von Ninjas dort ein und macht dem Spuk ein Ende.

ALS SEAN CONNERY, DER Bond-Rolle überdrüssig, danach erstmals ausstieg, ging die Serie durch eine schwierige Phase. Sie endete erst Mitte der Siebzigerjahre. Mit der Neubesetzung durch Roger Moore als 007 machte sie eine radikale Veränderung durch, doch der Schauspieler wurde zunächst nicht akzeptiert. In „Leben und Sterben lassen" kämpft er gegen einen schwarzen Drogenhändler – was das junge schwarze Kinopublikum ablehnt. Als 007 ein Jahr später im Fernen Osten agierte, biedert man sich den damaligen „Eastern" an: Filmen, in denen asiatische Kampfkunst dominierte.

Die Umsätze waren so schlecht, dass neue Autoren engagiert wurden, um Roger Moore dem Publikum näherzubringen. Sie setzten auf ein neues Konzept: leichtere Unterhaltung, mehr Gags und eine starke Frau als Gegenüber von 007. Aus der von Sean Connery verkörperten ironisch-sarkastischen Hauptfigur wurde ein Geheimagent, bei dem es mehr auf seichten Humor und spektakuläre Stunts ankam. Die Drehbücher von „Der Spion, der mich liebte" und weiterer Filme waren ganz auf Moore zugeschnitten. So verführt der Agent eine Tarot-Spezialistin mit einem billigen Kartentrick; fährt ein Auto, das nicht nur schießen, sondern auch tauchen kann; schwingt sich wie Tarzan an einem Seil durch den indischen Dschungel. Er kämpft mit Laserwaffen auf einer Weltraumstation – auch ein Zugeständnis an den Zeitgeist: „Star Wars" war damals sehr erfolgreich. Wie Roger Moore an die Filmfigur heranging, erklärte er so: „Ich habe drei Ausdrucksformen. Nr. 1: Augenbrauen hoch. Nr. 2: Augenbrauen runter. Nr. 3: Die Augen schließen, wenn der Böse mich an den Nierensteinen packt."

Die Abkehr von der ursprünglichen Figur äußerte sich auch darin, dass aus den Romanvorlagen zum Teil

JAMES BOND

Mitte der Neunziger kam Pierce Brosnan als James Bond ins Kino. In „Die Welt ist nicht genug" (1999) spielte Desmond Llewelyn wie immer den Q: den Mann für alle technischen Spielereien.

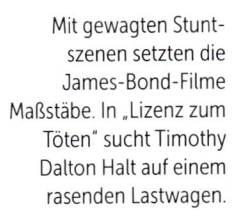

Mit gewagten Stuntszenen setzten die James-Bond-Filme Maßstäbe. In „Lizenz zum Töten" sucht Timothy Dalton Halt auf einem rasenden Lastwagen.

Plötzlich musste sich James Bond der Konkurrenz von ganz neuen Heldenfiguren erwehren: „Dirty Harry" und Indiana Jones traten auf die Bühne.

nur noch die Namen einiger Figuren übernommen wurden. Die Produzenten entfernten sich immer mehr von Flemings Bond.

Die Macher von 007 mussten sich allerdings der starken Konkurrenz neu erschaffener Heldenfiguren erwehren, die in den Siebziger- und Achtzigerjahren ins Kino kamen. Von 1971 an jagte Clint Eastwood als Polizist Harry Calahan – „Dirty Harry" – die Verbrecher und hielt sich dabei auch selbst nicht immer an Recht und Ordnung. Nicht weniger erfolgreich war Bruce Willis von 1988 an als Polizist John McLane in den Thrillern „Die Hard" („Stirb Langsam").

1981 trat Indiana Jones auf die Filmbühne, in „Jäger des verlorenen Schatzes". Das erste Abenteuer des Archäologen legten seine Schöpfer George Lucas und Steven Spielberg auch als „Rache an James Bond" an: Spielberg war zuvor die Regie eines 007-Films verweigert worden. Viele Elemente der Indiana-Jones-Serie sind den Bond-Filmen ähnlich. In einem Intro stellt der Held zunächst seine Fähigkeiten unter Beweis. Dann folgen Reisen an exotische Orte und scheinbar aussichtslose Kämpfe gegen übermächtige Gegner.

Zwischen 1987 und 2002 spielten Timothy Dalton und Pierce Brosnan den Geheimagenten. Beiden Darstellern gaben die Autoren und Produzenten zwar mehr Realismus mit, allerdings nicht viel Tiefgang. Schwächen oder gar Selbstreflexion waren tabu.

Erst 2006 kam mit Daniel Craigs Debüt „Casino Royale" ein wirklich neuer Bond ins Kino. Schon in den ersten Minuten verprügelt und erschießt 007 einen Widersacher auf der Toilette, wischt sich das Blut von den Händen und tupft eine Wunde im Gesicht ab. Die Sequenz wurde in Schwarz-Weiß gedreht, daher wirkt sie weniger brutal. Dennoch ist sie eine Zäsur. Die Radikalität, mit der James Bond vorgeht, und auch dessen Verletzlichkeit, ist zwar in Ian Flemings Romanen immer gegenwärtig – nicht aber in den früheren Filmen. So bekommt 007 in „Feuerball" (1965) einen Schuss in die Wade, doch das beeinträchtigt ihn nicht weiter.

Der neue Bond hingegen wird nicht nur gefoltert, sondern ist auch psychisch angreifbar. Im Verlauf der fünf Abenteuer muss er mit ansehen, wie seine große Liebe Vesper Lynd ihn hintergeht und Selbstmord begeht; eine Idee von Fleming. Seine Chefin und Ersatzmutter M sowie der CIA-Kollege Felix Leiter sterben, und er selbst wirkt zunehmend desillusioniert. Seine Arbeitgeber zweifeln zudem an seiner Befähigung, seinen Job zu erledigen. Das war zuvor undenkbar.

Die Verantwortlichen reagierten damit auch auf einen sehr starken Konkurrenten, ebenfalls ein Geheimagent: Jason Bourne. Das Geschöpf des amerikanischen Autors Robert Ludlum, Hauptfigur der von 2002 an gezeigten Thriller und Actionfilme, hat sein Gedächtnis verloren und versucht, seine eigene Vergangenheit zu klären. Währenddessen stellt er fest, dass er über besondere Fähigkeiten und mehrere Identitäten verfügt. Albträume und Flashbacks verfolgen ihn. Wie Bond hat auch er keine Familie und ist auf sich gestellt. Von seinen Auftraggebern bei der CIA wird er fallen gelassen, wie 007 zeitweise vom britischen Geheimdienst.

Bond geht auf einen Rachefeldzug, um den Mörder seiner Geliebten aus „Casino Royale" zu finden. Er wird von M aufgegeben und reaktiviert, und seine Vergangenheit verfolgt ihn: Auf „Skyfall", wo er groß geworden ist, muss er sich seinem Widersacher stellen, wobei das Anwesen zerstört wird. 007 rebelliert gegen seinen neuen Chef, vertraut fast niemandem mehr und findet überdies heraus, dass er eine uneheliche Tochter hat. Immer mehr entwickelt er sich zu einem Mann voller Fehler und Schwächen, dem nichts mehr geblieben ist, nicht einmal eine Ersatzfamilie. Auch seine Lässigkeit und Coolness bleiben auf der Strecke. Schließlich geht er in den Ruhestand – und wird nicht einmal geehrt.

„Er zeigt manchmal die typisch britische steife Oberlippe, er zeigt ungern Gefühle, aber er ist zur Stelle, wenn man ihn braucht. Das ist das Heroische an ihm", sagte Daniel Craig über die Rolle. Nach dem Abgang des Schauspielers wollen die Produzenten die Figur des Geheimagenten mit einem neuen Darsteller „radikal neu erfinden".

Ziemlich gewiss ist, dass die Veränderungen auch Bonds Umfeld einschließen werden, denn 007 ist nicht nur Agent, sondern auch Vater – und damit angreifbarer als zuvor. Eine Heldengeschichte dieser Art gab es bereits 1994. In Luc Bessons Thriller „Léon, der Profi" rettet ein Auftragskiller das zwölfjährige Mädchen Mathilda, das als Waise loszieht, um Rache an den Mördern seiner Eltern zu nehmen.

Mag sein, dass aus James Bond, dem gebrochenen Helden, nun ein väterlicher Held wird.

Mit Daniel Craig kam 2006 ein neuer James-Bond-Typ: ein Kämpfer auch er, wenn es sein musste, zugleich sensibel. In „Casino Royal" tröstet er seine Kollegin Vesper Lynd (Eva Green).

Selbst die Bond-Girls gehen mit der Zeit. In „Spectre" und „Keine Zeit zu sterben" spielt Léa Seydoux diese Rolle. Sie gesteht Bond, dass er der Vater ihres fünfjährigen Kindes ist.

„Keine Zeit zu sterben" mit Daniel Craig war der bislang letzte Film der langen Bond-Reihe. Stets hat der Filmheld auch sein Jahrzehnt widergespiegelt – so wird es wohl in Zukunft bleiben.

DIE JAMES-BOND-FILME

Casino Royale
Casino Royale. USA 1954; 49/60 Min.; Regie: William H. Brown; Buch: Antony Ellis und Charles Bennet; mit Barry Nelson als Jimmy Bond

James Bond – 007 jagt Dr. No
Dr. No. GB 1962; 105 Min.; Regie: Terence Young; Buch: Richard Maibaum, Johanna Harwood und Berkely Mather; mit Sean Connery als James Bond

Liebesgrüße aus Moskau
From Russia With Love. GB 1963; 116 Min.; Regie: Terence Young; Buch: Richard Maibaum und Johanna Harwood; mit Sean Connery als James Bond

Goldfinger
Goldfinger. GB 1964; 109 Min.; Regie: Guy Hamilton; Buch: Richard Maibaum und Paul Dehn; mit Sean Connery als James Bond

Feuerball
Thunderball. GB 1965; 125 Min.; Regie: Terence Young; Buch: Richard Maibaum und John Hopkins nach einem Originalbuch von Jack Whittingham, Kevin McClory und Ian Fleming; mit Sean Connery als James Bond

Casino Royale
Casino Royale. GB 1967: 129 Min.; Regie: John Huston, Ken Hughes, Val Guest, Robert Parrish, Joe McGrath; Buch: Wolf Mankowitz, John Law, Michael Sayers; mit David Niven als Sir James Bond, Terence Cooper als James Bond

Man lebt nur zweimal
You Only Live Twice. GB 1967; 116 Min.; Regie: Lewis Gilbert; Buch: Roald Dahl; mit Sean Connery als James Bond

Im Geheimdienst Ihrer Majestät
On Her Majesty's Secret Service. GB 1969; 140 Min.; Regie: Peter Hunt; Buch: Richard Maibaum; mit George Lazenby als James Bond

Diamantenfieber
Diamonds Are Forever. GB 1971; 119 Min.; Regie: Guy Hamilton; Buch: Richard Maibaum und Tom Mankiewicz; mit Sean Connery als James Bond

Leben und sterben lassen
Live And Let Die. GB 1973; 121 Min.; Regie: Guy Hamilton; Buch: Tom Mankiewicz; mit Roger Moore als James Bond

Der Mann mit dem goldenen Colt
The Man With The Golden Gun. GB 1974; 125 Min.; Regie: Guy Hamilton; Buch: Richard Maibaum, Tom Mankiewicz; mit Roger Moore als James Bond

Der Spion, der mich liebte
The Spy Who Loved Me. GB 1977; 125 Min.; Regie: Lewis Gilbert; Buch: Richard Maibaum und Christopher Wood; mit Roger Moore als James Bond

Moonraker – Streng geheim
Moonraker. GB 1979; 126 Min.; Regie: Lewis Gilbert; Buch: Christopher Wood; mit Roger Moore als James Bond

In tödlicher Mission
For Your Eyes Only. GB 1981; 127 Min.; Regie: John Glen; Buch: Richard Maibaum und Michael G. Wilson; mit Roger Moore als James Bond

Octopussy
Octopussy. GB 1983; 131 Min.; Regie: John Glen; Buch: George MacDonald Fraser, Richard Maibaum, Michael G. Wilson; mit Roger Moore als James Bond

Sag niemals nie
Never Say Never Again. USA 1983; 126 Min.; Regie: Irvin Kershner; Buch: Lorenzo Semple jr. nach einer Idee von Kevin McClory, Jack Whittingham und Ian Fleming; mit Sean Connery als James Bond

Im Angesicht des Todes
A View To A Kill. GB 1985; 130 Min.; Regie: John Glen; Buch: Richard Maibaum und Michael G. Wilson; mit Roger Moore als James Bond

Der Hauch des Todes
The Living Daylights. GB 1987; 130 Min.; Regie: John Glen; Buch: Richard Maibaum, Michael G. Wilson; mit Timothy Dalton als James Bond

Lizenz zum Töten
Licence To Kill. GB 1988/89; 113 Min.; Regie: John Glen; Buch: Richard Maibaum, Michael G. Wilson; mit Timothy Dalton als James Bond

Golden Eye
Golden Eye. GB 1995; 129 Min.; Regie: Martin Campbell; Buch: Jeffrey Caine, Bruce Feirstein nach einer Story von Michael France; mit Pierce Brosnan als James Bond

Der Morgen stirbt nie
Tomorrow Never Dies. GB 1997; 120 Min.; Regie: Roger Spottiswoode; Buch: Bruce Feirstein; mit Pierce Brosnan als James Bond

Die Welt ist nicht genug
The World Is Not Enough. GB 1999; 128 Min.; Regie: Michael Apted; Buch: Neil Purvis und Robert Wade, Dana Stevens, Bruce Feirstein; mit Pierce Brosnan als James Bond

Stirb an einem anderen Tag
Die Another Day. GB 2002; 127 Min.; Regie: Lee Tamahori; Buch: Neil Purvis und Robert Wade; mit Pierce Brosnan als James Bond

Casino Royale
Casino Royale. GB/USA 2006; 144 Min.; Regie: Martin Campbell; Buch: Neil Purvis und Robert Wade, Paul Haggis; mit Daniel Craig als James Bond

Ein Quantum Trost
Quantum of Solace. GB/USA 2008; 106 Min.; Regie: Marc Forster; Buch: Neil Purvis und Robert Wade, Paul Haggis, Joshua Zetumer; mit Daniel Craig als James Bond

Skyfall
Skyfall. GB 2011/12; 143 Min.; Regie: Sam Mendes; Buch: John Logan, Neil Purvis und Robert Wade, Patrick Marber; mit Daniel Craig als James Bond

Spectre
Spectre. GB 2015; 147 Min.; Regie: Sam Mendes; Buch: John Logan, Neil Purvis & Robert Wade, Jez Butterworth; mit Daniel Craig als James Bond

Keine Zeit zu sterben
No Time to Die. GB 2019; 163 Min.; Regie: Cary Joji Fukunaga; Buch: Neil Purvis und Robert Wade, Scott Z. Burns, Phoebe Waller-Bridge, Cary Joji Fukunaga; mit Daniel Craig als James Bond

Nein, dies ist kein böser Ort, sondern ein großer Spielplatz. Diese Illusion versucht Guido seinem Sohn Giosuè in **„Das Leben ist schön"** (1997) zu vermitteln, nachdem beide in ein KZ gesperrt wurden, weil der Vater jüdische Vorfahren hat. Roberto Benigni schrieb die Geschichte gemeinsam mit Vincenzo Cerami, führte Regie und spielte die Hauptrolle. Mit Liebe und Fantasie versucht er, dem kleinen Giosuè (Giorgio Cantarini) das Leben unter furchtbaren Umständen möglich zu machen. Der Film feiert den unbedingten Lebenswillen und das Überleben: Benignis Vater überstand das KZ Bergen-Belsen. Sein Sohn setzt ihm hier ein Denkmal und macht ihn nachträglich zum Helden.

TEXTE: SIEGFRIED TESCHE UND SIEBO HEINKEN

HOFFEN UND BANGEN IM KINO

Ein Vater schützt seinen Sohn, Hippies werden zu Idolen ihrer Generation, eine Kriegerin rettet die Welt vor dem Bösen, und ein psychisch labiler Taxifahrer sieht sich als Kämpfer gegen Unmoral: acht Heldengeschichten aus der Historie des Films.

„Die Tribute von Panem" (USA 2012 bis 2015) beruhen auf den dystopischen Romanen von Suzanne Collins. Kriege und Naturkatastrophen haben Nordamerika weitgehend zerstört, wo nun der diktatorische Staat Panem entstanden ist. Er besteht aus dem reichen Kapitol und zwölf ärmeren Distrikten. Bei jährlichen „Hungerspielen" lässt Präsident Coriolanus Snow Jugendliche von dort – die Tribute – in einer Arena gegeneinander antreten und sich bis auf den Tod bekämpfen. Katniss Everdeen aus Distrikt 12 (Jennifer Lawrence) meldet sich freiwillig, um ihre zwölfjährige Schwester Prim vor den Spielen zu bewahren. Im Verlauf einer komplexen Handlung wird aus Katniss eine Leitfigur, die hilft, das korrupte System schließlich zu stürzen. Ihr Mut, ihre Effizienz und ihre Aufrichtigkeit machten die Heldin zum Vorbild für viele Jugendliche und Jennifer Lawrence zum Star.

Ein Autorennen, eine Jugendgang, eine Messerstecherei. 1955 kam **„denn sie wissen nicht, was sie tun"** ins Kino. Die Zutaten dieses Films sind noch immer aktuell. James Dean spielt Jim Stark, der neu in der Stadt ist und schon wieder Ärger hat. Seinen Vater akzeptiert er nicht, weil der bei seiner Mutter immer klein beigibt. Die Gang in der Schule provoziert ihn, und dann fühlt er sich auch noch zur Freundin des Anführers hingezogen. Die schwierige Phase des Heranwachsens, das Abnabeln von den Eltern und die erste Liebe: Dean verkörpert das perfekt. Sogar seine eigenen Erfahrungen konnte er verarbeiten, den ewigen Streit mit seinem Vater. Für Regisseur Nicholas Ray war der junge Schauspieler ein „Suchender, immer auf der Lauer nach Beobachtungen und Tricks." Publikum und Kritik konnten sich mit dem Helden identifizieren. Mit diesem Film entstand der Mythos James Dean – doch vier Monate nach Ende der Dreharbeiten kam der Schauspieler ums Leben. Bei einem Autounfall.

Billy (Dennis Hopper) und Wyatt (Peter Fonda) sind mit ihren umgebauten Harleys unterwegs von Los Angeles nach New Orleans, nachdem sie bei einem Kokaindeal gutes Geld gemacht haben. Unterwegs sammeln sie den Anwalt George Hanson (Jack Nicholson) auf. Der Weg durch den Süden der USA führt sie von grenzenloser Freiheit in ein bedrohliches Land der Intoleranz. Schließlich kommt es zu ihrer letzten Begegnung: mit Rednecks, die für die Langhaarigen nicht viel übrig haben und sie von ihren Choppern schießen. Mit **„Easy Rider"** (USA 1969) wurden Hopper, Fonda und Nicholson (Hopper führte auch Regie) zu Helden des Lebensgefühls vieler junger Menschen in den späten Sechzigerjahren. Und „Born to be wild" von Steppenwolf wurde zum Welthit.

Was tun, wenn man plötzlich vor dem Nichts steht? 1948 brachte der italienische Regisseur Vittorio De Sica mit **„Fahrraddiebe"** die Geschichte von Antonio Ricci (Lamberto Maggiorani) ins Kino, der nach langer Arbeitslosigkeit endlich eine Stelle als Plakatkleber gefunden hat. Am ersten Arbeitstag wird ihm aber sein Fahrrad gestohlen, ohne das er seinen Job nicht machen kann. In seiner Not verpfändet er die Bettwäsche seiner Familie und macht sich auf die Suche nach dem Dieb und seinem Rad. Er gerät an Kriminelle, wird schließlich selbst wegen Diebstahls angeklagt. „Fahrraddiebe" ist eine traurige, zeitlose Geschichte mit einem tragischen Helden. Fast dokumentarisch, mit Laiendarstellern und an Originalschauplätzen gedreht, präsentiert De Sica kurz nach Kriegsende eine Welt der Armut und des täglichen Kampfes ums Überleben. Sein Meisterwerk legte den Grundstein für den italienischen Neorealismus.

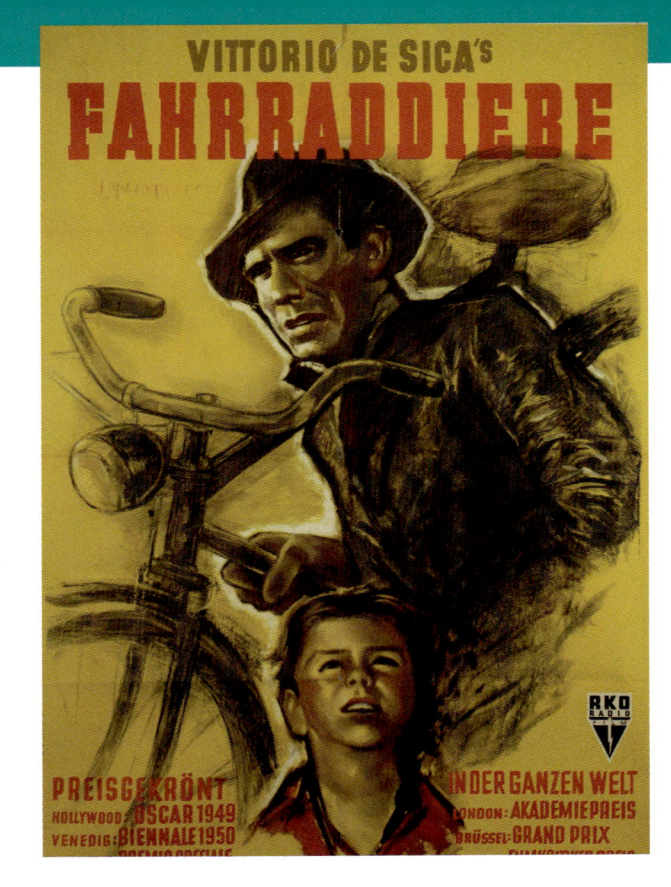

Im Jahr 2122 empfängt der Raumkreuzer Nostromo einen Notruf von einem Planeten ohne Leben. Als er dort ankommt, stößt die Besatzung auf ein verlassenes Raumschiff mit einem Toten und auf eiförmige Gebilde. Aus einem bricht ein spinnenartiges Wesen hervor, das schon bald Tod bringt und nur vernichtet werden kann, indem die Nostromo zerstört wird. Eigentlich sollte es ein Mann sein, der im Science-Fiction-Horrorfilm **„Alien – Das unheimliche Wesen aus einer fremden Welt"** (USA/GB 1979) die Rettung bringt, doch Regisseur Ridley Scott entschied sich für eine Frau in der Hauptrolle. So wurde die von Sigourney Weaver gespielte Offizierin Ellen Louise Ripley zum ersten weiblichen Actionhelden der Filmgeschichte. Zwar kann sie nicht verhindern, dass der Alien mehrere Crewmitglieder tötet. Doch je größer die Gefahr wird, desto unerschrockener stellt die Offizierin sich dem Wesen entgegen.

Travis Bickle, 26 Jahre alt, hat als Soldat in Vietnam gekämpft und lebt nun in einer schäbigen Wohnung in New York. Er ist psychisch angeschlagen, eine verlorene Seele. Bickle wirft Tabletten ein, und weil er unter Schlaflosigkeit leidet, bewirbt er sich als Taxifahrer und übernimmt die Nachtschichten. Sie führen ihn in die dunkelsten Winkel der Stadt. Der Schmutz, dem er begegnet, die Unmoral und der „menschliche Abschaum" aus Huren, Betrügern und Drogensüchtigen widern ihn an, und er entscheidet sich, das Problem selbst in die Hand zu nehmen. Robert de Niro spielt den frustrierten, zweifelnden Antihelden in **„Taxi Driver"** (1976, Regie Martin Scorsese), der eigentlich nur geliebt werden möchte, doch bei seiner Angebeteten nicht ankommt, weil er sie ausgerechnet in ein Pornokino einlädt. Der sich in den Wahn hineinsteigert, die Straßen von New York „säubern" zu müssen und sich dafür mit einem Waffenarsenal eindeckt. Der schließlich ein Massaker anrichtet, doch zugleich die noch kindliche Prostituierte Iris (Jodie Foster) aus ihrer Abhängigkeit vom Zuhälter rettet und ihren Eltern zurückgibt. Und der von Medien plötzlich als Held gefeiert wird – oder sich das zumindest vorstellt.

Paula, eine alleinerziehende Mutter, schlägt sich als Verkäuferin durch. Paul ist verheiratet und Vater eines Kindes, doch seine Ehe verläuft unglücklich. Als beide sich in einer Kellerbar treffen, beginnt eine stürmische Liebe, die schließlich tragisch endet. Der Regisseur Heiner Carow und der Schriftsteller Ulrich Plenzdorf verfassten das Drehbuch für den Film **„Die Legende von Paul und Paula"** (DDR 1973), der geschickt von zwei Bedürfnissen in einer Beziehung erzählt. Der Staatsbeamte Paul (Winfried Glatzeder, rechts 1997 vor dem Filmplakat) will seine Ehe erhalten, weil er Repressionen des Staates befürchtet, wenn er sich trennt; ihm reicht eine Affäre. Paula (Angelica Domröse) hingegen ist Hals über Kopf verliebt und will mehr, als Paul ihr bieten kann. Der Film wurde zum Kult, denn er zeigte als Hauptfigur eine selbstbewusste Frau, die sich nimmt, was sie möchte. Sogar oben ohne tritt Paula auf, und die Stasi kommt auch nicht gut davon. 1998 wurde ein Weg in Berlin dem DEFA-Klassiker gewidmet: Ein Abschnitt am Rummelsburger See heißt seither Paul-und-Paula-Ufer.

HELDEN DES FILMS

LITERATUR

Asch, Ronald G. und Michael Butter (Hrsg.): **Bewunderer, Verehrer, Zuschauer, Die Helden und ihr Publikum,** Würzburg 2016

Asskamp, Rudolf und Tobias Esch: **Imperium – Varus und seine Zeit, Beiträge zum internationalen Kolloquium des LWL-Römermuseums am 28. und 29. April 2008 in Münster,** 2011

Benz, Wolfgang: **Allein gegen Hitler, Leben und Tat des Johann Georg Elser,** München 2023

Bhutto, Benazir: **Tochter der Macht,** München 1989

Bröckling, Ulrich: **Postheroische Helden. Ein Zeitbild,** Berlin 2020

Che Guevara, Ernesto: **Bolivianisches Tagebuch, Ein Leben gegen die Ungerechtigkeit,** Köln 2008

Fuchs, Arved: **Im Schatten des Pols, Auf Shackletons Spuren im härtesten Meer der Welt,** Bielefeld 2014

Gebhardt, Miriam: **Die Weiße Rose. Wie aus ganz normalen Deutschen Widerstandskämpfer wurden,** München 2017

Gedenkstätte Stille Helden. **Widerstand gegen die Judenverfolgung in Europa 1933 bis 1945.** Katalog zur Ausstellung, hrsg. von der Stiftung Gedenkstätte Deutscher Widerstand, Berlin 2020

Helden. Von der Sehnsucht nach dem Besonderen. Katalog zur Ausstellung im LWL-Industriemuseum Henrichshütte Hattingen, 12.3.–31.10.2010, hrsg. vom LWL-Industriemuseum, Essen 2010

Herzog, Martin: **GSG 9. Ein deutscher Mythos,** Berlin 2022

Jalal, Ayesha: **The Struggle for Pakistan, A Muslim Homeland and Global Politics,** Cambridge 2017

Kavvadias, Anna: **Umstrittene Helden. Heroisierungen in der Bundesrepublik Deutschland,** Berlin und Boston 2022

Krumeich, Gerd: **Jeanne d'Arc. Die Geschichte der Jungfrau von Orleans,** München 2006

Krumeich, Gerd: **Jeanne d'Arc. Seherin – Kriegerin – Heilige. Eine Biographie,** München 2021

LWL Römermuseum: **Varusschlacht im Osnabrücker Land – Museum und Park Kalkriese et al., 2000 Jahre Varusschlacht, Imperium, Konflikt, Mythos,** Stuttgart 2009

Mailer, Norman: **Moonfire, Die legendäre Reise der Apollo 11,** Köln 2019

Mandela, Nelson: **Der lange Weg zur Freiheit,** Frankfurt 1997

Mandela, Nelson: **Meine Waffe ist das Wort,** München 2018

Reemtsma, Jan Philipp: **Mehr als ein Champion, Über den Stil des Boxers Muhammad Ali,** überarbeitete Auflage, Hamburg 2013

Rick, Henrike: **Mahatma Gandhi, Mein Glaube ist Gewaltlosigkeit,** Mainz 2015

Schadwinkel, Alina: **Marie Curie,** Stuttgart 2017

Sullenberger, Chesley (mit Jeffrey Zaslow): **Man muss kein Held sein: Auf welche Werte es im Leben ankommt,** München 2010

Sullenberger, Chesley (mit Jeffrey Zaslow): **Sully, Das Wunder vom Hudson,** München 2016

von Tunzelmann, Alex: **Heldendämmerung. Wie moderne Gesellschaften mit umstrittenen Denkmälern umgehen,** München 2022

Walther, Lutz: **Varus, Varus!, Antike Texte zur Schlacht im Teutoburger Wald,** Stuttgart 2019

Winkle, Ralph: **Der Dank des Vaterlandes. Eine Symbolgeschichte des Eisernen Kreuzes 1914 bis 1936,** Essen 2007

Wolf, Kerstin: **Unsere Stimme zählt! Die Geschichte des Deutschen Frauenwahlrechts,** München 2018

Wolters, Reinhard: **Die Schlacht im Teutoburger Wald,** München 2017

Zoske, Robert: **Sophie Scholl, Es reut mich nichts,** Berlin 2020

WEBSITE

www.compendium-heroicum.de
Interdisziplinäres Online-Referenzwerk zu Phänomenen des Heroischen in verschiedenen Kulturen und Epochen, erstellt vom Sonderforschungsbereich 948 „Helden – Heroisierungen – Heroismen" an der Albrecht-Ludwigs-Universität Freiburg (www.sfb948.uni-freiburg.de/de). Darin auf aktuellem Forschungsstand zahlreiche fundierte Artikel von „Adel" über „Frauenheld" und „Propaganda" bis zu „Videospielhelden".

PODCASTS

Frank Halbach: **Die Superheldin – Patriarchales Konstrukt oder Popstar?** Bayern 2, 29.8.2023,
www.br.de/mediathek/podcast/radiowissen/die-superheldin-patriarchales-konstrukt-oder-popstar/2027502

Judith Leister: **Gibt es ein Comeback des Helden? Heroismus in postheroischen Zeiten,** Deutschlandfunk, 8.3.2020,
www.deutschlandfunk.de/heroismus-in-postheroischen-zeiten-gibt-es-ein-comeback-des-100.html

Markus Metz/Georg Seeßlen: **Wenn Helden nicht mehr nötig sind,** Deutschlandfunk Kultur, 22.10.2014 (nur noch als Manuskript vorhanden),
www.deutschlandfunkkultur.de/postheroismus-wenn-helden-nicht-mehr-noetig-sind-100.html

Sven Ahnert: **Schön wie Aphrodite, stark wie Herkules. Die wunderbare Welt der Superheldinnen,** Deutschlandfunk Kultur, 16.9.2022,
www.deutschlandfunkkultur.de/wonder-woman-jill-lepore-superheldinnen-100.html

Claudia Beckschebe, **Warum Spider-Man und Wonder Woman so beliebt sind,** Dein Spiegel, 8.1.2023, www.spiegel.de/deinspiegel/superhelden-warum-spider-man-und-wonder-woman-so-beliebt-sind-a-7be11bd4-02c2-4491-905b-aae81b4416c9

Heldinnen und Helden, GEOlino Spezial: Der Wissenspodcast, Folge 95, www.geo.de/geolino/wissen/heldinnen-und-helden-31592564.html

Sebastian Felser: **Was Menschen zu Helden macht – Von Herakles bis Greta Thunberg,** SWR2 Wissen, 22.5.2023, www.swr.de/swr2/wissen/was-menschen-zu-helden-macht-von-herakles-bis-greta-thunberg-swr2-wissen-2023-05-22-100.html

oder:
https://open.spotify.com/episode/5ha15nG-S74isqbVNZl1XpQ?si=lCcJkCxcShyDJPU8azaRzw&nd=1

Clara Zetkin, **Begrüßung bei der Eröffnungsrede des 6. Reichstags am 30. August 1932,** www.dra.de/de/entdecken/der-klang-der-weimarer-zeit/rede-der-alterspraesidentin-clara-zetkin

AUTOREN UND AUTORINNEN

Jörg-Uwe Albig ist Schriftsteller in Berlin. Er studierte Kunst und Musik in Kassel, war Redakteur bei „Art" und „Stern" und arbeitet seit 1988 als Autor für „GEO"und „GEO Epoche". Er veröffentlichte bisher sieben Romane, 2022 erschien außerdem sein Essay „Moralophobia – Wie die Wut auf das Gute in die Welt kam".

Jörn Auf dem Kampe, Reporter beim Magazin „GEO", empfand das Engagement von Donald Staniford gegen die Lachsindustrie als ziemlich beeindruckend – noch mehr aber den Anblick der Fischkäfige und deren Insassen aus nächster Nähe. Nach der Recherche in Schottland stand für ihn einmal mehr fest: Auf Lachs ganz zu verzichten, ist der richtige Weg, den bedrohten Fisch vor dem Untergang zu bewahren.

Matthias J. Bensch ist promovierter Klassischer Archäologe und Ausstellungskurator am LWL-Museum für Archäologie und Kultur in Herne. Mit Heldenfiguren, und zwar römischen, hat er sich im Rahmen seiner Mitarbeit am SFB 948 „Helden – Heroisierungen – Heroismen" an der Universität Freiburg intensiv beschäftigt.

Tanja Beuthien hat Kunstgeschichte, Literaturwissenschaften und Geschichte studiert. Sie lebt in München und schreibt als Journalistin Reportagen und Porträts vor allem für „GEO", „GEO Epoche" und das Kunstmagazin „ART". Am liebsten über starke Frauen und Heldinnen der Geschichte wie Sophie Scholl.

Johannes Bichler, Mitarbeiter des Ausstellungszentrums Lokschuppen, ist Historiker und lebt in Rosenheim. Während der Aufbauphasen von Ausstellungen begleitet er viele Heldinnen und Helden, die eine leere Halle zu einer Erlebniswelt gestalten.

Alexander Bubenheimer studierte Humanmedizin, hat sich dann aber für die Bücherwelt entschieden. Beruflich ist er als Vertriebsleiter für die Panini Verlags GmbH tätig, in seiner Freizeit taucht er in die Welt der Comics ein, unter anderem als Kurator, Leihgeber und Experte für Ausstellungen.

Stephan Draf arbeitet seit 1996 als Magazinjournalist, war lange beim „Stern" unter anderem Sportreporter und Literaturredakteur und ist seit einigen Jahren als Textchef bei „GEO". Der studierte Literaturwissenschaftler findet seine Helden zuverlässig auf Buchseiten und in den Mannschaften des FC Schalke 04.

Andrea Erkenbrecher, Kuratorin der Ausstellung „Heldinnen und Helden" im Lokschuppen Rosenheim, ist promovierte Zeitgeschichtlerin. Neben ihrer Arbeit für Ausstellungen forscht sie zum deutschen und französischen Umgang mit dem Nationalsozialismus, leitet Studientage und berät Medien.

Thomas Forstner ist Kurator der Ausstellung „Heldinnen und Helden" im Lokschuppen Rosenheim. Der promovierte Historiker mit Schwerpunkt Zeit- und Kulturgeschichte lebt in Berlin und leitet die dortige Niederlassung einer Agentur für Historische Kommunikation und Archivdienstleistungen.

Holger Gertz ist Seite-Drei-Reporter und Kolumnist der „Süddeutschen Zeitung". Er hat von elf Olympischen Spielen ebenso berichtet wie vom G20-Gipfel in Hamburg, hat Heino, Katarina Witt und Götz George porträtiert und erinnert sich nicht mehr daran, ob sein Vater ihn damals geweckt hat für die Übertragung von Muhammad Alis Kämpfen.

Siebo Heinken, Journalist in Hamburg, ist Herausgeber dieses Begleitbands. Er arbeitete lange Zeit für „GEO" und war stellvertretender Chefredakteur der deutschen Ausgabe von „National Geographic". Neben seiner journalistischen Tätigkeit berät der Sozialwissenschaftler Museen und wissenschaftliche Institutionen bei Ausstellungen und der Wissenschaftskommunikation. Wenn er an Helden denkt, fällt ihm vor allem Nelson Mandela ein.

Annemarie Klimke promoviert an der Universität Siegen zur Darstellung und Konstruktion von Emotionen in Superheld:innen-Comics. Sie studierte Neuere deutsche Literatur und Kulturwissenschaft in Berlin sowie Vergleichende Literatur- und Kunstwissenschaften an der Universität Potsdam. Ihr wissenschaftliches Interesse am Medium Comic entwickelte sich während ihres Masterstudiums; ihre Abschlussarbeit schrieb sie über Körperdarstellungen von Wonder Woman.

Klaus-Dieter Linsmeier war Redakteur bei „Spektrum der Wissenschaft". Als Physiker betreute er dort zunächst die Themenbereiche Technologie und Angewandte Wissenschaften, bis er sich auch der Archäologie und Geschichte widmete. Unter anderem verantwortete er 2019 ein Spezialheft zum Thema „Helden". Heute arbeitet er als freier Journalist.

Jennifer Morscheiser, Leiterin des Ausstellungszentrums Lokschuppen Rosenheim, ist promovierte Provinzialrömerin und hat sich intensiv mit der Germanienpolitik unter Kaiser Augustus beschäftigt. Jetzt entwickelt sie Erlebnisausstellungen zu unterschiedlichsten Themen.

Alanna Helena Niebergall ist seit ihrer Kindheit fasziniert von (Super-)Held:innen und ihren Geschichten. Neben der Beschäftigung mit bestehenden Held:innen leitet die Schülerin als Meisterin verschiedener Pen-&-Paper-Rollenspielgruppen wie „Dungeons & Dragons" und „Das Schwarze Auge" auch selber gern mehr oder weniger heldenhaftes Geschehen.

Alina Schadwinkel leitet das Wissenschaftsressort des „Spiegel" mit. Die Journalistin sah Marie Curie früh als Vorbild, war von dem Erfolg der zweifachen Nobelpreisträgerin jedoch zugleich ziemlich eingeschüchtert. Bis sie lernte: Curie war bei all ihren Leistungen auch eine Inszenierung. Seither hinterfragt sie die Arbeit von Forschenden noch kritischer, ohne etwas von ihrer Begeisterung für Erkenntnisse verloren zu haben.

Ralf Schlüter ist Kulturjournalist und lebt in Berlin. Von 2006 bis 2020 war er stellvertretender Chefredakteur des Kunstmagazins „ART". Neben Bildender Kunst, Musik und Literatur haben ihn auch immer kulturgeschichtliche Themen interessiert. Seit 2020 produziert er zusammen mit der ZEIT-Stiftung den Podcast „Zeitgeister": jeweils eine Kulturgeschichte anhand einzelner Songs. 2022 gründete er zusammen mit Karin Bjerregaard Schlüter die kulturbotschaft, eine digitale Strategieberatung für Kulturinstitutionen und Medienhäuser.

Siegfried Tesche ist freier Journalist, Regisseur, Buchautor und Hochschuldozent. Er forscht seit mehr als 40 Jahren zum Thema Film und promovierte über Medienpolitik. Tesche verfasste Bücher unter anderem über Sean Connery, Harrison Ford, James Dean, Elvis Presley, James Bond und die Beatles. Seine Leidenschaft gilt außerdem der Fotografie und alten Autos.

Nina Weger ist Autorin von Kinderbüchern und Drehbüchern. 2012 erschien „Helden wie Opa und ich". Ihr Buch „Club der Heldinnen" schaffte es 2017 auf die Bestsellerliste des „Spiegel". Weger leitet ehrenamtlich den Kinderzirkus Giovanni und gründete überdies das innovative Kinderliteratur-Festival Salto Wortale, das mit dem ersten Preis der Stiftung Lesen ausgezeichnet wurde.

Marc Widmann studierte Filmdesign und war für Film und Fernsehen tätig, bevor er in das Familienunternehmen im Bereich der Sanierung, Dekoration und Restaurierung einstieg. Als Sammler von Kunst und Requisiten rund um Batman unterstützt er überdies Ausstellungen und Museen als Leihgeber und Kurator.

Jan Christoph Wiechmann arbeitet seit 25 Jahren für den „Stern", vor allem als Auslandskorrespondent in Lateinamerika und den USA. Bei seinen Recherchen traf er auf viele Heldinnen und Helden, von denen man nur wenig hört: Kämpferinnen gegen Menschenhandel, Beschützer des Regenwaldes, Freiheitsaktivistinnen in Venezuela und El Salvador. Und auch Chesley Sullenberger, den Piloten, der binnen weniger Sekunden die richtigen Entscheidungen traf und das im Absturz befindliche Flugzeug sicher auf dem Hudson River in New York landete.

BILDNACHWEIS

akg-images George (Jürgen) Wittenstein: S. 81; Stefan Ziese: S. 164-165; Museum Kalkriese: S. 173

Alamy Stock Foto kpa / United Archives GmbH: S. 148-149; Pictorial Press Ltd: S. 151; Maximum Film: S. 154 u. l.; Abaca Press: S. 242-243; Glasshouse Images: S. 245; The History Collection: S. 245; Joko: S. 246; Peter Horree: S. 247; The Print Collector: S. 248; Art Collection 2: S. 249; Tolo Balaguer: S. 250

Arved Fuchs S. 107 u., 117

bpk S. 118 u., 171 u., 174 u., 177 u.; Skulpturensammlung und Museum für Byzantinische Kunst, SMB / Jörg P. Anders: S. 72; The Trustees of the British Museum: S. 75; Kunstbibliothek, SMB / Knud Petersen: S. 76; Gemäldegalerie, SMB, Eigentum des Kaiser Friedrich Museumsvereins / Volker-H. Schneider: S. 76; RMN - Grand Palais / Gérard Blot: S. 96-97; Scala: S. 99, 100; Münzkabinett, SMB / Lübke & Wiedemann: S. 169;

Deutsches SchauSpielHausHamburg Deutsches SchauSpielHausHamburg, Foto Matthias Horn: „Effi Briest – allerdings mit anderem Text und auch anderer Melodie": S. 160

Deutsches Theater Berlin Deutsches Theater Berlin, Foto: Arno Declair: S. 163 o.

Düsseldorfer Schauspielhaus Düsseldorfer Schauspielhaus / Thomas Rabsch: S. 161

Staatstheater Mainz Staatstheater Mainz, Foto: Andreas Etter: S. 159

Thalia Theater Thalia Theater, Foto: Krafft Angerer: S. 156-157

Berliner Ensemble Berliner Ensemble, Foto: Birgit Hupfeld: S. 163 u.

Getty Images Al Bello / Getty Images for MMPP / Getty Images Sport: S. 44; Alan Oxley / Premium Archive: S. 260 u.; Alex Wong / Getty Images News: S. 49, 95 o.; Andy Hernandez / Sygma: S. 226-227; Apic / Hulton Archive: S. 31, 33 o.; Archive Photos / Moviepix: S. 259 links; Arif Ali / AFP: S. 235; Aris Messinis / AFP: S. 13; Ben McShane / Sportsfile: S. 217 o.; Bettmann: S. 26-27, 34 u., 70 u., 118 o., 122-123, 144, 208 o. l., 208 o. r., 216 o., 240 o.; Bloomberg: S. 146 u., 237; Boyer / Roger Viollet: S. 36; Carl de Souza / AFP: S. 145 u.; CBS Photo Archive / CBS: S. 147 u., 241 o.; Charles McQuillan / Getty Images News: S. 125; Charles Platiau / AFP: S. 47 o.; Chip HIRES / Gamma-Rapho: S. 224-225, 228 u.; Chip Somodevilla / Getty Images News: S. 40 u.; Christopher Furlong / Getty Images News: S. 41 u. r.; Chuck Fishman / Archive Photos: S. 200-201; Davis Turner / Getty Images News: S. 65; Ed Mulholland / WireImage: s. 213; Edwin Levick / Archive Photos: S. 34 o.; Emma McIntyre / Getty Images Entertainment: S. 66 u.; Focus On Sport / Getty Images Sport: S. 214 u.; Forrest Anderson / The Chronicle Collection: S. 231 o. l.; FPG / Archive Photos: S. 34 o. l., 208 u.; Franziska Krug / German Select: S. 232; Gado / Archive Photos: S. 39; George Rinhart / Corbis Historical: S. 112 o., Getty Images / Getty Images News: S. 102 o.; Global Images Ukraine / Getty Images News: S. 48 o.; Godong / Universal Images Group: S. 94 o.; GREG BAKER / AFP: S. 217 u.; Greg Wood / AFP: S. 147 u. l.; Herb Scharfman/Sports Imagery / Getty Images Sport: S. 210-211; Heritage Images / Hulton Fine Art Collection: S. 129; Hulton Archive / Getty Images Sport Classic: S. 206-207; Hulton Archive: S. 41 u. l., 116 u.; HUM Images / Universal Images Group: S. 40 o.; John MacDougall / AFP: S. 18; John Moore / Getty Images News: S. 234; Jonathan Nackstrand / AFP: S. 147 o.; Justin Sullivan / Getty Images News: S. 66 o.; Keith Hamshere / Sygma: S. 260 o.; Keystone / Hulton Archive: S. 48 u., 119 u.; Keystone-France / Gamma-Keystone: S. 203 o.; Larry Marano / Getty Images Entertainment: S. 63; Laura Lezza / Getty Images Entertainment: S. 71 u. l.; Leonard Burt / Hulton Archive: S. 228 o.; Library of Congress / Corbis Historical: S. 116 o.; Mark Kerrison / In Pictures: S. 22 u.; Mark Peterson / Corbis Historical: S. 68; Martin Pope / Getty Images News: S. 240 u.; Matt Moyer / Corbis News: S. 8; Michael Ochs Archives / Moviepix: S. 252-253, 258, 264 u.; Miguel Villagran / Getty Images News: S. 218, 221; Mike Powell / Getty Images Sport: S. 214 o.; Mirrorpix: S. 209, 215 u., 256; MPI / Archive Photos: S. 121 o.; NurPhoto: S. 93 u.; Olga Maltseva / AFP: S. 92; Patrick McMullan: S. 239 o.; Patrick Robert - Corbis / Sygma: S. 145 o.; Peter Macdiarmid / Getty Images News: S. 94 u.; Photo Researchers / Archive Photos: S. 119 o.; Pictures from History / Universal Images Group: S. 43; Pierre Verdy / AFP: S. 38; Popperfoto: S. 28 u., 30, 204; Print Collector / Hulton Archive: S. 29, 37, 127; Rich Clarkson / Sports Illustrated: S. 216 u.; Robert Nickelsberg / Hulton Archive: S. 229; Rolls Press/Popperfoto: S. 212-213; Royal Geographical Society / Royal Geographical Society (with IBG): S. 107 o., 114-115, 121 u.; Scott Polar Research Institute, University of Cambridge / Hulton Archive: S. 104-105, 106, 108, 110, 111, 112 u.; Sean Gallup / Getty Images News: S. 93 o. r.; Silver Screen Collection / Moviepix: S. 254; Spencer Platt / Getty Images News: S. 97; Steve Schapiro / Corbis Premium Historical: S. 203 u.; STRINGER / AFP: S. 70 u.; Sumy Sadurni / AFP: S. 146 o.; Sunset Boulevard / Corbis Historical: S. 259 r.; The Stanley Weston Archive / Archive Photos: S. 205; The Washington Post: S. 175 o.; Thierry Orban / Sygma: S. 95 u.; Thomas Langer / Bongarts: S. 215 o.; Trevor Samson / AFP: S. 238 o.; Tristar Media / Getty Images Entertainment: S. 155; UCG / Universal Images Group: S. 42 o.; ullstein bild Dtl / ullstein bild: S. 41 o., 47 u., 154 u. r., 239 u., 241 u.; Underwood Archives / Archive Photos: S. 120 o.; United Archives / Hulton Archive: S. 69 u., 154 o., 238 u., 265 u., 267 o.; Universal History Archive / Universal Images Group: S. 28 o.; Universal Images Group: S. 33 u., 42 u., 93 o. l.; Wally McNamee / Corbis Historical: S. 231 o. r.; Yamil Lage / AFP: S. 14; Zola / Picture Post: S. 45

picture alliance ZUMAPRESS.com / Social Networks: S. 10; AP Photo / Jeff Widener: S. 17 o.; AP Photo / John Bazemore: S. 17 u.; Sven Simon / Frank Hoermann: S. 21; Rolf Haid: S. 21; dpa / KNA-Pool / Harald Oppitz: S. 22 o.; dpa / epa Lusa Antonio Cotrim: S. 24-25; dpa / Peter Kneffel: S. 46; picture alliance / Everett Collection / ©20th Century Studios/Courtesy Everett Collection: S. 56 u.; REUTERS / Brendan McDermid: S. 58-59; REUTERS / POOL: S. 61; REUTERS / Eric Thayer: S. 62; dpa / Bonner Fotografen: S. 69 o.; akg-images: S. 71 o., 266; Wolfram Steinberg: S. 71 u. r.; SZ Photo / Catherina Hess: S. 78-79; KEYSTONE: S. 82; ASSOCIATED PRESS / AP Photo: S. 83; United Archives / kpa Publicity: S. 85 o. und u., 87 o. und u.; ullstein bild: S. 88; ZUMAPRESS.com / Sachelle Babbar: S. 91; dpa / Stf: S. 120 u.; dpa / DB Grovermann: S. 166; dpa / Friso Gentsch: S. 168; Global Warming Images / Ashley Cooper: S. 175 u.; United Archives / IFTN: S. 176; Prisma Archivo: S. 176; ZB / Sascha Steinach: S. 177 o.; dpa / Matthias Balk: S. 223; Everett Collection / ©Sony Pictures / Courtesy Everett Collection: S. 262; dpa / Sony: S. 262; PictureLux / Nicole Dove: S. 262; dpa / ANSA Cecchi Gori: S. 264 o.; dpa / Murray Close: S. 265 o.; Everett Collection / ©20thCentFox / Courtesy Everett Collection: S. 266; zb / Klaus Winkler: S. 267 u.

ullstein bild dpa S. 102 u.

Historische Bildpostkarten – Universität Osnabrück – Sammlung Prof. Dr. Sabine Giesbrecht S. 174 o.

Anastasia Taylor-Lind S. 130-143

Andrea Erkenbrecher S. 11 o. l.

Thomas Forstner S. 11 u. l.

Jennifer Morscheiser S. 11 o. r.

Matthias Bensch S. 11 u. r.

Florian Geserer, Foto Sexauer S. 222

Angelina Vernetti S. 181

Superheld:innen: ©&™DC: S. 6, 52, 53, 57 l.; © 2023 MARVEL: S. 50, 55, 56 o., 57 r.

Wir danken dem Panini-Verlag für die Bereitstellung der Coverabbildungen.

LEIHGABEN VON

Archiv Historische Bildpostkarten, Universität Osnabrück, Sammlung Prof. Dr. Sabine Giesbrecht

Rijksmuseum Boerhaave

Weiße Rose Stiftung e.V.

Uwe Reber

Stephan Link, Evangelische Akademie der Nordkirche

Dr. Michael Schaaf

Leihgabe der Beauftragten der Bundesregierung für Kultur und Medien

Bayerisches Nationalmuseum, München

Stiftung Haus der Geschichte der Bundesrepublik Deutschland

Badisches Landesmuseum Karlsruhe

Ulrich Esters

Stadtarchiv Rosenheim, FRA HS-G 1

Stars of the Galaxy

Doris Fitschen

Stiftung Deutsches Historisches Museum, Berlin: AK 98/409, SI 90/1458.2, SI 90/1457.1, SI 90/1456

Antikensammlung Kiel: B539, N047

Spielzeugmuseum Nürnberg

LVR-Industriemuseum

Rheinisches Landesmuseum für Industrie- und Sozialgeschichte

Schweizerisches Nationalmuseum

Layenberger Nutrition Group GmbH

Gedenkstätte Deutscher Widerstand

Gebirgsschützenkompanie Prien am Chiemsee

Liekam-Rent; Bundesministerium für Kultur und Medien

Deutsches Fußballmuseum gGmbH

Deutsches Theatermuseum München

Gebirgsschützenkompanie Gmund

Stadt Miesbach, Heimatmuseum

Plem Plem Productions

Museum Burg Linn

Kulturstiftung Sachsen-Anhalt, Museum Schloss Neuenburg, MSN-IV 55/172 K3

Musée de la Résistance, Limoges

Jörg Probstmeier

Martin W. Ramb

Alexander Bubenheimer

Jan Eric Hauber

Thomas Manglitz

Marc Widmann

Heimatverein Sigmaringen e.V.

Staatliche Antikensammlungen und Glyptothek, München

Uwe Sörensen, www.marionettenbau.de

Bayerisches Armeemuseum, Ingolstadt

Fridays For Future, Ortsgruppe Dinkelsbühl

Hetjens – Deutsches Keramikmuseum Düsseldorf

LWL-Museen für Industriekultur. Westfälisches Landesmuseum

Militärhistorisches Museum der Bundeswehr

Hôtel Cabu, Musée d'histoire et d'archéologie

Roland Bründl, Philatelisten-Verein Rosenheim e.V.

Staatliche Museen zu Berlin – Stiftung Preußischer Kulturbesitz, Münzkabinett

Stadttheater Klagenfurt oG

The Polar Museum, Scott Polar Research Institute, University of Cambridge

Theaterwissenschaftliche Sammlung, Universität zu Köln, Schloss Wahn

Gipsabguss- und Antikensammlung am Institut für Klassische Archäologie, Eberhard Karls Universität Tübingen

Naturhistorisches Museum Wien

Ivo Franz

Jennifer Morscheiser

Andrea Erkenbrecher

Thomas Forstner

Schenkungen vom Schaltzeit-Verlag

AUSSTELLUNGSORGANISATION

Geschäftsführer Florian Englert

Projektleitung Dr. Jennifer Morscheiser

Ausstellungsberatung Dr. Peter Miesbeck

Kuratoren Dr. Andrea Erkenbrecher, Dr. Thomas Forstner, Dr. Matthias Bensch & Team Lokschuppen

Ausstellungsorganisation Johannes Bichler, Laura Thiemann

Ausstellungsgestaltung Gruppe Gut

Medien P.medien GmbH

Presse- und Öffentlichkeitsarbeit Rosi Raab

Ausstellungsführungen und -pädagogik Stefanie Kießling

Besucherservice Barbara Ilsaker, Elena Sangl, Thomas Wagner

Callcenter Christiane Konhäuser, Martina Mayrhofer, Anja Schuster, Hildegard Schwarzmüller

Marketing Sarah Smyka

Layout Werbemittel Annette Gallner

Kaufmännische Verwaltung Brigitte Glas, Christine Mayr

Freiwilliges Soziales Jahr Paulina Basello

Museumsshop Museumsshops Gerstenberger

IMPRESSUM

Bibliografische Information der Deutschen Nationalbibliothek
Die Deutsche Nationalbibliothek verzeichnet diese Publikation in der Deutschen Nationalbibliografie; detaillierte bibliografische Daten sind im Internet über www.dnb.de abrufbar.

Das Werk ist in allen seinen Teilen urheberrechtlich geschützt. Jede Verwertung ist ohne Zustimmung der Rechteinhaber unzulässig. Das gilt insbesondere für Vervielfältigungen, Übersetzungen, Mikroverfilmungen und die Einspeicherung in und Verarbeitung durch elektronische Systeme.

© 2024 by Veranstaltungs- und Kongress GmbH Rosenheim und Nünnerich-Asmus Verlag & Media GmbH, Oppenheim am Rhein

Gedruckt auf säurefreiem und alterungsbeständigem Papier

Printed in Europe

Weitere Titel aus unserem Verlagsprogramm finden Sie unter www.na-verlag.de

ISBN 978-3-96176-263-7

Herausgeber: Siebo Heinken (Konzept, Koordination, Text- und Bildredaktion)

Buchgestaltung: Andreas Blum (blumsbuero.de)

Coverabbildung und -gestaltung:
Annette Gallner, Michael Pointner, Andreas Blum

Endlektorat: Annette Nünnerich-Asmus, Tina Sieber

www.lokschuppen.de

Sollte die Publikation Links auf Webseiten Dritter enthalten, so übernehmen wir für deren Inhalt keine Haftung, da wir uns diese nicht zu eigen machen, sondern lediglich auf deren Stand zum Zeitpunkt der Erstveröffentlichung verweisen.

Hinweis zur gendergerechten Sprache:
Wir verwenden vor allem bei Sammelbezeichnungen gelegentlich das generische Maskulinum, um den Lesefluss nicht zu beeinträchtigen. In diesem Fall ist nicht das biologische Geschlecht gemeint, sondern meist eine Berufsbezeichnung.